高等院校"十三五"工商管理规划教材

会计学（第四版）

主　编　王　虹

副主编　孙　璐

Accounting（Fourth Edition）

经济管理出版社
ECONOMY & MANAGEMENT PUBLISHING HOUSE

图书在版编目（CIP）数据

会计学（第四版）/王虹主编. —北京：经济管理出版社，2019.7
ISBN 978 – 7 – 5096 – 6254 – 0

Ⅰ.①会⋯　Ⅱ.①王⋯　Ⅲ.①会计学—教材　Ⅳ.①F230

中国版本图书馆 CIP 数据核字（2018）第 276794 号

组稿编辑：王光艳
责任编辑：许　兵
责任印制：司东翔
责任校对：董杉珊

出版发行：经济管理出版社
　　　　　（北京市海淀区北蜂窝 8 号中雅大厦 A 座 11 层　100038）
网　　　址：www. E – mp. com. cn
电　　　话：（010）51915602
印　　　刷：三河市延风印装有限公司
经　　　销：新华书店
开　　　本：787mm × 1092mm/16
印　　　张：16.25
字　　　数：351 千字
版　　　次：2019 年 9 月第 1 版　　2019 年 9 月第 1 次印刷
书　　　号：ISBN 978 – 7 – 5096 – 6254 – 0
定　　　价：58.00 元

前　言

　　《会计学》（第四版）是为满足高等院校同学学习会计的要求而编写的。本教材主要阐述的是会计学的基本理论、基本方法和基本实务操作。目的是使学生通过本课程的学习掌握企业的经济业务如何成为规范的会计信息以及如何对会计信息进行分析利用。

　　本教材是根据企业会计准则等有关规定，参阅了大量国内外最新版本的会计学教材，结合编写者多年的教学实践，充分考虑会计初学者学习的特点而编写。力求在内容上体现新颖性和实务性，以满足当前教学工作的需要。

　　为满足上述要求，本教材将按照会计基础知识的规律，围绕会计确认、计量、记录与报告四项基本行为，分别阐述会计的基本概念、会计职能、会计核算的基本假设和应遵循的一般原则、会计的基本方法、会计要素与会计等式等基础性理论；账户与复式记账、借贷记账法、账户的分类等会计核算所需的基本方法；会计凭证及其填制、会计账簿的设置及其登记、财务会计报告的设计及编制原理、账务处理程序等账务系统及其运用；会计内部控制、财务会计报告的分析和会计管理等利用会计信息进行管理与决策等内容。

　　本教材既可作为会计学专业学生的入门教材，又充分考虑了非会计专业学生的需要。与一般的会计学教材相比，加入了会计内部控制、财务报表分析等内容，使非会计专业的同学在学习会计基础知识的基础上，了解会计管理与控制的基本理论与方法，能够利用会计信息进行分析，为经济决策提供科学依据。对于会计专业的同学来说，这些内容将为以后学习管理会计、成本会计等会计专业课程打下良好基础。为了强化学习者的实践操作能力，本教材在第五章会计循环中专门设置了会计实验一节，列出企业日常经营业务的原始凭证，可以作为手工会计或电算化会计的实账训练之用。

　　全书共分九章，各章具体分工为：第一章、第三章、第四章由王虹编写；第二章由章成蓉、廖埕编写；第五章由陈立、赵吉华编写；第六章、第七章由黄海珍编写；第八章由王虹、房瑜丹编写；第九章由章成蓉、石娟编写。第四版修订中，王虹、罗安琪参与了第一章、第二章、第三章文字修订，孙璐、罗安琪、李彦慧参与了第四章、第五章、第八章、第九章文字修订。

　　本书在编写中参阅了大量国内外优秀教材、论著。虽然我们付出了很大努力，但还深感有许多遗憾之处，恳请读者批评指正，以利于我们及时修订，并致谢意。

编　者

2019 年 7 月 20 日

目　录

第一章　绪　论 ……………………………………………………… 1

第一节　会计的产生与发展 ………………………………………… 1

一、会计的含义 ……………………………………………… 1

二、会计的产生与发展 ……………………………………… 2

三、会计学及其分支 ………………………………………… 4

第二节　会计的目标、职能与对象 ………………………………… 4

一、会计的目标 ……………………………………………… 5

二、会计的基本职能 ………………………………………… 5

三、会计对象 ………………………………………………… 6

四、会计对象的具体化——会计要素 ……………………… 7

第三节　会计核算基本前提和会计信息质量特征 ………………… 12

一、会计核算的基本前提 …………………………………… 12

二、会计信息质量要求 ……………………………………… 15

第四节　会计计量与财务会计报告 ………………………………… 17

一、会计计量 ………………………………………………… 17

二、财务会计报告 …………………………………………… 19

第二章　会计科目、会计账户与复式记账 ………………………… 21

第一节　会计科目 …………………………………………………… 21

一、会计科目及其设置的原则 ……………………………… 21

二、常用会计科目 …………………………………………… 22

三、会计科目的级次与编码 ………………………………… 23

第二节　会计账户 …………………………………………………… 24

一、会计账户的概念与作用 ………………………………… 24

二、账户的一般结构 ………………………………………… 25

三、账户的本期发生额和期末余额 ………………………… 25

第三节 复式记账法 ································· 26

　一、复式记账法 ································· 26

　二、借贷记账法 ································· 27

　三、会计分录与过账 ··························· 30

　四、试算平衡 ································· 33

第三章 借贷记账法的应用 ···················· 37

第一节 货币资金的核算 ························· 37

　一、货币资金的内容 ··························· 37

　二、库存现金 ································· 37

　三、银行存款 ································· 39

　四、其他货币资金 ··························· 40

第二节 资金筹集的核算 ························· 41

　一、所有者投入资本的核算 ····················· 41

　二、借入资金的核算 ··························· 44

第三节 采购过程的核算 ························· 45

　一、材料物资采购业务概述 ····················· 46

　二、材料物资采购业务核算应设置的账户 ············· 46

　三、材料物资采购业务核算 ····················· 48

　四、固定资产采购的核算 ······················ 50

第四节 生产过程的核算 ························· 51

　一、生产过程核算概述 ························· 51

　二、生产过程核算应设置的账户 ··················· 51

　三、生产过程的核算 ··························· 54

第五节 销售过程的核算 ························· 60

　一、销售过程的核算概述 ······················ 60

　二、销售过程核算应设置的账户 ··················· 60

　三、销售过程的核算 ··························· 61

第六节 利润形成和分配的核算 ··················· 64

　一、利润形成和分配的核算概述 ··················· 65

　二、利润形成和分配核算应设置的账户 ··············· 66

　三、利润实现与分配的账务处理 ··················· 68

第四章 会计凭证与会计账簿 ……………………………………………… 81

第一节 会计凭证概述 ……………………………………………… 81
一、会计凭证的作用 ……………………………………………… 81
二、会计凭证的种类 ……………………………………………… 82

第二节 原始凭证 ………………………………………………… 83
一、原始凭证的基本要素 ………………………………………… 83
二、原始凭证的种类 ……………………………………………… 84
三、原始凭证的填制 ……………………………………………… 86
四、原始凭证的审核 ……………………………………………… 87

第三节 记账凭证 ………………………………………………… 88
一、记账凭证的基本要素 ………………………………………… 88
二、记账凭证的种类与填制方法 ………………………………… 88
三、记账凭证填制的要求 ………………………………………… 92
四、记账凭证的审核 ……………………………………………… 93
五、会计凭证的传递和保管 ……………………………………… 94

第四节 会计账簿 ………………………………………………… 95
一、会计账簿概述 ………………………………………………… 95
二、日记账 ………………………………………………………… 98
三、分类账 ……………………………………………………… 100
四、对账与结账 ………………………………………………… 104
五、账簿的更正方法 …………………………………………… 107
六、账簿的更换与保管 ………………………………………… 109

第五章 会计循环与账务处理程序 …………………………………… 114

第一节 会计循环 ……………………………………………… 114
一、取得或填制原始凭证 ……………………………………… 114
二、编制会计分录和记账凭证 ………………………………… 114
三、登记账簿 …………………………………………………… 115
四、期末账项调整 ……………………………………………… 115
五、对账 ………………………………………………………… 115
六、结账 ………………………………………………………… 115
七、编制会计报表 ……………………………………………… 115

第二节 账务处理程序 ………………………………………… 116
一、记账凭证账务处理程序 …………………………………… 116

二、科目汇总表账务处理程序 ……………………………………………… 117

三、汇总记账凭证账务处理程序 …………………………………………… 118

第三节　会计循环和账务处理程序案例 …………………………………… 121

第四节　会计综合实验 ………………………………………………………… 141

第六章　内部控制制度与财产清查 ………………………………………… 144

第一节　内部控制制度 ………………………………………………………… 144

一、内部控制制度的概念 ……………………………………………………… 144

二、内部控制的基本方法 ……………………………………………………… 144

三、内部控制的局限性 ………………………………………………………… 147

第二节　内部控制方法的应用 ……………………………………………… 147

一、货币资金的内部控制 ……………………………………………………… 147

二、实物资产的内部控制 ……………………………………………………… 150

第三节　财产清查 ……………………………………………………………… 152

一、财产清查的概念 …………………………………………………………… 152

二、财产清查的作用 …………………………………………………………… 153

三、财产清查的种类 …………………………………………………………… 153

四、财产清查的方法 …………………………………………………………… 155

五、财产清查结果的处理 ……………………………………………………… 156

六、财产清查结果的账务处理 ………………………………………………… 158

第七章　财务会计报告 ……………………………………………………… 163

第一节　财务会计报告概述 ………………………………………………… 163

一、财务会计报告的定义与构成 ……………………………………………… 163

二、财务会计报告的作用 ……………………………………………………… 165

三、会计报表的种类 …………………………………………………………… 166

四、财务报告的编制要求 ……………………………………………………… 166

第二节　资产负债表 ………………………………………………………… 167

一、资产负债表的作用 ………………………………………………………… 168

二、资产负债表的格式 ………………………………………………………… 168

三、资产负债表的编制方法 …………………………………………………… 170

第三节　利润表 ……………………………………………………………… 176

一、利润表的作用 ……………………………………………………………… 176

二、利润表的格式 ……………………………………………………………… 176

三、利润表的编制方法 ……………………………………………… 179

第四节 现金流量表 ………………………………………………… 180

一、现金流量表的作用 ……………………………………………… 180

二、现金流量的分类 ………………………………………………… 180

三、现金流量表的编制基础 ………………………………………… 181

四、影响现金流量的因素 …………………………………………… 182

五、现金流量表的格式 ……………………………………………… 182

第八章 或有事项及资产负债表日后事项 ……………………… 186

第一节 或有事项 …………………………………………………… 186

一、或有事项的概念和特征 ………………………………………… 186

二、或有事项的会计处理 …………………………………………… 187

三、或有事项的披露 ………………………………………………… 190

第二节 资产负债表日后事项 ……………………………………… 191

一、资产负债表日后事项概述 ……………………………………… 191

二、调整事项的处理原则及方法 …………………………………… 192

三、非调整事项的处理原则及方法 ………………………………… 192

第九章 财务报表分析 …………………………………………… 195

第一节 财务报表分析概述 ………………………………………… 195

一、财务报表分析的步骤及信息来源 ……………………………… 195

二、会计报表分析的基本内容 ……………………………………… 197

三、财务报表分析的方法 …………………………………………… 198

四、需要说明的一些问题 …………………………………………… 199

第二节 比率分析 …………………………………………………… 200

一、偿债能力分析 …………………………………………………… 202

二、营运能力分析 …………………………………………………… 205

三、盈利能力分析 …………………………………………………… 207

第三节 财务状况综合分析与评价 ………………………………… 211

一、总体结构分析 …………………………………………………… 211

二、对比分析 ………………………………………………………… 213

三、杜邦分析法 ……………………………………………………… 218

四、财务比率综合分析法 …………………………………………… 219

附 件 会计综合实验原始凭证 ………………………………… 223

第一章

绪　论

会计学发展成为一门学科经过了多年的历史沉淀。本章对会计学的基本概念及相关知识进行了介绍，学习和掌握这些基础理论可以帮助学习者对会计学科有基本了解，有利于后续系统地学习会计知识，掌握会计方法。

第一节　会计的产生与发展

会计工作产生于经济活动，随着经济的发展逐步发展、完善。由于经济环境、经济条件的差异，东西方会计活动的发展方向和进程也有一定的差异。发展到现代，这种差异最终融合，形成了现代会计学科体系。

一、会计的含义

由于会计与社会经济活动密切相关，受社会经济发展水平的影响大。所以，人们对会计含义的理解至今仍然处于不断的发展变化之中。

据《周礼》记载，我国古代的西周（公元前1066年至前770年）已出现"会计"一词，并设专门核算周王朝财赋收支的官职——司会，采用"以参互考日成，以月要考月成，以岁会考岁成"的办法，定期对宫廷的收入、支出实行"月计""岁会"。清代学者焦循所著的《孟子正义》一书中，针对西周时代的会计解释为："零星算之为计，总合算之为会。"这是对"会计"两字的含义作出的得到普遍认可的解释。

到目前为止，学术界对会计的认识可以概括为三种基本观点。

第一种是形成于20世纪50年代初的管理工具论，即认为会计是管理经济的一个工具，是记账、算账，为管理服务，本身不具有管理职能。

第二种是20世纪70年代形成的技术会计观点，认为会计是一个信息系统，旨在为会计信息利用者提供决策信息服务。基于对会计"信息系统论"的认识，可以引申出这种观点对会计职能、地位和作用的看法：会计的基本职能是收集、处理、储存和提供财务信息，会计工作在企业经营管理中的地位是为其他职能管理部门提供信息，它本身不具有直接管理的职能。

第三种是 20 世纪 80 年代提出的社会会计观点，认为"会计不仅是经济管理的工具，它本身就有管理的职能，是人们从事管理的一种活动"，即会计含义的"管理活动论"提法。这一观点认为：会计的基本职能是会计反映（会计核算）和会计控制（会计监督）。会计是以货币为主要计量单位，运用一系列专门方法，反映和监督一个单位经济活动，形成具有经济意义的会计信息，以提高经济效益为目的的一门科学。会计的对象是基层单位或组织的资金运动，管理的目的是提高经济效益，管理的方法主要是以价值管理为主的预测、决策、核算、控制、分析、考评。

二、会计的产生与发展

物质资料的生产是人类社会存在和发展的基础。生产过程既是新产品的形成过程，又是一个消费过程。人类社会为了自身的存在和发展，必然关心生产过程，关心生产过程中的消耗和成果，总是希望以较少的耗费创造出尽可能多的物质财富，希望通过加强生产过程的管理来提高经济效益。在长期的生产实践中，人们逐渐认识到，为了管好生产，促进生产的发展，必须对生产过程中的劳动耗费和劳动成果进行有效的反映和监督，取得必要的核算资料，借以了解和控制生产过程，使生产活动按照预定的目标顺利进行。基于这种客观需要，以计算、记录和提供经济过程耗费、成果等信息资料为目标的会计行为便应运而生了。

会计产生的条件除了生产发展的要求，还有就是剩余产品的出现。在原始社会，人类社会生产实践活动极其简单，生产水平极其低下，主要是通过采集野果、狩猎等简单的生产活动谋生，劳动产品几乎无剩余，这时仅靠人脑记忆和计算即可满足需要。因此，没有发现有任何记录的遗迹留下。人类社会出现了第一次、第二次大分工之后，社会生产有所发展，劳动产品开始出现剩余，有了交换劳动产品的条件。在我国，早在伏羲时期就有结绳记事、刻记，黄帝、尧舜时期原始社会后期的书契（用文字、数码刻记）的简单记录和计算方法，就是最原始的处于萌芽状态的会计记录与计量行为。据有关考古发掘证实，距今 18000 多年前的北京山顶洞人时代，发现了这种刻契记事的会计萌芽行为。当然，这时的会计还只是作为"生产职能的附带部分"，社会生产还未曾社会化，独立的会计并未产生。以后，随着生产规模的扩大、生产社会化程度的提高以及社会生产力水平的不断提高，上述简单的会计行为已经不能满足人们管理较为复杂的经济过程的需要。于是，会计从生产职能中分离出来，成为特殊的专门委托的当事人的独立职能。

到周朝时期，已设有"司会""大宰"等主管会计的官职。到宋朝会计方法又有了新的发展，出现了"四柱结算法"的记账方法。所谓四柱，就是把账本分为"旧管""新收""开除""实在"四个部分。四柱结算法的运用对我国的会计发展具有重大意义，后来我国收付记账法中的"上期结存＋本期收入－本期支出＝本期结存"的方程式就是源自于此。明清两代，在"四柱结算法"原理的启示下，又创建了比较完善的"龙门账"会计核算方法。"龙门账"中的"进缴表""存该表"，就类似于现代会计的"利润表""资产负债表"。

新中国成立以后，在中央及各地会计工作的探索之下，我国逐步建立了具有中国特色的会计准则体系。1992 年财政部颁布了《企业会计准则》，此后一直在陆续颁布具体的会计准则。2004 年财政部颁布了统一的《企业会计制度》。2006 年 2 月 15 日，财政部发布了新会计准则体系（以下简称新会计准则），包括 1 项基本准则和 38 项具体准则，于 2007 年 1 月 1 日起在上市公司实施。新会计准则体系基本实现了与国际财务报告准则的趋同。新会计准则自 2007 年实施以来，每年都有变动和修订。但修订只是针对修订部分颁布，不是全部的会计准则重新发布。本教材正是基于这一系列新会计准则体系及后续修订的最新要求编写。

在国外，会计的发展也经历了很长的阶段。中世纪末，十字军的东征沟通了东西方经济的贸易往来，使地处地中海沿岸的一些城市的经济空前繁荣，尤其是意大利沿海城市佛罗伦萨、热那亚、威尼斯等地，商业和金融业率先得以发展，成为当时的世界经济贸易中心，奠定了社会形态向资本主义迈进的关键一步。为了经济发展的需要，人们开始将原来借贷资本家所用的"借主""贷主"的记录方式，经逐步改进和提高后，形成了早期的第一个借贷复式记账法，并在这些城市广为流行。1494 年，意大利传教士、数学家、会计学家卢卡·巴其阿勒（Luca Paciolo）在威尼斯出版了一部耗费他 30 年心血的世界名著——《算术、几何、比及比例概要》。该书第三篇"簿记论"系统地描述和总结了意大利威尼斯簿记和借贷记账法，成为当今人们赞誉的第一部会计理论书籍，并为会计由自然存在推向科学奠定了重要基石，被后人称为近代会计发展史的第一个里程碑，卢卡·巴其阿勒也被称为"近代会计之父"。

18 世纪下半叶，英国的资本主义经济得到了迅速发展，生产的社会化程度大大提高，企业的所有权与经营权开始分离。企业主希望有外部的会计师来检查他们所雇用的管理人员，特别是会计人员是否存在贪污、盗窃和其他舞弊行为，于是英国出现了第一批以查账为职业的独立会计师。他们受企业主委托，对企业会计账目进行逐笔检查，目的是查错防弊，检查结果也只向企业主报告。1853 年，苏格兰爱丁堡创立了第一个注册会计师的专业团体——爱丁堡会计师协会。该协会的成立，标志着注册会计师职业的诞生。1862 年，英国《公司法》又确定注册会计师为法定的破产清算人，奠定了注册会计师审计的法律地位。这标志着会计开始成为一种社会性专门职业和通用的商务语言。

1929 ~ 1933 年，资本主义世界经历了历史上最严重的经济危机，大批企业倒闭，投资者和债权人蒙受了巨大的经济损失。对这次危机的深刻反省促使许多国家致力于研究会计准则和审计准则。第二次世界大战后经济发展国际化和跨国公司大量兴起推进了会计准则和审计准则走向世界。20 世纪 50 年代，以美国为首的资本主义国家出现了专门为企业内部管理服务的管理会计，20 世纪 70 年代以后，电子计算机会计逐步占领了会计工作领域，使会计的核算方法产生了飞跃。同时，经济全球化的发展使跨国企业核算问题越来越受到重视，于是又出现了国际会计。

今天，会计学已经发展成为完整的知识体系，会计工作成为每一个企业、事业团体、政府管理部门管理工作的重要组成部分。在当今社会，没有完善的会计管理，任何实体都无法生存。

三、会计学及其分支

会计学科体系包含了许多内容，根据其内容的不同可以将会计学划分成不同的类型，由此形成会计学的诸多分支。

（一）会计学的概念

会计学是研究和探索会计发展规律的一门科学。从其学科性质来说，属于经济管理中的一门应用性学科。会计学发展到今天，不仅形成了日臻完善的理论体系，而且还形成了一系列为经济、管理服务的专门的方法体系。以完善的理论为指导，以专门的方法为支撑，以系统化的学科体系为主体，以解决市场经济发展中的价值信息及价值增值为目的，使会计学在未来的市场经济发展中成为越来越热门的科学。

（二）会计学科分支

会计学按照服务领域不同，可分为服务于营利组织的企业会计和服务于政府与非营利组织的会计（在我国将后者称为政府与事业单位会计）两大类。会计学按照服务对象不同，可分为单位外部的会计信息利用者或为利益相关者提供决策信息服务的对外会计（称为财务会计）和仅为单位内部经营管理当局提供管理决策信息服务的对内会计（称为管理会计）。

会计学按其研究内容，可分为会计学基础、财务会计学、成本会计学、管理会计学和审计学等主要分支学科。会计学基础主要阐述会计的基础理论、基本知识和基本方法，作为会计学的入门向导。财务会计学以财务活动为对象，研究、反映企业财务状况、经营成果，提供投资、信贷等决策有用信息的理论和方法。成本会计学主要阐述成本计算、预测、决策、控制与考核的理论与方法，为加强成本管理提供有关信息。管理会计学主要研究如何利用企业内部的会计信息以加强企业计划管理、目标管理，落实各种责任制，提高经营决策水平。审计学则是阐明如何对经济活动的合理性、合法性、合规性及效益性进行检查、监督的基本理论与方法。

会计学按其应用的部门（行业）划分，可分为工业会计学、农业会计学、商业会计学、服务业会计学、金融会计学、基本建设会计学、交通运输会计学、预算（政府）会计学等。它们统称为部门（行业）会计学或专业会计学，分别研究与各部门（行业）相适应的会计核算与分析的程序、方法。

第二节　会计的目标、职能与对象

会计的目标、职能是会计工作的出发点与基础，会计对象是会计工作所要核算和监督的内容。

一、会计的目标

会计的目标指会计想要达到的境地或想要得到的结果。从对会计的产生和发展的分析中知道，人们运用会计和进行会计工作，其主要目标是为了向用户提供经济过程及其结果的有关信息——财务信息。用户要求会计提供哪些财务信息，取决于会计信息的使用者和他们所希望达到的目的。新会计准则对会计的目标作了明确的规定："财务会计报告的目标是向财务会计报告的使用者提供与企业财务状况、经营成果和现金流量等有关的会计信息，反映企业管理层受托责任履行情况，有助于财务会计报告使用者作出经济决策。"

就企业会计而言，会计信息的使用者（会计信息的用户）包括以下六类：

其一，为现有和潜在的投资者维护资本保全、提高资本收益、回避资本风险等决策提供有用的会计信息；

其二，为现有和潜在的债权人降低债务风险提供有用的会计信息；

其三，为经营者有效利用资源、提高经济效益提供有用的会计信息；

其四，为职工维护其合法权益及利益提供有用的会计信息；

其五，为政府宏观经济管理与经济调控决策提供有用的会计信息；

其六，为其他信息用户如工会组织、证券发行及交易机构、经纪人、律师、财务分析人员、经济研究者、经济报刊等提供有用的会计信息。

二、会计的基本职能

职能是指客观事物本身所具有的功能，客观性、相对稳定性和普遍适用性是其特点。会计的职能就是会计在经济管理中具有的功能。会计的基本职能可归结为会计核算和会计监督。

（一）会计的核算职能

会计的核算职能亦称会计的反映职能。会计的核算职能是指会计以货币为主要计量单位，通过确认、记录、计算、报告等环节，对特定主体的经济活动进行记账、算账、报账，为各有关方面提供会计信息的功能。会计的核算职能不仅仅是对经济活动进行事后反映。为了在经营管理上加强计划性和预见性，会计利用其信息反馈，还要对经济活动进行事前核算和事中核算。事前核算的主要形式是进行预测、参与计划、参与决策；而事中核算的主要形式是在计划执行过程中，通过核算和监督相结合的方法，对经济活动进行控制，使过程按计划或预期的目标进行。

会计作为经营管理的一种活动，它不只是消极、机械地反映，而是在经济活动中通过数字反映出来后，按照过程本身固有的内在联系，进行加工整理、分析比较，据以判断经济活动是否合理有效，并考核经济效益。

（二）会计的监督职能

会计的监督职能是指会计人员在进行会计核算的同时，对特定主体经济活动的合法性、合理性和有效性进行审查。

对经济活动进行会计核算的过程，也就是实行会计监督的过程。监督的核心是干预活动，使之遵守国家财务制度。同时还要从本单位的经济效益出发，对每项经济的合理性、有效性进行事前、事中监督，以防止损失和浪费。会计监督的具体内容主要包括以下几项：

第一，以国家的财务制度为准绳，对即将进行或已经进行的经济活动的合理性和合法性进行监督，是会计监督的一项重要内容。这种监督具有强制性和严肃性。

第二，对经济活动的有效性进行监督。它主要是从单位内部提高微观经济效益出发，把监督贯穿于经济活动全过程，对每项经济活动进行事前、事中和事后监督，以评价各项活动能否提高经济效益，是否遵守节约原则，有无损失浪费。

第三，对贪污盗窃、营私舞弊等违法犯罪活动进行监督，以保护所有者财产的安全完整。

会计核算和会计监督两项职能关系十分密切，两者是相辅相成的。核算是监督的基础，没有核算就无法进行监督，只有正确地核算，监督才能有真实可靠的依据；而监督则是核算的继续，如果只有核算而不进行监督，就不能发挥会计工作应有的作用。只有严格地进行监督，会计核算所提供的数据资料，才能在经济管理中发挥其作用。

核算和监督是会计最基本的职能，它可以体现会计的本质特征。20 世纪 80 年代后，我国会计界对会计职能有着多种多样的提法，如目前国内会计学界比较流行的"六职能"学说。这一学说认为会计具有"反映经济情况、监督经济活动、控制经济过程、分析经济效果、预测经济前景、参与经济决策"[1] 六项职能。可以认为其他职能都是从基本职能中派生出来的。且会计的职能并不是一成不变的，随着经济的发展和管理的需要，会计的内涵和外延也会发生变化，传统的职能得到不断充实，新的职能不断出现。

三、会计对象

会计对象是会计行为的客体，是指会计履行职能过程中所涉及的具体内容。自从会计以货币作为统一的计量尺度之后，会计对象就表现为某一会计主体中发生的一切能以货币表现的经济活动过程，将这些经济活动过程用观念上的货币予以抽象概括，就是经济学中说的资金运动。由于这种资金运动是受人们的意识支配的，其目的是为了获得价值的增值，因此也称之为价值运动。

企业的资金是企业进行经营活动的必要前提条件之一。企业组织经营活动，需要有一定数量的资金用于采购材料或商品、购建固定资产、支付职工劳动报酬、开支其他费用

---

① 陈国辉. 会计理论研究［M］. 大连：东北财经大学出版社，2001.

等。企业资金运动表现为筹集资金、使用资金和收回资金的过程。

（一）筹集资金

企业的资金通过筹集方式取得。企业筹集资金有两种方式：一种是投资者投入资金，另一种是向债权人借入资金。

（二）使用资金

企业筹集的资金，使用到各个方面：①用于生产过程。用于生产过程的资金称为生产资金。它是劳动资料和劳动对象占用的资金。包括固定资产（固定资金）、材料（储备资金）和在产品（生产资金）等。②用于流通过程。用于流通过程的资金称为流通资金。包括产成品（成品资金）、库存现金和银行存款（货币资金），结算过程中的各种应收和暂付款项（结算资金）等。③用于对外投资。包括对外投资于股票、债券或其他形式的投资。

（三）收回资金

企业生产的产品按销售价格向购买单位办理货款结算，收回货币资金。企业出售产品所取得的销售收入，在补偿已售产品的销售成本、扣减应缴纳的税金及管理费用、财务费用、销售费用后，为企业的产品销售利润或亏损。企业产品销售利润或亏损，加减投资收益、营业外收支净额后，为企业的产品销售利润或亏损。企业实现的利润，按国家的规定进行分配：缴纳所得税；税后利润按一定比例提取盈余公积金，向投资者分配利润等。

因此，企业会计对象的具体内容，就是指筹资活动中资金的筹措与偿还、资金的使用和收回活动中资金在企业内部的循环与周转等。

四、会计对象的具体化——会计要素

会计要素是为了规范会计核算，把会计对象即企业的资金运动按照经济业务的特性所做的具体分类。《企业会计准则——基本准则》第十条规定："企业应当按照交易或者事项的经济特征确定会计要素。会计要素包括资产、负债、所有者权益、收入、费用和利润。"由于资金的运动同其他任何运动一样，可以从相对静止状态和显著变动状态两个方面进行考察。因此，会计要素中，资产、负债、所有者权益三个会计要素是构成资产负债表的基本框架，主要用于反映企业在一定时期终了的财务状况，称为静态会计要素；收入、费用、利润三个会计要素是构成损益表的基本框架，主要用于反映企业在一定时期的经营成果，称为动态会计要素。

（一）资产

资产是指企业过去的交易或者事项形成的、由企业拥有或者控制的、预期会给企业带来经济利益的资源。

企业过去的交易或者事项包括购买、生产、建造行为或其他交易或者事项。预期在未来发生的交易或者事项不形成资产。

由企业拥有或者控制，是指企业享有某项资源的所有权，或者虽然不享有某项资源的所有权，但该资源能被企业所控制。

预期会给企业带来经济利益，是指直接或者间接导致现金和现金等价物流入企业的潜力。

企业的资产或被充作生产经营过程不可缺少的要素，或被用于对外投资，均可为企业带来一定的经济利益。企业拥有或控制的资产，按流动性分为流动资产和非流动资产。非流动资产主要包括长期投资、固定资产、无形资产。

1. 流动资产

流动资产指可以在 1 年或者超过 1 年的一个营业周期内变现或耗用的资产，主要包括现金、银行存款、交易性金融资产、应收及预付款项、存货等。

2. 非流动资产

非流动资产指不能在 1 年或者超过 1 年的一个营业周期内变现或耗用的资产。

3. 长期投资

长期投资指持有时间超过 1 年（不含 1 年）、不能变现或不准备随时变现的股权或债权性质的投资。企业进行长期投资的目的，是获得较为稳定的投资收益或对被投资企业实施控制或影响。

4. 固定资产

固定资产指企业使用期限超过 1 年的房屋、建筑物、机器、机械、运输工具以及其他与生产、经营有关的设备、器具、工具等。

5. 无形资产

无形资产指企业拥有或者控制的没有实物形态的可辨认非货币性资产。

（1）资产满足下列条件之一的，符合无形资产定义中的可辨认性标准：①能够从企业中分离或者划分出来，并能单独或者与相关合同、资产或负债一起，用于出售、转移、授予许可、租赁或者交换。②源自合同性权利或其他法定权利，无论这些权利是否可以从企业或其他权利和义务中转移或者分离。

（2）无形资产同时满足下列条件的，才能予以确认：①与该无形资产有关的经济利益很可能流入企业；②该无形资产的成本能够可靠地计量。

（二）负债

负债是指企业过去的交易或者事项形成的、预期会导致经济利益流出企业的现时义务。它是债权人对企业资产的要求权。企业承担的债务是由过去已发生的经济业务引起的现存义务。这些义务通常应通过企业付出资产（如库存现金、银行存款、提供产品等）或向对方（债权人）提供劳务等方式才能清偿了结。企业的负债按其流动性，分为流动负债和长期负债。

1. 流动负债

流动负债指将在 1 年（含 1 年）或者超过 1 年的一个营业周期内偿还的债务，包括短期借款、应付票据、应付账款、预收账款、应付职工薪酬、应付利息、应付股利、应交税费和 1 年内到期的长期借款等。

2. 长期负债

长期负债指偿还期在 1 年或者超过 1 年的一个营业周期以上的负债，包括长期借款、应付债券、长期应付款等。

（三）所有者权益

所有者权益是指企业资产扣除负债后由所有者享有的剩余权益。公司的所有者权益又称为股东权益。

1. 所有者权益来源

所有者权益的来源包括所有者投入的资本、直接计入所有者权益的利得和损失、留存收益等。

直接计入所有者权益的利得和损失，是指不应计入当期损益、会导致所有者权益发生增减变动的、与所有者投入资本或者向所有者分配利润无关的利得或者损失。其中利得是指由企业非日常活动所形成的、会导致所有者权益增加的、与所有者投入资本无关的经济利益的流入；损失是指由企业非日常活动所发生的、会导致所有者权益减少的、与向所有者分配利润无关的经济利益的流出。

2. 所有者权益与会计核算

所有者权益在会计核算中分为五个部分：实收资本（或者股本）、资本公积（包括资本或股本溢价、其他资本公积）、其他综合收益、盈余公积和未分配利润。

（1）实收资本。指投资者按照企业章程或合同、协议的约定，实际投入企业的资本。它是企业承担民事责任的财力保证。

（2）资本公积。指归企业所有者共有的资本，主要源于资本在投入过程中所产生的溢价，以及直接计入所有者权益的利得和损失。

（3）其他综合收益。指企业根据会计准则规定，未在当期损益中确认的各项利得和损失。

（4）盈余公积。指企业按照法律、法规的规定从净利润中提取的留存收益。它包括：①法定盈余公积，指企业按照法规规定的比例从净利润中提取的盈余公积金。②任意盈余公积，指企业经股东大会或类似机构批准后按照规定的比例从净利润中提取的盈余公积金。企业的盈余公积金可以用于弥补亏损、转增资本（股本）。符合规定条件的企业，也可以用盈余公积分派现金股利。

（5）未分配利润。指企业留待以后年度分配的利润。这部分利润也属于企业的留存收益。

3. 所有者权益与负债区别

按照公司法的规定，企业必须由投资人出资组建才能依法成立，之后才可以向社会举债以满足企业扩大生产规模的需要。由此可见，所有者权益和负债是企业取得资产的两条重要渠道，但在性质上是不同的。所有者权益与负债相比较而言具有以下不同之处：

（1）企业使用所有者投入的资金支付的报酬是到一定时期终了或经营周期结束后以利润方式进行分配，而企业使用债权人投入的资金支付的报酬是资金利息等。

（2）所有者权益一般不能要求企业偿还，除非企业发生法定行为的减资、清算等事项，而负债是必须到期偿还的。

（3）企业进行清算时，往往优先清偿负债，只有在清偿完全部的负债之后，才能返还所有者权益。

（4）所有者权益能够参与企业利润分配，而负债则不能参与利润的分配，只能按照预先约定的条件取得利息。

4. 资产、负债与所有者权益的关系

以上资产、负债、所有者权益三个要素中，资产是企业所拥有的经济资源，而负债、所有者权益分别是债权人、企业投资者对企业资产的要求权，因此它们之间在数额上存在下列关系：

资产 = 负债 + 所有者权益

或

资产 − 负债 = 所有者权益

（四）收入

1. 收入与营业外收入

（1）收入指企业在日常活动中形成的、会导致所有者权益增加的、与所有者投入资本无关的经济利益的总流入。从这个定义可以分解出收入的三个重要特征：第一，是日常活动形成的经济利益；第二，这种利益流入是靠企业销售商品、提供劳务以及让渡资产使用权而取得的收入；第三，流入的经济利益，不包括代第三方收取的款项。从上述定义中可以看出，我国会计准则中有关收入的解释只是狭义收入，即仅指经营性收入，不包括营业外收入。

（2）营业外收入是指企业发生的与其生产经营活动无直接关系的各项收入，包括罚款收入、债务重组收益和与企业日常活动无关的政府补助、盘盈利得、捐赠利得等。

2. 收入包括的内容

收入主要包括主营业务收入、其他业务收入和投资收益等。

（1）主营业务收入是指企业经常性的、主要业务活动所产生的基本收入，如工商企业销售商品的收入、服务业的劳务收入等。

（2）其他业务收入是指企业主营业务收入以外的非主要业务活动所产生的收入，如工业企业原材料及包装物销售、无形资产出租、固定资产出租收入等。

（3）投资收益是对外投资所取得的利润、股利和债券利息等收入减去投资损失后的净收益。

（五）费用

费用是指企业在日常活动中发生的、会导致所有者权益减少的、与向所有者分配利润无关的经济利益的总流出。

1. 费用特征

费用具有以下特征：第一，费用产生于过去的交易或事项；第二，费用导致所有者权益减少，但与向所有者分配利润无关；第三，费用可能表现为资产的减少，或负债的增加，或者二者兼而有之。

2. 费用包括的内容

事实上，费用包括两方面内容：成本和费用。

（1）成本。指企业为生产产品、提供劳务而发生的各种耗费，包括为生产产品、提供劳务而发生的直接材料、直接人工费用和各种间接费用。

（2）费用。费用一般指企业在日常活动中发生的营业税费、期间费用和资产减值损失。

其一，营业税费指企业经营活动应当负担的税金和附加，如消费税、城建税、教育费附加等。

其二，期间费用，是指不计入产品生产成本、直接计入发生当期损益的费用，包括管理费用、财务费用和销售费用。其中，管理费用是指企业行政管理部门为组织和管理生产经营活动而发生的各项费用。如行政管理部门的职工工资、办公费、差旅费等。财务费用是企业为筹集生产经营所需资金等而发生的费用，包括利息支出（减利息收入）、汇兑损失（减汇兑收益）以及相关的手续费等。销售费用是指企业在销售产品过程中发生的各项费用。包括由企业负担的包装费、运输费、广告费、装卸费、保险费、展览费、租赁费、专设销售机构的运行费用、销售人员薪酬等。

其三，资产减值损失是指因资产的账面价值高于其可收回金额而造成的损失。包括企业计提的坏账准备、存货跌价准备、固定资产减值准备等。

3. 费用与成本的关系

费用与成本既有联系又有区别。费用是和期间相联系的，而成本是和产品相联系的；成本要有实物承担者，而费用一般没有实物承担者。

4. 广义费用

上述定义的费用也是狭义费用的范畴。广义费用还包括所得税费用和直接计入当期利润的损失即营业外支出。

（1）所得税费用。是指企业按企业所得税法的规定缴纳的企业所得税。

（2）营业外支出。是指企业发生的与生产经营活动无直接关系的支出，包括固定资产盘亏、罚款支出、捐赠支出、非常损失等。

（六）利润

利润是指企业在一定会计期间的经营成果，包括收入减去费用后的净额、直接计入当期利润的利得和损失等。

利润是衡量企业优劣的一种重要标志，往往是评价企业管理层业绩的一项重要指标，也是财务报告使用者进行决策的重要参考。利润按其不同层次可分为营业利润、利润总额和净利润三个层次。不同层次的利润计算公式如下①：

营业利润 = 营业收入 − 营业成本 − 税金及附加 − 销售费用 − 管理费用 − 财务费用 − 资产减值损失 + 公允价值变动收益 + 投资收益

利润总额 = 营业利润 + 营业外收入 − 营业外支出

净利润 = 利润总额 − 所得税费用

第三节　会计核算基本前提和会计信息质量特征

会计信息是决策的重要依据。财务会计报告的目标即是向财务报告使用者提供与企业财务状况、经营成果和现金流量等有关的会计信息，有助于财务会计报告使用者作出经济决策。要达到上述目标，有必要设立会计核算的一些基本前提并对会计信息质量特征提出要求。《企业会计准则——基本准则》对组织会计核算应当遵守的基本前提和会计信息质量要求进行了规范。

一、会计核算的基本前提

会计核算的基本前提是对会计核算所处的时间、空间环境所作的合理设定。会计核算对象的确定、会计方法的选择、会计数据的收集都要以这一系列的前提为依据。会计核算的基本前提也称会计假设，包括会计主体、持续经营、会计分期、货币计量和权责发生制五个假设。

（一）会计主体

会计主体是指会计信息所反映的特定单位，也称为会计实体、会计个体。《企业会计准则——基本准则》第五条规定："企业应当对其本身发生的交易或者事项进行会计确认、计量和报告。"这就是指企业的会计核算应当以企业为基本会计主体。会计主体从空间范围上对会计信息进行了限定，使会计所提供的信息能够明确所指的是甲单位还是乙单位。

---

① 根据财政部《关于修订印发 2018 年度一般企业财务报表格式的通知》（财会〔2018〕15 号）的内容，营业利润的计算公式如下：

营业利润 = 营业收入 − 营业成本 − 税金及附加 − 销售费用 − 管理费用 − 财务费用 − 资产减值损失 − 信用减值损失 + 公允价值变动收益 + 投资收益 + 其他收益 + 净敞口套期收益 + 资产处置收益

由于本书选用案例仅涉及普通业务，未涉及信用减值损失、其他收益、净敞口套期收益等内容，因此本书采用简化的利润计算公式，即不考虑信用减值损失、其他收益、净敞口套期收益等利润项目（下同）。

会计主体是根据管理和核算的需要事先确定的，可否列为会计主体，没有统一规定。一般来说，需要单独进行会计核算的就应当作为一个会计主体。在此应特别注意，会计主体不同于法律主体。法律主体往往是一个会计主体，但会计主体不一定是法律主体。例如，一个企业作为一个法律主体，应当建立会计核算体系，独立地反映其财务状况、经营成果和现金流量。有时为了内部管理的需要，也对企业内部的部门单独加以核算，并编制出内部会计报表，企业内部划出的核算单位也可以视为一个会计主体，但不能成为法律主体。

（二）持续经营

在市场经济条件下，会计主体假设为会计的核算规定了空间范围，而持续经营则为会计的核算作出时间的规定。《企业会计准则——基本准则》第六条规定："企业会计确认、计量和报告应当以持续经营为前提。"

持续经营是指在可以预见的将来，企业将会按当前的规模和状态持续经营下去，不会停业，也不会大规模缩减业务。企业是否持续经营对会计原则、会计方法的选择影响很大。只有设定企业是持续经营的，才能进行正常的会计处理不采用破产清算的一套处理方法。例如，一般情况下，企业的固定资产可以在一个较长的时期发挥作用，如果可以判断企业会持续经营，就可以假定企业的固定资产会在持续进行的生产经营过程中长期发挥作用，并服务于生产经营过程，固定资产就可以根据历史成本进行记录，并采用折旧的方法，将历史成本分摊到各个会计期间或相关产品的成本中。如果判断企业不会持续经营，固定资产就不应采用历史成本进行记录并按期计提折旧，而是按照实际变现的价值计算。

会计核算所使用的一系列方法和遵循的有关要求都建立在会计主体持续经营的基础上。例如，只有在持续经营的前提下，企业的资产和负债才需要按流动性分类，企业才有必要确立会计分期假设，企业对收入、费用的确认也才能够采用权责发生制并计算当期利润。

由于持续经营是根据企业发展的一般情况所作的设定，企业在生产经营过程中缩减经营规模乃至停业的可能性总是存在的。为此，往往要求定期对企业持续经营这一前提作出分析和判断。一旦判定企业不符合持续经营前提，就应当改变会计核算的方法。

（三）会计分期

会计分期是指将一个企业持续经营的生产经营活动划分为一个个连续的、长短相同的期间，又称会计期间。《企业会计准则——基本准则》第七条规定："企业应当划分会计期间，分期结算账目和编制财务会计报告。会计期间分为年度和中期。中期是指短于一个完整的会计年度的报告期间。"《企业会计制度》第七条规定："会计核算应当划分会计期间，分期结算账目和编制财务会计报告。会计期间分为年度、半年度、季度和月度。年度、半年度、季度和月度均按公历起讫日期确定。"

会计分期的目的：将持续经营的生产经营活动划分成连续、相等的期间，据以结算盈亏；按期编报财务报告，从而及时地向会计信息使用者提供有关企业财务状况、经营成果和现金流量信息。

从理论上说，在企业持续经营的前提下，要反映企业的财务状况和经营成果只有等到所有生产经营活动结束后才能进行准确的核算和计量。但到那时提供的会计信息已经滞后，失去了决策支持的作用。因此，需要人为地将持续经营的过程划分为会计期间，即通常的会计年度。中外各国所采用的会计年度一般与本国的财政年度相同。我国《会计法》第十一条规定："会计年度自公历 1 月 1 日起至 12 月 31 日止。"我国会计年度采用公历制，这是为了与我国的财政、税务、计划、统计等年度保持一致，从而便于国家宏观经济管理。美国的财政年度是从每年 10 月 1 日到第二年 9 月 30 日，其会计年度也是如此。

会计分期假设具有重要意义。只有在会计分期的前提下，才有了本期与非本期的区别，也才会有收付实现制和权责发生制、收益性支出和资本性支出的概念。也只有正确地划分会计期间，才能进行收入和费用成本的配比，从而核算当期经营成果和财务状况、现金流量。

（四）货币计量与币值不变

《企业会计准则——基本准则》第八条规定："企业会计应当以货币计量。"

货币计量与币值不变假设隐含着相关的两个假设：一是假设会计核算主要以货币作为计量单位；二是假设所选用的货币的实际价值（购买力）在可预见的将来是稳定不变的。在货币充当一般等价物的商品经济社会里，许多复杂的价值计量可以简单地统一在货币计量之下，从而形成具有可比性的价值信息。会计核算主要是价值核算，因此离不开货币计量。但是，随着经济的全球化发展，经济交易就出现了多货币性，因此就需要选定一种货币作为统一的计量单位。否则，又会出现新的不可比的价值信息，会计报表也难以编制。这种在会计上被选用的统一计量货币称为记账本位币。我国《企业会计制度》第八条规定："企业的会计核算以人民币为记账本位币。在境外设立的中国企业向国内报送的财务会计报告，应当折算为人民币。"

币值不变假设是货币计量的一个附带假设。它的基本含义是：用作计量单位的货币的购买力是固定不变的。在现实经济生活中，货币的购买力是会随着通货膨胀或通货紧缩而变化的，甚至有些国家和地区会出现恶性通货膨胀，这就对货币计量提出了挑战。但没有这个假设就不可能有稳定的会计记录。因此，币值不变假设并不是否定货币贬值、升值的客观存在，只是认为从长期看、从整体看，升值和贬值有互相抵销的作用，抵销后的升值、贬值能基本正确地反映实际情况，这种财务信息可为信息用户所接受。

因此，我们在确定货币计量假设时，必须同时确立币值不变假设。假设币值是稳定的，不会有大的波动，或前后波动能够抵销。另外，如果发生恶性通货膨胀，就需要采用特殊的会计原则如物价变动会计原则来处理相关经济业务。

（五）权责发生制

《企业会计准则——基本准则》第九条规定："企业应当以权责发生制为基础进行会计确认、计量和报告。"权责发生制原则是指收入和费用应当在它们所代表的权利、责任形成的期间予以确认，而不管该期间是否实际收到或者支付现金（或现金等价物）。凡在当期取得的收入或者应当负担的费用，不论款项是否已经收付，都应当作为当期的收入或费用；凡是不属于当期的收入或费用，即使款项已经在当期收到或已经当期支付，都不能作为当期的收入或费用。权责发生制与收付实现制相对应，收付实现制是以收到或支付现金作为确认收入和费用的依据。根据权责发生制确认收入和费用，才能更真实地反映特定会计期间经营活动的成果。

二、会计信息质量要求

《企业会计准则——基本准则》规定了企业会计信息应该满足下列八个质量要求。

（一）可靠性

《企业会计准则——基本准则》第十二条规定："企业应当以实际发生的交易或者事项为依据进行会计确认、计量和报告，如实反映符合确认和计量要求的各项会计要素及其他相关信息，保证会计信息真实可靠、内容完整。"这是对会计信息可靠性提出的要求。依据这一原则，会计核算应当客观反映企业财务状况和经营成果，保证会计信息的真实性；会计工作应当正确运用会计的原则、程序和方法，准确反映企业的实际情况；会计核算的结果应当经得起审核和验证。

在会计实务中，有些数据需要依据会计人员的专业判断对会计方法进行选择。如固定资产的折旧方法、折旧年限，制造费用的分配方法等。选择的方法不同，会计核算的结果会存在差异。因此，会计人员在会计核算方法选择时要以保证会计信息的可靠性为出发点，尽量选择与客观事实接近的方法进行核算。

（二）相关性

《企业会计准则——基本准则》第十三条规定："企业提供的会计信息应当与财务会计报告使用者的经济决策需要相关，有助于财务会计报告使用者对企业过去、现在或者未来的情况做出评价或者预测。"

相关性也称有用性。信息要有用，必须与使用者的决策相关。当决策者利用会计信息对企业过去、现在的事项进行客观评估并对未来的可能性作出预测时，会计信息就具有相关性。这就要求会计信息具有预测价值和反馈价值。

（三）可理解性

可理解性，也称明晰性。《企业会计准则——基本准则》第十四条规定："企业提供的会计信息应当清晰明了，便于财务会计报告使用者理解和使用。"根据可理解性原则要求，会计记录应当准确、清晰；填制会计凭证、登记会计账簿必须做到依据合法、账户对应关系清楚、文字摘要完整；在编制会计报表时，项目钩稽关系清楚、项目完整、数字准确。

（四）可比性

《企业会计准则——基本准则》第十五条规定："企业提供的会计信息应当具有可比性。"

同一企业不同时期发生的相同或者相似的交易或者事项，应当采用一致的会计政策，不得随意变更。确需变更的，应当在附注中说明。

不同企业发生的相同或者相似的交易或者事项，应当采用规定的会计政策，确保会计信息口径一致、相互可比。

可比性的衡量标准就是应使会计核算所提供的同类信息及指标能够在不同行业、不同地区，本单位的前后各期均具有可比性。为了保证这一原则的实施，在会计核算中，应当做到选用的会计政策、会计方法均符合国家统一的会计制度的要求。

（五）实质重于形式

《企业会计准则——基本准则》第十六条规定："企业应当按照交易或者事项的经济实质进行会计确认、计量和报告，不应仅以交易或者事项的法律形式为依据。"

如果要客观地反映企业的交易或其他事项，必须根据交易或者事项的经济实质进行会计确认、计量和报告，而不是仅仅根据它们的法律形式。原因在于交易或者事项的实质，有时不能与它们的外在法律形式一致。例如，会计上对融资租入固定资产的确认。从法律形式看，融资租入固定资产的所有权在出租方，企业只拥有控制权和使用权。即从法律形式看，融资租入固定资产不属于企业具有所有权的固定资产。但是，由于融资租入固定资产的租赁期限一般超过了固定资产可使用期限的大部分，且在租赁期内承租企业实质上获得了该资产所提供的主要经济利益，同时承担了与资产有关的风险。因此，基于实质重于形式的原则，承租企业应将融资租入固定资产作为自有固定资产核算，同时确认相应的负债，并且要计提固定资产折旧。

（六）重要性

《企业会计准则——基本准则》第十七条规定："企业提供的会计信息应当反映与企业财务状况、经营成果和现金流量等有关的所有重要交易或者事项。"

根据重要性原则，在选择会计方法和程序时，要考虑经济业务本身的性质和规模，根据特定的经济业务对经济决策影响的大小来选择合适的方法和程序。当一会计信息被遗漏或错误表达时，将可能使依赖该信息的利用者所作出的判断或决策受到重大影响或改变，就应当列为重要会计信息予以单独反映。对于次要的会计事项，在不影响会计信息真实性和不至于误导财务会计报告使用者作出正确判断的前提下，可适当简化处理。这一原则与相关性原则相结合，可以从质和量两个方面充分表达会计信息的影响力。

（七）谨慎性

《企业会计准则——基本准则》第十八条规定："企业对交易或者事项进行会计确认、

计量和报告应当保持应有的谨慎，不应高估资产或者收益、低估负债或者费用。"

根据谨慎性要求，在具体会计核算过程中对可能发生的费用或损失，应当及时、充分、合理地加以估计和列示；而对可能发生的收益则应在实际实现时再予以确认。这样，可以使损益计算、资产计价都能更加稳健可靠，增强企业化解和防范经营风险的能力。例如，在存货、有价证券等资产的市价低于成本时，相应地减记资产的账面价值，并将减记金额计入当期损益，即体现了谨慎原则。

（八）及时性

《企业会计准则——基本准则》第十九条规定："企业对于已经发生的交易或者事项，应当及时进行会计确认、计量和报告，不得提前或者延后。"会计信息具有时效性，只有能够满足决策的及时需要，信息才有价值。满足及时性原则应当做到：及时收集、处理经济业务事项并及时编制、提供财务会计报告，以便会计信息利用者适时利用。

第四节 会计计量与财务会计报告

会计计量是根据一定的计量标准和计量方法，将符合确认条件的会计要素登记入账并列报于财务报表的过程。在会计实践中，企业应当按照会计准则规定的会计计量属性进行计量，确定相关金额。

一、会计计量

（一）会计计量属性

《企业会计准则——基本准则》第四十一条规定："企业在将符合确认条件的会计要素登记入账并列报于会计报表及其附注时，应当按照规定的会计计量属性进行计量，确定其金额。"会计计量的基本属性主要包括：

1. 历史成本

在历史成本计量下，资产按照购买时支付的现金或者现金等价物的金额，或者按照购买资产时所付出的对价的公允价值计量。负债按照因承担现时义务而实际收到的款项或者资产的金额，或者承担现时义务的合同金额，或者按照日常活动中为偿还负债预期需要支付的现金或者现金等价物的金额计量。

2. 重置成本

在重置成本计量下，资产按照现在购买相同或者相似资产所需支付的现金或者现金等价物的金额计量。负债按照现在偿付该项债务所需支付的现金或者现金等价物的金额计量。

3. 可变现净值

在可变现净值计量下，资产按照其正常对外销售所能收到现金或者现金等价物的金额扣减该资产至完工时估计将要发生的成本、估计的销售费用以及相关税费后的金额计量。

4. 现值

在现值计量下，资产按照预计从其持续使用和最终处置中所产生的未来净现金流入量的折现金额计量。负债按照预计期限内需要偿还的未来净现金流出量的折现金额计量。

5. 公允价值

在公允价值计量下，资产和负债按照在公平交易中，熟悉情况的交易双方自愿进行资产交换或者债务清偿的金额计量。

（二）会计计量属性的选择

《企业会计准则——基本准则》第四十三条规定："企业在对会计要素进行计量时，一般应当采用历史成本，采用重置成本、可变现净值、现值、公允价值计量的，应当保证所确定的会计要素金额能够取得并可靠计量。"根据该准则要求，在对会计计量属性的选择中，一般应当采用历史成本，如果要采用其他计量属性，必须保证金额能够取得并可靠计量。

（三）会计要素确认与计量的要求

对会计要素进行确认与计量不仅要符合一定的条件，还要在确认与计量过程中遵循以下原则。

1. 划分收益性支出与资本性支出

企业的会计核算应当合理划分收益性支出与资本性支出。凡支出效益仅与本会计年度（或一个营业周期）相关的，应当作为收益性支出；凡支出效益与几个会计年度（或几个营业周期）相关的，应当作为资本性支出。

正确划分收益性支出与资本性支出对正确计算企业的本期损益有重要意义。具体来说，收益性支出是为了取得本期收益而发生的支出，应作为本期费用计入当期损益，列入利润表。如本期销售产品的成本、各种期间费用等。资本性支出则是与几个会计年度收益相关的支出，应计入资产，列于资产负债表。然后随着资产连续不断地在不同时期的使用，逐渐、分次地转化为不同时期的费用，由不同时期的收入补偿。如果把收益性支出当作资本性支出就会减少本期费用，虚增本期资产和利润。反之，如果把资本性支出当作收益性支出就会虚增本期费用，虚减本期资产和利润。因此，为了正确计算当期损益，必须贯彻划分收益性支出与资本性支出的原则。

2. 收入与费用配比

企业在进行会计核算时，收入与其成本、费用应当相互配比，同一会计期间内的各项收入与其相关的成本、费用，应当在该会计期间内确认，这就是收入与费用配比原则。这一原则要求在一个会计期间内所获得的收入与为了获得此收入所耗费的成本、费用相配合，以求得本期的经营成果。

由于存在着会计分期前提条件，所以每个企业必须分期反映其经营成果。经营成果是企业收入与成本费用进行配合比较的结果。为了达到配比原则的要求，首先应根据各种收入与成本费用的不同性质，来确定某项收入与其成本费用的因果关系；其次应根据权责发生制来确定某项收入与其成本费用的时间关系。一个会计期间内的各项收入及与其相关的成本费用，应当在同一期间内确认、计量和记录，进行比较，既不能提前，也不许延后。对于预支款项的成本费用，要递延到有关收入取得时才能确认为费用；对于与本期收入有关的尚未支付的费用，则应在本期内预提，以便正确计算出企业在该会计期间的经营成果，即利润或亏损。

3. 历史成本计量

历史成本计量又称实际成本计量或原始成本计量，指企业的各项财产在取得时应当按照实际成本计量。其后，各项财产如果发生减值，应当按照本制度计提相应的减值准备。除法律、行政法规和国家统一的会计制度另有规定者外，企业一律不得自行调整其账面价值。

历史成本是指取得或制造某项财产物资时实际支付的货币及其等价物。这个原则要求对企业资产、权益等项目的计量应当基于经济业务的实际交易价格或成本，而不考虑随后市场价格变动的影响。按照历史成本原则进行计量，有助于资产、权益项目的确认及计量结果的检查与控制，也使收入与费用的配比建立在实际交易价格的基础上。同时，历史成本较之其他计价基础容易取得，也比较确凿，所提供的数据是客观的和可查证的，能够促进会计核算与会计信息资料的真实可靠，符合客观性原则。但是，按历史成本计价的客观性是以币值稳定为前提的，在市场经济条件下，物价的变动已经成为必然，因此期末的资产需要研究使用其他的计量属性，如可变现净值、重置成本等。

二、财务会计报告

财务会计报告是指企业对外提供的反映企业某一特定日期的财务状况和某一会计期间的经营成果、现金流量等会计信息的文件。

财务会计报告包括会计报表及其附注和其他应当在财务会计报告中披露的相关信息和资料。会计报表至少应当包括资产负债表、利润表、现金流量表等报表。资产负债表是指反映企业在某一特定日期的财务状况的会计报表。利润表是指反映企业在一定会计期间的经营成果的会计报表。现金流量表是指反映企业在一定会计期间的现金和现金等价物流入和流出的会计报表。附注是指对在会计报表中列示项目所作的进一步说明以及对未能在这些报表中列示项目的说明等。小企业编制的会计报表可以不包括现金流量表。

复习思考题

1. 什么是会计？会计的本质是什么？

2. 什么是会计的目标？会计目标包括哪些内容？

3. 什么是会计的对象？会计对象的具体内容包括哪些？

4. 什么是会计的职能？会计的基本职能是什么？它们之间有何关系？

5. 什么是会计核算的基本前提？它包括哪些具体内容？

6. 会计信息的质量特征包括哪些内容？

第**二**章

会计科目、会计账户与复式记账

会计所包含的内容繁杂，为便于会计核算而对会计要素进行分类即出现了会计科目。会计账户是对会计科目的增减变动情况及其结果进行的连续反映。理解复式记账原理及优点，掌握借贷记账法的概念及其主要内容是本章的重点。

第一节　会计科目

一、会计科目及其设置的原则

会计科目是对会计要素的具体内容进行分类核算的项目。合理地对会计要素的具体内容按项目进行分类，设置会计科目，是正确运用借贷记账法进行会计核算的重要基础。

我们知道，会计要素包括资产、负债、所有者权益、收入、利润和费用六个方面。如果我们把发生的大量经济业务数据分成这六个要素进行核算，这种会计信息会过于笼统，难以体现会计信息的明晰性和层次性，也难以满足经营管理实行逐级记录、逐级考核和逐级控制的需要。因此，有必要在对每一会计要素再分类的基础上设置会计科目。设置会计科目的程序包括按照会计要素具体项目分类后的名称设置会计科目；对每一个会计科目按照业务类别进行编号；规范或规定每一个会计科目的核算内容、业务范围和核算要求。我国目前采用的是统一会计制度，其中规定了企业应该设置的会计科目和相应的核算内容。但是，在会计实践中，也具有一定的灵活性。企业在设置会计科目时应当遵循以下原则：

第一，全面、系统地反映和控制会计要素的原则。每一会计要素所包括的全部项目，必须由该要素所划分的会计科目所涵盖，既不允许遗漏，也不允许重复、交叉，必要时，也可跨要素归并设置会计科目。

第二，符合企业内部和外部经济实体经济决策需要的原则。会计科目划分类别的多少既要考虑会计对内、对外提供会计信息的需要，又要考虑会计工作的成本和会计工作的方便。因而，有的具体项目可以合并，有的可以分解设置会计科目。

第三，会计科目的名称应通俗易懂，体现会计主体的特点。每一个会计科目都应当有一个通俗易懂而又含义明确的名称，以便于判断该科目是对哪类会计数据所作的归类；会计科目的名称还应体现会计主体的性质和特点。

第四，相对稳定原则。为了便于在不同时期分析、比较会计科目所反映的会计核算内容和核算指标，使会计信息具有可比性，会计科目应保持相对稳定，不能经常变动。

二、常用会计科目

根据《企业会计准则应用指南》，结合一般制造业企业的生产经营特点，选择常用的会计科目列表如下。

表 2－1　常用企业会计科目名称和编号

顺序号	编号	科目名称	顺序号	编号	科目名称
一、资产类			27	1604	在建工程
1	1001	库存现金	28	1605	工程物资
2	1002	银行存款	29	1606	固定资产清理
3	1012	其他货币资金	30	1701	无形资产
4	1101	交易性金融资产	31	1702	累计摊销
5	1121	应收票据	32	1703	无形资产减值准备
6	1122	应收账款	33	1711	商誉
7	1123	预付账款	34	1801	长期待摊费用
8	1131	应收股利	35	1901	待处理财产损溢
9	1132	应收利息	二、负债类		
10	1221	其他应收款	36	2001	短期借款
11	1231	坏账准备	37	2201	应付票据
12	1401	材料采购	38	2202	应付账款
13	1402	在途物资	39	2203	预收账款
14	1403	原材料	40	2211	应付职工薪酬
15	1405	库存商品	41	2221	应交税费
16	1406	发出商品	42	2231	应付利息
17	1461	存货跌价准备	43	2232	应付股利
18	1501	持有至到期投资	44	2241	其他应付款
19	1502	持有至到期投资减值准备	45	2314	代理业务负债
20	1511	长期股权投资	46	2501	长期借款
21	1512	长期股权投资减值准备	47	2701	长期应付款
22	1521	投资性房地产	48	2801	预计负债
23	1531	长期应收款	三、所有者权益类		
24	1601	固定资产	49	4001	实收资本（或股本）
25	1602	累计折旧	50	4002	资本公积
26	1603	固定资产减值准备	51	4101	盈余公积

续表

顺序号	编号	科目名称	顺序号	编号	科目名称
52	4103	本年利润	61	6301	营业外收入
53	4104	利润分配	62	6401	主营业务成本
四、成本类			63	6402	其他业务成本
54	5001	生产成本	64	6405	税金及附加
55	5101	制造费用	65	6601	销售费用
56	5201	劳务成本	66	6602	管理费用
57	5301	研发支出	67	6603	财务费用
五、损益类			68	6711	营业外支出
58	6001	主营业务收入	69	6801	所得税费用
59	6051	其他业务收入	70	6901	以前年度损益调整
60	6111	投资收益			

　　会计科目是依据企业会计准则中确认和计量的规定制定的，涵盖了各类企业的交易或者事项。企业在不违反会计准则中确认、计量和报告规定的前提下，可以根据本单位的实际情况自行增设、分拆、合并会计科目。企业不存在的交易或者事项，可不设置相关会计科目。

三、会计科目的级次与编码

（一）会计科目级次

会计科目按其提供指标的详细程度不同，可分为：

1. 总分类科目

总分类科目也称一级科目或总账科目。它是对会计要素的具体内容进行总括分类的账户名称，是进行总分类核算的依据，提供总括的核算指标。总分类科目通常由财政部制定，以制度形式颁布实施，由企业根据自身的生产经营特点选用。

2. 二级科目

为避免在总分类科目下设太多的明细科目，可在总分类科目和明细分类科目之间设二级科目（也称子目）。二级科目提供指标的详细程度介于总分类科目和明细分类科目之间。例如，在"原材料"总分类科目，可按材料类别设置二级科目"原料""辅助材料""燃料"。在"原料"二级科目下，再根据原料的品种、规格、具体名称设置明细科目，如图2-1所示。

3. 明细分类科目

明细分类科目也称三级科目、明细科目。明细分类科目是对总分类科目所包含的内容所作的详细分类，以提供详细具体的核算指标。一般由企业根据自身的实际情况自行设置。一般应收、应付类科目需要根据对方单位设明细科目，费用类账户需要根据费用细分设置明细科目。

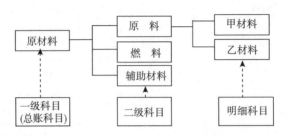

图 2-1　一级科目、二级科目、明细科目之间的关系

（二）会计科目编码

会计科目编码也称会计科目编号。会计科目编码有利于企业填制会计凭证、登记会计账簿、查阅会计账目等会计工作，便于采用会计软件系统，企业可结合实际情况自行确定会计科目编码。编码时，第一位数字表示会计科目的大类：1 表示资产类，2 表示负债类，4 表示所有者权益类，5 表示成本类，6 表示损益类。表 2-1 的编号即为各总分类科目的四位编号。

第二节　会计账户

会计科目的设置只是解决了价值运动中所产生的各种数据如何分类的问题，而分类数据的序时、连续、系统的记录则有待设置会计账户。

一、会计账户的概念与作用

会计账户是根据会计科目，按照会计的管理与核算的要求，在账簿中开设的记账单元。记账单元包括账户的名称和经济业务的内容。例如，根据"原材料"总账科目及对材料会计管理与核算的要求，在总分类账中开设"原材料"账户；记录有关原材料的经济业务内容。

会计账簿中设置的账户，在会计核算中具有重要的作用。

第一，通过账户核算经济业务。在会计账簿中，通过每个账户记录每笔经济业务和每类经济业务所引起的资金数量的增减变化，按制度规定计算资金的取得、使用、耗费、收回和分配。

第二，在账户中储存会计信息。会计账户记录经济业务引起资金的增减变化，既有反映资金的总分类情况，又有反映资金分类的明细情况；既有反映每一笔经济业务的情况，又有反映一定时期全部经济业务的情况；既反映资产、负债和所有者权益的增加和减少情况，又反映其变化的结果情况；从而使每个账户储存有丰富的会计信息。

第三，根据账户记录提供会计信息。根据每个账户储存的会计信息，按照企业管理的需要，向有关方面提供关于资金运动的总分类会计信息，或某一方面的明细分类会计信息，或某种具体的明细会计信息，以借助这些会计信息加强企业管理。

二、账户的一般结构

由于经济业务的发生所引起的资产、负债、所有者权益、收入、费用的变化，从数量上看，不外乎增加和减少两种情况。因此，用来分类记录经济业务的账户，在结构上也相应地分为两个基本部分，分别用来记录资产、负债、所有者权益、收入和费用的增加额和减少额。这样，账户的基本结构就要分为左、右两方，一方登记增加额，另一方登记减少额。至于账户左、右两方的名称，用哪一方登记增加额，哪一方登记减少额，取决于所采用的记账方法和各类账户所记录的经济内容。账户的一般结构可用表2-2表示。

表2-2　账户的一般结构

年		摘要	借方	贷方	借或贷	余额
月	日					
		合计				

为了教学和学习的便利，在教学和学习中常采用会计账户的简化格式，如图2-2所示。这种账户格式称为T型账户或"丁"字账户。

账户名称

借方	贷方
期初余额	
本期增加	本期减少
本期发生额	本期发生额
期末余额	

或

账户名称

借方	贷方
	期初余额
本期减少	本期增加
本期发生额	本期发生额
	期末余额

图2-2　T型账户

三、账户的本期发生额和期末余额

本期账户所登记的增加额合计，称为本期增加额，亦称本期增加发生额；本期账户所登记的减少额合计，称为本期减少额，亦称本期减少发生额。本期增加额和本期减少额，统称为本期发生额。上期期末余额，即为本期期初余额；本期期末余额，即为下期期初余额。本期增加额、本期减少额、本期期初余额、本期期末余额的关系，可用公式表示为：

期末余额＝期初余额＋本期增加额－本期减少额

由于账户是根据会计科目设置的，因此会计科目的一级科目对应账户的总分类账，明细科目对应账户的明细分类账。

第三节　复式记账法

复式记账法是以会计恒等式为基础，根据资产与权益的平衡关系来系统地反映资金运动的记账方法。与单式记账法不同，复式记账法能够全面地反映经济业务中各个会计要素之间的联系，并能够通过试算平衡来检验账务的正确性，是迄今为止在会计领域中发展得比较完善的记账方法，应用也非常广泛，我国即采用复式记账法记账。

复式记账法要求企业对发生的每一项经济业务在两个或者是两个以上相互关联的会计账户中登记，具体表现为会计要素中一项资金增加，另一项资金减少，其中增加量和减少量相等。

一、复式记账法

（一）单式记账法与复式记账法的含义

为了反映资金的运动，在设置会计账户之后，需要采用一定的记账方法将会计要素登记在会计账户中。会计记账方法有单式记账法和复式记账法。

单式记账法是对发生的经济业务引起的会计要素增减变化，在一个会计账户中进行单方面记录的一种记账方法。随着复式记账法的普遍推广应用，单式记账法逐步失去了原有的会计市场，慢慢地退出了历史舞台。

复式记账法是把发生的经济业务所引起的会计要素的增减变动，以相等的金额，同时在两个或两个以上的会计账户中，相互联系、相互制约地进行登记的会计记账方法。

单式记账法与复式记账法的区别举例如表 2－3 所示。

表 2－3　单式记账法与复式记账法的区别

	单式记账法	复式记账法
（1）用银行存款 10000 元购买原材料	银行存款账户记减 10000 元	银行存款账户记减 10000 元 原材料账户记增 10000 元
（2）用现金购买办公用品 800 元	库存现金账户记减 800 元	库存现金账户记减 800 元 管理费用记增 800 元

（二）复式记账法的优点

通过含义和记账方法的比较可以看出，单式记账法虽然简单，但因账户的设置不完整，不可能对经济业务所体现的价值运动情况作出全面、完整的记录。同时，账户中的记录是孤立的，不仅不能反映会计要素项目之间的联系，而且一旦出现错误也不可能进行有效的检查核对。复式记账法较单式记账法有以下两个明显的优点：

其一，通过会计记录不仅可以了解每一项经济业务的来龙去脉，而且在全部经济业务登记入账后，可以通过账户的记录，完整、系统地反映经济活动的过程和结果。

其二，对记录的结果可以进行试算平衡，以检查账户记录的正确性。

复式记账原理形成以后，在实践中被广泛采用，并形成多种方法，主要有借贷记账法、增减记账法、财产收付记账法、资金收付记账法等。借贷记账法是目前世界上广泛采用的记账方法，为了使我国会计与国际接轨，早在 1992 年 11 月底我国颁发的《企业会计准则》就规定会计记账采用借贷记账法记账。《企业会计准则——基本准则》也规定，企业记账应采用借贷记账法。

二、借贷记账法

借贷记账法是以会计恒等式为理论依据，以"借""贷"作为记账符号，按照"有借必有贷，借贷必相等"的规则，把发生的经济业务所引起的会计要素的增减变化，在两个或两个以上账户中全面地、互相联系地记录的一种复式记账方法。借贷记账法 1494 年由卢卡·巴其阿勒总结成书，首先得以在西欧广泛传播，继而流传到世界各地。日本明治维新时代引进了借贷记账法，1905 年经日本流传到我国。几百年来，借贷记账法以其科学性及广泛适用性为世界各国会计所采用，最终成了会计的国际语言。借贷记账法的主要内容如下：

（一）理论依据

借贷记账法以会计恒等式"资产 = 负债 + 所有者权益"作为自己的理论基础。会计恒等式的理论基础作用主要表现在：第一，根据会计恒等式的要求，规定每一项经济业务引起的资产、负债、所有者权益等六大会计要素及其项目变动的记账方向，并分别设置账户记录反映变化原因和结果的数据；第二，根据会计恒等式来检验记账结果是否正确。

（二）记账符号

借贷记账法以"借""贷"作为记账符号，借贷记账法的名称即由此而来。"借"和"贷"最初（十二三世纪）是在意大利借贷资本家把货币作为商品进行经营时出现的。借贷资本家把贷出的款项记录在"借主"（Debitor，简写为 Dr.）的名下，表示自身债权的增加；把借入的款项记录在"贷主"（Creditor，简写为 Cr.）的名下，表示自身债务的增加。随着时间的推移和商品经济的日益发展，"借"和"贷"二字逐渐失去了原来的经济含义，进而转化为一种纯粹的记账符号，变成专门的会计术语。借贷记账法中，记账符号"借"，表示账户借方记录，也就是左方的金额记录即借项；"贷"表示账户的贷方记录，也就是右方的金额记录即贷项。借方、贷方分别归集了不同会计要素项目的增加或减少的数据，代表着它们的增减变化及其结果。但是，一个账户中到底是借方记录表示增加，还是贷方记录表示增加，这不取决于借项、贷项本身，而是由账户的性质决定的。

（三）账户结构

借贷记账法的账户按照会计科目分别设置资产、负债、所有者权益收入、成本、利润基本账户，各类账户的左方统一称为借方，右方统一称为贷方，并为每类账户规定借、贷方记录该类数据的标准方法。

1. 资产类账户结构

资产处于会计方程式左方的地位，其账户定为借方记录资产的增加，贷方记录资产的减少，余额在借方。

2. 负债类账户结构

负债处于会计方程式右端，其账户记录方法与资产类账户相反，即贷方记录负债的增加，借方记录负债的减少，余额在贷方。

3. 所有者权益类账户结构

所有者权益处于会计方程式右端，其账户记录方法与负债类账户相同，即贷方记录增加，借方记录减少，余额在贷方。

4. 成本类账户

成本类账户的结构与资产类账户的结构基本一致。在成本类账户中，"生产成本"账户与资产类账户完全一致，借方记录生产成本的增加，贷方记录生产成本的减少，余额在借方。"制造费用"账户由于在会计期末要把汇集的各项费用按照一定的标准分配到"生产成本"账户中，所以"制造费用"账户期末一般没有余额。

5. 损益类的收入类账户结构

它们的账户结构与负债类、所有者权益类的账户结构一致，借方记录收入的减少，贷方记录收入的增加，平时余额在贷方。期末按规定把全部收入转出并与费用比较，用以计算当期最后财务成果，因此没有余额。

6. 损益类的费用支出类账户结构

它们的账户结构与资产类、成本类的账户结构一致，借方记录费用支出的增加，贷方记录费用支出的减少，平时余额在借方。期末按规定把全部费用转出并与收入比较，用以计算当期最后财务成果，因此没有余额。

以上各类账户的结构分别如图 2-3 所示（以 T 型账户表示）。

资产类账户	
借方	贷方
期初余额	
本期增加	本期减少
本期借方发生额	本期贷方发生额
期末余额	

负债类账户	
借方	贷方
	期初余额
本期减少	本期增加
本期借方发生额	本期贷方发生额
	期末余额

成本类账户	
借方	贷方
期初余额	
本期增加	本期减少
本期借方发生额	本期贷方发生额
期末余额	

所有者权益类账户	
借方	贷方
	期初余额
本期减少	本期增加
本期借方发生额	本期贷方发生额
	期末余额

费用类账户	
借方	贷方
期初余额	
本期增加	本期减少
本期借方发生额	本期贷方发生额
期末余额	

收入类账户	
借方	贷方
	期初余额
本期减少	本期增加
本期借方发生额	本期贷方发生额
	期末余额

图 2-3 账户的结构

（四）记账规则

1. 借贷记账法的记账规则

记账规则是对经济业务所产生的数据如何在有关账户中全面地、互相联系地进行归类记录的规律性的概括。借贷记账法的记账规则是"有借必有贷，借贷必相等"。"有借必有贷"是指发生任何一项经济业务，都必须在两个或两个以上账户同时作出两种记录：一是在一个（或一个以上）账户的借方记录，二是在另一个（或一个以上）账户的贷方记录。"借贷必相等"则是指同一项经济业务在有关账户进行归类记录时，记入借方账户的金额必须等于记入贷方账户的金额。

2. 借贷记账法会计恒等式变化的三种情况

企业的经济业务虽然是多种多样的，但从会计恒等式及复式记账法的原理可以看出，经济业务的发生引起会计恒等式的变化包括三种情况：①经济业务的发生引起恒等式左、右两边会计要素在数量上同时增加或同时减少且金额一致。②经济业务单独影响会计恒等式左边有关会计要素时，会引起恒等式左边会计要素不同具体项目一个在数量上增加，同时另一个减少且金额一致。③经济业务单独影响会计恒等式右边有关会计要素时，会引起恒等式右边会计要素不同具体项目一个在数量上增加，同时另一个减少且金额一致。这些都必然引起两个或两个以上的会计要素项目发生变化，且每一会计要素项目的变化从价值量方面看，又只有增加和减少两种情况；从结果方面看，必然符合"资产 = 负债 + 所有者权益"。

3. 借贷记账法的验证

借贷记账法的记账规则是"有借必有贷，借贷必相等"。验证如下：

第一，经济业务的发生引起恒等式左、右两边会计要素在数量上同时增加或同时减少。

［例 2 - 1］购入原材料一批，价值 2300 元（不考虑相关税费），尚未支付价款。这项经济业务使资产"原材料"增加 2300 元，同时负债"应付账款"也增加 2300 元。

［例 2 - 2］所有者投入 20000 元，已存入银行。这项经济业务使资产"银行存款"增加 20000 元，同时所有者权益"实收资本"也增加 20000 元。

［例 2 - 3］企业用银行存款偿还短期借款 3000 元。这项经济业务使资产"银行存款"减少 3000 元，同时负债"短期借款"也减少 3000 元。

第二，经济业务单独影响会计恒等式左边有关会计要素时，会引起恒等式左边会计要素不同具体项目一个在数量上增加，同时另一个减少且金额一致。

［例 2 - 4］采购员预借差旅费 800 元，以现金付讫。这项经济业务使资产"其他应收款"增加 800 元和资产"库存现金"减少 800 元。

［例 2 - 5］领用原材料 3000 元，投入生产 A 产品。该业务引起资产"原材料"减少 3000 元和资产"生产成本"增加 3000 元。

第三，经济业务单独影响会计恒等式右边有关会计要素时，会引起恒等式右边会计要素不同具体项目一个在数量上增加，同时另一个减少且金额一致。

［例 2 - 6］将资本公积 30000 元转增资本。这项经济业务使所有者权益"资本公积"减少 30000 元和所有者权益"实收资本"增加 30000 元。

三、会计分录与过账

会计分录是对每笔经济业务列示其应借和应贷账户的名称和金额的一种记录。各项经济业务编制会计分录以后，应记入有关账户，即过账，过账是编制报表的前提工作。

（一）会计分录

在经济活动中发生的经济业务，要通过编制会计分录，进行会计处理并在账簿中进行登记。一笔会计分录，主要包括三个因素：其一，会计科目（账户）及其所属明细科目（账户）或细目（账户）；其二，记账符号（记账方向）；其三，数量（金额）。

借贷记账法会计分录中的账户对应关系主要表现为：①一个借方账户与一个贷方账户

相互对应，称为"一借一贷"对应关系，这也是会计分录中最为常见的账户对应关系；②一个借方账户与多个贷方账户相互对应，称为"一借多贷"对应关系；③多个借方账户与一个贷方账户相互对应，称为"多借一贷"对应关系；④多个借方账户与多个贷方账户相互对应，称为"多借多贷"对应关系。这种对应关系总体上的借方和贷方金额相同，但是对其中的一个贷方或借方账户而言，难以明确它所对应的会计科目到底是对方科目群中的哪一个，即一个会计账户与另一会计账户之间对应关系模糊。因此，在实际工作中较少编制这种对应关系的会计分录。

［例2-1］～［例2-6］的会计分录列示如下：

［例2-1］ 借：原材料 2300
 　　　　　贷：应付账款 2300

［例2-2］ 借：银行存款 20000
 　　　　　贷：实收资本 20000

［例2-3］ 借：短期借款 3000
 　　　　　贷：银行存款 3000

［例2-4］ 借：其他应收款 800
 　　　　　贷：库存现金 800

［例2-5］ 借：生产成本 3000
 　　　　　贷：原材料 3000

［例2-6］ 借：资本公积 30000
 　　　　　贷：实收资本 30000

（二）过账

会计分录编制完成后，就可将会计分录归类的分类数据转录至分类账户中（在分类账户中转录会计分录的工作称为过账）；再结合各分类账户的期初余额，便可算出各账户的期末余额。现假设以上6例的有关会计账户的期初余额如表2-4所示。将所编制的会计分录过入有关分类账户，如图2-4所示。

表2-4 相关账户期初余额

单位：元

资　产		负债及所有者权益	
库存现金	1500	短期借款	200300
银行存款	600000		
其他应收款	800	应付账款	160000
原材料	100000	实收资本	400000
生产成本	200000	资本公积	142000
资产合计	902300	负债及所有者权益合计	902300

库存现金	
借方	贷方
期初余额 1500	
	（4） 800
本期发生额	本期发生额 800
期末余额 700	

银行存款	
借方	贷方
期初余额 600000	
（2） 20000	（3） 3000
本期发生额 20000	本期发生额 3000
期末余额 617000	

其他应收款	
借方	贷方
期初余额 800	
（4） 800	
本期发生额 800	本期发生额 0
期末余额 1600	

原材料	
借方	贷方
期初余额 100000	
（1） 2300	
	（5） 3000
本期发生额 2300	本期发生额 3000
期末余额 99300	

生产成本	
借方	贷方
期初余额 200000	
（5） 3000	
本期发生额 3000	本期发生额 0
期末余额 203000	

短期借款	
借方	贷方
	期初余额 200300
（3） 3000	
本期发生额 3000	本期发生额 0
	期末余额 197300

应付账款	
借方	贷方
	期初余额 160000
	（1） 2300
本期发生额 0	本期发生额 2300
	期末余额 162300

实收资本	
借方	贷方
	期初余额 400000
	（2） 20000
	（6） 30000
本期发生额 0	本期发生额 50000
	期末余额 450000

资本公积	
借方	贷方
	期初余额 142000
（6） 30000	
本期发生额 30000	本期发生额 0
	期末余额 112000

图2-4 分类账户

四、试算平衡

试算平衡是以会计恒等式和借贷记账规则为理论基础，以借贷平衡关系来检验全部会计账户记录的正确性和完整性的会计检查方法。日常工作中可以对全部会计账户的期末余额和本期发生额进行试算平衡。

（一）余额试算平衡

根据会计账户的性质，成本类和损益类会计账户一般不存在期末余额，而资产类、负债和所有者权益类账户期末多数都存在余额。其中，资产类账户的期末余额一般在借方，负债和所有者权益类账户的余额一般在贷方。因此，按照会计恒等式的平衡关系推导，全部账户的期末余额平衡关系可以按以下公式加以检验：

$$\sum 账户的期末借方余额 = \sum 账户的期末贷方余额$$

（二）发生额试算平衡

由于采用借贷记账法必须遵守"有借必有贷，借贷必相等"的规则，无论是哪个经济业务发生，都必须在一个（或几个）账户的借方登记一笔金额，同时必须在一个（或几个）账户的贷方登记相等的金额，这样登记的全部账户的借方发生额合计数必然会和全部账户的贷方发生额合计数相等。对于全部账户借方和贷方发生额的平衡关系可以按以下公式加以检验：

$$\sum 账户的本期借方发生额 = \sum 账户的本期贷方发生额$$

按照以上两个公式反映的内容，对［例 2－1］～［例 2－6］编制试算平衡表如表 2－5 所示。

表 2－5　试算平衡表

单位：元

账户名称	期初余额		本期发生额		期末余额	
	借方	贷方	借方	贷方	借方	贷方
库存现金	1500			800	700	
银行存款	600000		20000	3000	617000	
其他应收款	800		800		1600	
原材料	100000		2300	3000	99300	
生产成本	200000		3000		203000	
短期借款		200300	3000			197300
应付账款		160000		2300		162300
实收资本		400000		50000		450000
资本公积		142000	30000			112000
合　计	902300	902300	59100	59100	921600	921600

练习题

1. 某机器制造厂2019年1月31日资产、负债、所有者权益状况如下表列示，根据这些项目内容，区分资产、负债、所有者权益，并将资产、负债、所有者权益的有关金额分别填入对应的栏目，加计合计数，测算是否平衡。

序号	项目	金额（元）	资产	负债	所有者权益
1	生产车间厂房	150000			
2	生产用的各种机器设备	300000			
3	运输卡车	80000			
4	装配中的车床	120000			
5	已完工入库的车床	50000			
6	库存钢材及其他材料	100000			
7	向宝钢购入钢材的未付款项	25000			
8	尚未缴纳的税金	10000			
9	出借包装物收取的押金	1200			
10	采购员预借的差旅费	200			
11	资本金	600000			
12	本月实现的利润	70000			
13	技术部门用的计算机	40000			
14	银行借入的短期借款	50000			
15	库存的机器设备用润滑油	300			
16	向银行借入的长期借款	220000			
17	存在银行的存款	73000			
18	企业提取的盈余公积	40000			
19	出纳员处的库存现金	500			
20	库存生产用零部件	1000			
21	仓库用房屋	30000			
22	应付供电局的代扣职工水电费	3800			
23	应收出售给大名厂的机床货款	35000			
24	应付供应单位的货款	20000			
25	存在银行的信用证存款	60000			
	合计				

2. 某公司2019年1月有关账户的期初余额如下表列示，本月发生下列经济业务，请按借贷记账法编制会计分录。

会计科目	借方余额（元）	贷方余额（元）
库存现金	25000	
银行存款	2000000	
应收账款	130000	
原材料	8500000	
库存商品	1800000	
固定资产	40000000	
生产成本	2400000	
累计折旧		16000000
短期借款		1000000
长期借款		3000000
应付账款		855000
实收资本		34000000
合　　计	54855000	54855000

1 日，购进机器设备一台，价值 10000 元，以银行存款支付。

2 日，从银行提现金 1000 元。

3 日，生产车间向仓库领用材料一批，价值 40000 元，投入生产。

5 日，以银行存款 80000 元偿付应付供应单位货款。

8 日，向银行取得长期借款 150000 元，存入银行。

10 日，采购员预借差旅费 2000 元，以库存现金付讫。

13 日，用银行存款 48000 元，归还银行短期借款 20000 元和欠供应商的货款 28000 元。

16 日，收到购货单位前欠货款 18000 元，其中 16000 元存入银行，其余部分收到现金。

18 日，向光华电机厂出售产品 10500 元，未收款。

20 日，采购员报销差旅费 1400 元，余款退回。

31 日，通过银行转账 10800 元，用于发放职工工资。

3. 根据上述期初余额和有关业务的会计分录过账并编制试算平衡表。

复习思考题

1. 什么是会计科目？

2. 设置会计科目应坚持哪些原则？

3. 会计科目包括哪些类别？

4. 什么是会计账户？它的作用是什么？

5. 会计账户的一般结构包括哪些内容？

6. 什么是借贷记账法？

7. 对借贷记账法的记账规则应如何理解？

8. 运用借贷记账法的记账程序是什么？

9. 什么是试算平衡？试算平衡的理论基础是什么？

10. 试算平衡可以从哪些方面进行？试算平衡为什么不能检查出全部的记账错误？

11. 什么是会计分录？

第三章

借贷记账法的应用

制造业完整的资金运动过程是由资金筹集、采购、生产、销售、利润形成和分配组成。本章将以当前通用的复式记账法——借贷记账法为例结合制造业企业的生产经营特点，介绍借贷记账法的运用。

第一节 货币资金的核算

一、货币资金的内容

在企业经营活动中，各种经济业务主要是通过货币资金的收付来实现的，如通过银行支付采购材料货款、开支费用、缴纳税金、借款和还款等；通过出纳以库存现金支付日常零星支出等。货币资金是企业资金周转的起点和终点。

货币资金是企业资金周转过程中以货币形式表现的那一部分流动资产。根据货币资金的存放地点及用途的不同，货币资金分为库存现金、银行存款和其他货币资金。货币资金使用得是否合理和恰当，对企业的资金周转和经营成败影响极大。因此，应加强对货币资金的管理和控制。货币资金控制是企业内部控制制度的重要内容，其基本要点是建立处理货币资金收支业务的日常规程、合理分工、有序操作和相互牵制。

根据中国人民银行现金管理制度和结算制度的规定，企业需要在银行或其他金融机构开立存款户、办理存款取款和转账结算业务。

二、库存现金

（一）库存现金的核算

现金的概念有广义与狭义之分。在多数国家，现金用的是广义的概念，即指货币资金。而在我国，会计上所说的现金是指狭义的现金概念，通常是指库存现金（包括人民币现金和外币现金）。为了反映和记录企业库存现金的收、支、结存情况，企业应设置

"库存现金"科目。同时，为加强库存现金的管理和控制，企业应设置订本式三栏"库存现金日记账"，由出纳人员按照经济业务发生的先后顺序逐日逐笔登记，并做到日清月结，账款相符。如发现账款不符，应及时查明原因，并进行相应的账务处理。

"库存现金"作为资产类账户，应按资产类账户的记账规则进行核算。即企业收到现金时，应借记"库存现金"科目，支付现金时，贷记"库存现金"科目。

[例3-1] 企业从银行提取13000元现金备用。

借：库存现金　　　　　　　　　　　　　　　　　　　　　　13000
　　贷：银行存款　　　　　　　　　　　　　　　　　　　　　　13000

[例3-2] 职工何强出差借款5000元，以现金支付。

借：其他应收款——何强　　　　　　　　　　　　　　　　　　5000
　　贷：库存现金　　　　　　　　　　　　　　　　　　　　　　5000

（二）库存现金的管理

库存现金是流动性最强的货币资金，是可以立即投入流通的交换媒介，企业可以随时用于购买所需物资、支付必要的费用、偿还债务；也可以随时存入银行，发生存放地点的转移。由于库存现金的流通性最强，因此加强对库存现金的管理，建立完善的内部控制制度，对于保护企业资产安全、完整，提高资产使用效益具有特别重要的意义。

1. 关于库存现金收支使用范围

（1）开户单位可以在下列范围内使用库存现金支付：①职工工资、津贴；②个人劳务报酬；③根据国家规定颁发给个人的科学技术、文化艺术、体育等各种奖金；④各种劳保、福利费用以及国家规定的对个人的其他支出；⑤向个人收购农副产品和其他物资的价款；⑥出差人员必须随身携带的差旅费；⑦结算起点以下的零星支出；⑧中国人民银行确定需要支付现金的其他支出。

（2）开户单位可以用库存现金收入的款项：①单位及个人交回剩余差旅费和备用金等；②收取不能转账的单位或个人的销售收入；③不足转账起点的小额收入；等等。

企业与其他在银行开户单位的经济往来，除上述规定的范围，其余全部应通过银行进行转账结算。

2. 库存现金限额

开户银行应当根据实际需要，核定开户单位3～5天的日常零星开支所需的库存现金限额。边远地区和交通不便地区的开户单位的库存现金限额可以多于5天，但不得超过15天的日常零星开支。经核定的库存现金限额，开户单位必须严格遵守。需要增加或者减少库存现金限额的，应当向开户银行提出申请，由开户银行核定。

3. 开户单位库存现金收支管理

企业库存现金收支应当依照下列规定办理：①开户单位库存现金收入应当于当日送存开户银行。当日送存确有困难的，由开户银行确定送存时间。②开户单位支付库存现金，可以从本单位库存现金限额中支付或者从开户银行提取，不得从本单位的库存现金收入中直接支付（坐支）。因特殊情况需要坐支现金的，应当事先报经开户银行审查批准，由开户银行核定坐支范围和限额。坐支单位应当定期向开户银行报送坐支金额和使用情况。

三、银行存款

企业在银行开立账户，存放企业的货币资金为会计上的银行存款。按照国家现金管理和结算制度的规定，每个企业都要在银行开立账户，用来办理存款、取款和转账结算。

（一）银行结算

企业在经营过程中，除按规定可以通过库存现金进行结算以外，都需要通过银行在企业的银行存款账户中进行结算。银行存款是指企业为在经营活动中随时支用而存入银行备用的货币资金。银行的结算方式，根据《银行结算办法》《中华人民共和国票据法》和国际结算有关规定主要有以下几种：

1. 支票

它是指出票人签发的，委托办理支票存款业务的银行或者其他金融机构，在见票时无条件支付确定的金额给收款人或者持票人的票据。支票分为现金支票和转账支票两种。现金支票只能用于支取现金，转账支票只能用于转账。

2. 银行本票

它是指出票人签发的，承诺自己在见票时无条件支付收款人或者持票人的票据。它是由申请人将款项交存银行，凭以办理转账或支取现金的票据。银行本票一律采用记名方式，允许背书转让，适用于同城结算，付款期限最长不超过 2 个月。用本票购买商品，销货方可以见票发货，购货方可以凭票提货。债权人、债务人双方可以凭票结算。

3. 银行汇票

它是指汇款人将款项交存当地银行，由银行签发汇票给汇款人持往异地办理转账结算或支取现金的票据。银行汇票一律采用记名方式，允许背书转让，有效期为 1 个月。

4. 商业汇票

它是指收款人或付款人（或承兑申请人）签发，由承兑人承兑，并于到期日向收款人或被背书人支付款项的票据。商业汇票一律采用记名方式，允许背书转让。适用于企业单位先发货后收款或双方约定延期付款的商品交易，同城、异地均可采用。商业汇票一经承兑，承兑人即付款人负有到期无条件支付票款的责任，承兑期限最长不超过 6 个月。购货方可凭承兑的汇票购买商品；销货单位可凭承兑的汇票向银行申请贴现。

5. 异地托收承付

它是指根据经济合同，由收款人发货后委托银行向异地付款人收取款项，由付款人向银行承兑付款的结算方式。收款人办理托收，必须提交商品确已发运的证件；收款单位应在收到银行的收账通知时确认收款；付款单位根据承付通知和有关发票等原始凭证确认付款。

6. 委托收款

它是指收款人委托银行向付款人收取款项的结算方式。委托收款在同城和异地均可以采用，不受金额起点限制，分为邮寄划回和电报划回两种。

7. 汇兑

它是指收款人委托银行将款项汇往外地收款人开户银行或支取现金的结算方式。汇兑适用于异地各单位之间的商品交易、劳务供应、资金缴拨、清理旧账等，分信汇和电汇两种。

8. 信用证

它是指银行根据进口人申请，向出口人签发一定金额的，并在一定时期内凭出口人提交的规定货运单据承诺付款的书面保证文件的结算方式。信用证是国际结算的主要方式。

（二）银行存款的核算

"银行存款"作为资产类账户，借方登记银行存款的收入数，贷方登记银行存款的付出数，结存数在借方，表示银行存款的余额。

[例 3-3] 开出转账支票一张，支付前欠供货单位甲公司货款 10000 元。

借：应付账款——甲公司 10000

    贷：银行存款 10000

[例 3-4] 收到购货方 A 公司预付的定金 25000 元，款项已通过银行汇兑方式到达本公司的银行账户。

借：银行存款 25000

    贷：预收账款——A 公司 25000

四、其他货币资金

其他货币资金是指库存现金、银行存款以外的各种货币资金；其他货币资金性质同库存现金、银行存款一样均属于货币资金，只是存放地点和用途不同，因此在会计上将其单独进行核算。

其他货币资金主要包括外埠存款、银行汇票存款、银行本票存款和在途货币资金、信用证存款、信用卡存款等。外埠存款是指企业到外地进行临时或零星采购时，汇往采购地银行开立采购专户的款项。银行汇票存款是指企业为取得银行汇票，按规定存入银行的款项。银行本票存款是指企业为取得银行本票，按规定存入银行的款项。信用证存款是指采用信用证结算方式的企业为开具信用证而存入银行信用证保证金专户的款项。信用卡存款是指企业为取得信用卡而存入银行信用卡专户的款项。在途货币资金指企业同所属单位之间和上下级之间的汇、解款项业务中，到月终时尚未到达的汇入款项。

企业对其他货币资金的核算，是通过设置"其他货币资金"账户进行的。企业其他货币资金的增加，记入本账户的借方；其他货币资金的减少，记入本账户的贷方；其他货币资金的余额在借方。企业对其他货币资金按种类设置"外埠存款""银行汇票存款""银行本票存款""在途货币资金""信用证存款""信用卡存款"等明细科目，对每种其他货币资金进行明细核算。

[例3－5] 某企业将款项20000元委托当地银行汇往采购地银行开立采购专户。会计分录为：

借：其他货币资金——外埠存款　　　　　　　　　　　　　　20000
　　贷：银行存款　　　　　　　　　　　　　　　　　　　　　　　　20000

第二节　资金筹集的核算

根据会计恒等式可以知道，形成企业资产的资金来源总体上可以分为两条渠道：一是所有者的投资及其增值，形成企业所有者对企业资产的要求权即所有者权益；二是向债权人借入的资金，形成债权人对企业资产的要求权，即企业的负债。在会计上虽然将投资者的要求权和债权人的要求权统称为权益，但二者之间存在本质差别，其会计处理也截然不同。

一、所有者投入资本的核算

（一）实收资本的含义

所有者投入企业的资金是企业所有者权益的重要组成部分。根据其性质不同，分别记入"实收资本（股本）"和"资本公积"账户。

实收资本是指企业的投资者按照企业章程或合同、协议的约定，实际投入企业的资本金以及按照有关规定由资本公积、盈余公积转为资本的资金。实收资本也表明了所有者对企业的基本产权关系，实收资本的构成比例是企业据以向投资者进行利润或股利分配的主要依据。

实收资本的高低是企业实力的重要标志，也是企业维持正常经营活动、以本求利、以本负亏最基本的条件和保障，是企业独立承担民事责任的资金保证。我国《民法通则》中明确规定，设立企业，法人必须要有必要的财产。我国《企业法人登记管理条例》也明确规定，企业申请开业，必须具备符合国家规定并与其生产经营和服务规模相适应的资金数额。

需要注意的是，注册资本和实收资本是两个不同的概念。2014年3月1日生效的《中华人民共和国公司法》规定，有限责任公司的注册资本为在公司登记机关登记的全体股东认缴的出资额。注册资本是公司的法定资本，实收资本是公司已经收到入账的资本。法律规定注册资本可以分次缴入，只有投资者足额缴入后，实收资本才能等于注册资本。

（二）实收资本的确认

公司股东应按照公司章程、合同、协议或有关规定投入资本，公司根据实际收到的货币、实物及无形资产来确认投入资本。

（1）对于以货币投资的，主要根据收款凭证加以确认与验证。

（2）对于以房屋建筑物、机器设备、材料物资等实物资产作价出资的，应以有关凭证为依据进行确认，并应进行实物清点、实地勘察以核实有关投资。房屋建筑物应具备产权证明。

（3）对于以专利权、专有技术、商标权、土地使用权等无形资产作价出资的，应以有关凭证及文件资料作为确认与验证的依据。

（三）资本公积的含义

资本公积是投资者或他人投入到企业、所有权归属于投资者、并且金额上超过实收资本部分的资本或者资产。资本公积包括资本溢价（股本溢价）和其他资本公积皆计入所有者权益的利得和损失等。资本溢价是企业收到投资者的超出其在企业实收资本（或股本）中所占份额的投资。形成资本溢价（或股本溢价）的原因：溢价发行股票、投资者超额缴入资本等。其他资本公积，是指除资本溢价（股本溢价）项目以外所形成的资本公积。

资本公积从形成来源上看，它不是由企业实现的利润转化而来的，从本质上讲应属于投入型资本范畴，因此，它与留存收益有根本区别，因为后者是由企业实现的利润转化而来的。基于此，在核算资本公积时，关键的一点是要将其与收益项目相区分。同时，资本公积尽管属于投入资本范畴，但它与实收资本又有所不同，实收资本一般是投资者投入的、为谋求价值增值的原始投资，而且属于法定资本，在金额上有比较严格的限制；资本公积在金额上则并没有严格的限制，而且在来源上也相对比较多样，它可以来源于投资者的额外投入，也可以来源于除投资者之外的其他企业或个人，如接受捐赠的资产等。

（四）投入资本的核算

为了核算投入资本，需要设置"实收资本"（股份有限公司设置"股本"账户）和"资本公积"账户。二者均为所有者权益类账户，增加记贷方，减少记借方，期末余额在贷方。其中"实收资本"账户需按投资人设明细账户，进行明细分类核算。

投资者以货币资金投入的资本，应当以实际收到或者存入企业开户银行的金额记入"实收资本"账户。实际收到或者存入企业开户银行的金额超过其在该企业实收资本中所占份额的部分，记入"资本公积"账户。

投资者以非现金资产投入的资本，应按投资各方确认的价值，借记有关资产科目，贷记"实收资本"科目和"资本公积"科目。为首次发行股票而接受投资者投入的无形资产，应按该项无形资产在投资方的账面价值，借记"无形资产"科目，贷记"实收资本"科目和"资本公积"科目。

投资者投入的外币，合同约定汇率的，按合同约定的汇率折合，企业应按收到外币当日的汇率折合的人民币金额，借记"银行存款"等科目，按合同约定汇率折合的人民币金额，贷记"实收资本"科目，按其差额，借记或贷记"资本公积——外币资本折算差额"科目；如果合同没有约定汇率的，企业应按收到出资额当日的汇率折合的人民币金额，借记"银行存款"科目，贷记"实收资本"科目。

股份有限公司投入股本业务是通过"股本"科目核算的。公司收到股东投入的股本及分配股票股利时，记入该科目的贷方；公司按法定程序报经批准减少注册资本的，在实际发还股款、注销股本或收购股票时，记入该科目的借方。该科目的余额在贷方，表示股东的股本总额。

[例3-6] 某有限责任公司收到股东甲投入的货币资金1200万元，协议规定其中1000万元为实收资本，其余为资本公积，上述资金已存入企业开户银行。

借：银行存款　　　　　　　　　　　　　　　　　　　　12000000

　　贷：实收资本——甲股东　　　　　　　　　　　　　10000000

　　　　资本公积——资本溢价　　　　　　　　　　　　　2000000

[例3-7] 某股份有限公司发行股票1000万股，票面金额每股10元，每股发行价15元，所有股票均认购完毕。会计分录如下：

借：银行存款　　　　　　　　　　　　　　　　　　　150000000

　　贷：股本　　　　　　　　　　　　　　　　　　　　100000000

　　　　资本公积——资本溢价　　　　　　　　　　　　50000000

本章以下以合力公司2019年12月的经济业务为例，介绍各种经济业务的账务处理方法。

[例3-8] 合力公司2019年12月1日各账户的期初余额如表3-1所示。

表3-1　合力公司各账户的期初余额

单位：元

账户名称	期初余额	账户名称	期初余额
库存现金	15700	短期借款	1029000
银行存款	2445520	应付账款	133440
应收账款	98420	应交税费	19800
预付账款	18400	应付利息	32640
其他应收款	5600		
原材料	274000	长期借款	1716176
库存商品	342100	实收资本	2204000
		资本公积	176540
固定资产	4000000	盈余公积	708320
累计折旧	1952000	本年利润	287824
无形资产	1060000		
合计	6307740	合计	6307740

[例3-8-1] 12月3日，根据增资协议，甲、乙、丙三个出资者分别按规定的方式和金额增加对合力公司的投资。资料如表3-2所示。

表 3 - 2　出资者出资方式和金额

单位：元

金额 / 方式 / 股东	货币资金	固定资产	原材料	无形资产
甲	500000			
乙		400000	200000	
丙		400000		30000
合计	500000	800000	200000	30000

会计分录为：

借：银行存款　　　　　　　　　　　　　　　　　500000

　　固定资产　　　　　　　　　　　　　　　　　800000

　　原材料　　　　　　　　　　　　　　　　　　200000

　　无形资产　　　　　　　　　　　　　　　　　 30000

　　贷：实收资本　　　　　　　　　　　　　　　　　　　1530000

二、借入资金的核算

企业在生产经营过程中，由于种种原因，经常需要向银行或其他非银行金融机构借入各种款项。借款按归还期限长短不同可分为短期借款和长期借款。长短期借款属于企业的负债，其核算包括取得借款、支付借款利息和归还借款三项主要内容。

（一）借入资金的核算应设置的账户

为了反映各项借款的取得、偿还及结欠的情况，企业应设置"短期借款"和"长期借款"账户来加以反映。另外，为核算借款利息，还需设置"财务费用""应付利息"账户。

"短期借款"账户核算企业向银行或其他金融机构等借入的期限在 1 年以下（含 1 年）的各种借款。作为负债类账户，"短期借款"账户的贷方登记取得的短期借款，借方登记到期偿还的短期借款，余额在贷方，反映尚未偿还的短期借款。

"长期借款"账户的结构与"短期借款"账户的结构基本相似，核算企业向银行或其他金融机构借入的期限在 1 年以上（不含 1 年）的各项借款。与"短期借款"账户相似，该账户的贷方登记取得的长期借款，借方登记偿还的长期借款，余额在贷方，反映尚未偿还的长期借款。

"短期借款"和"长期借款"账户都应按借款的种类设置明细账，进行明细核算。

"财务费用"账户核算企业为筹集生产经营所需资金而发生的筹资费用，包括利息支出（减利息收入）、汇兑损益以及相关的手续费等。借方登记财务费用的发生数，贷方登记期末结转到"本年利润"账户的数额；结转后期末应无余额。本账户应按财务费用的具体项目设置明细账户。

"应付利息"账户是为了满足权责发生制的要求而开设的，核算企业按照合同约定应支付的利息，包括短期借款、分期借款、到期还本的长期借款企业债券等应支付的利息。贷方记录尚未支付但应计入当期的利息，借方记录实际支付的利息；期末余额在贷方，反映应付而未付的利息数。

（二）借入资金的核算

[例3-8-2] 12月5日，企业向银行借入期限一年，年利率为5%，到期一次还本付息的借款240000元，存入企业的银行存款账户中。

借：银行存款　　　　　　　　　　　　　　　　　　　240000
　　贷：短期借款　　　　　　　　　　　　　　　　　　240000

[例3-8-3] 12月8日，因购建固定资产向银行借入期限三年，年利率为5%，每年付息的借款400000元，存入企业的银行存款账户中。

借：银行存款　　　　　　　　　　　　　　　　　　　400000
　　贷：长期借款　　　　　　　　　　　　　　　　　　400000

[例3-8-4] 12月31日，计提本月短期借款利息5000元。

借：财务费用——利息费用　　　　　　　　　　　　　5000
　　贷：应付利息　　　　　　　　　　　　　　　　　　5000

[例3-8-5] 12月31日，计提本月长期借款利息8500元。

借：财务费用——利息费用　　　　　　　　　　　　　8500
　　贷：应付利息　　　　　　　　　　　　　　　　　　8500

[例3-8-6] 12月31日，有笔一年期短期借款到期，本金120000元及利息6000元（已计提）以银行存款支付。

借：短期借款　　　　　　　　　　　　　　　　　　　120000
　　应付利息　　　　　　　　　　　　　　　　　　　6000
　　贷：银行存款　　　　　　　　　　　　　　　　　　126000

[例3-8-7] 12月31日，归还一笔每年付息，到期还本的长期借款，其中本金470000元，当年利息16000元（已计提）以银行存款支付。

借：长期借款　　　　　　　　　　　　　　　　　　　470000
　　应付利息　　　　　　　　　　　　　　　　　　　16000
　　贷：银行存款　　　　　　　　　　　　　　　　　　486000

第三节　采购过程的核算

企业进行产品生产，必须建造厂房、购置机器设备和进行材料物资的采购。

一、材料物资采购业务概述

企业为保证生产经营的正常进行，必须采购和储备一定数量的材料物资，采购和储备不足，生产需要得不到满足；采购和储备过多，又会造成资金的积压。因此，材料物资采购部门要按照事先确定的生产计划，及时、足额地提供生产过程各阶段所需的各种材料物资，包括原材料和相应的辅助性材料；会计部门要及时、准确地反映物资采购部门的活动及业绩，如所采购材料物资的种类、成本、领用情况、库存情况等。进行材料物资供应过程的核算，不仅可以反映材料物资的实际采购成本，而且可以考核材料物资采购计划的完成情况，也为以后制定更加完善的采购计划提供依据，使企业的物资储备既能满足生产需要，又不会造成资金的积压。

企业在材料物资采购过程中因支付外购材料物资价款和采购费用，必然引起相应的结算业务。发生在采购过程中企业与供应单位之间的结算业务主要是材料物资买价及代垫运杂费的结算。这些结算业务大致可分为以下几种情况：

（一）现款交易

采购业务发生后，材料物资价款及供应单位代垫的运杂费立即由购买单位以库存现金或银行存款支付。

（二）欠款交易

购买单位购进材料物资时暂不付款，从而形成企业对供应单位的一种债务——应付账款，待企业偿还后，该项债务即告了结；或是由企业开出承兑的付款票据交供应单位，持票人按规定的兑付时间自行到银行兑付。

（三）预付货款

购买单位在材料物资采购业务之前按合同先向供应单位预付款项，形成企业对供应单位的债权。待供应单位供货后，企业以预付货款抵付材料物资价款等费用。

二、材料物资采购业务核算应设置的账户

根据对材料物资采购业务核算的要求，需要设置以下主要账户：

（一）"在途物资"账户

该账户核算企业购入且未入库的材料物资的实际采购成本，包括材料物资的买价和采购费用。借方记录企业购入材料物资的采购成本，贷方记录结转验收入库材料物资的实际采购成本；期末余额在借方，反映尚未验收入库的在途物资的实际采购成本。该账户可按采购材料物资的品种、规格或类别设置明细账户。

（二）"应交税费"账户

该账户核算企业按照税法等规定计算应缴纳的各种税费，包括增值税、消费税、所得税、资源税、土地增值税、城市维护建设税、房产税、土地使用税、车船使用税、教育费附加等。贷方登记应缴纳的各种税费，借方登记实际上交的各种税费，期末贷方余额为未交的税费，借方余额为多交的税费。该账户可按应交的税费项目进行明细核算。其中，增值税是以商品（含货物、加工修理修配劳务、服务、无形资产或不动产）在流转过程中产生的增值额作为计税依据而征收的一种流转税。我国于 2016 年 5 月 1 日起全面推开营改增试点，扩大试点行业范围，将建筑业、房地产业、金融业、生活服务业纳入试点范围。同时，继上一轮增值税转型改革将企业购进机器设备纳入抵扣范围之后，将不动产也纳入抵扣范围，在符合税收法规规定的情况下，新增不动产所支付的增值税从销项税额中扣除，不再计入相关资产成本。由于增值额在实际经济活动中是一个比较难以准确计算的数据，因此，大多数实行增值税的国家和地区，都采取间接计算的方法。对于增值税一般纳税人，应缴纳的增值税为销项税额减去进项税额之后的余额。其中，销项税额是指纳税人销售货物或提供应税劳务按销售额或取得的劳务收入和规定的税率计算，并向购货方、接受劳务方收取的增值税额；进项税额是指纳税人购进货物或接受应税劳务而支付给销货方的增值税额，数额为对方提供的"增值税专用发票"中列明的增值税额。销项税额减去进项税额为应缴纳给税务部门的增值税额。

"应交税费——增值税"账户是用来反映和监督企业应交和实交增值税结算情况的账户，企业销售商品时向购买单位收取的销项税额计入该账户的贷方，企业购买材料时负担的增值税进项税额计入该账户的借方，当期销项税额抵扣当期进项税额后的余额为应纳税额。应交增值税还应分别按"进项税额""销项税额""出口退税""进项税额转出""已交税金"等设置专栏。

（三）"原材料"账户

该账户核算企业库存各种材料的实际成本。借方记录验收入库材料的实际成本，贷方记录发出材料的实际成本；期末余额在借方，反映企业库存实有材料的实际成本。该账户按原材料品种、规格设置明细账户。

（四）"应付账款"账户

该账户核算企业因购买材料、商品和接受劳务等经营活动应支付的款项。该账户是负债类账户，贷方登记应付供应单位的款项，借方登记已偿还供应单位的款项，期末余额在贷方，反映企业尚未支付的款项。该账户应按供应单位设置明细账，进行明细核算。

（五）"应付票据"账户

该账户是用来核算企业购买材料、商品和接受劳务供应等而开出、承兑的商业汇票，包括银行承兑汇票和商业承兑汇票。该账户是负债类账户，贷方登记企业开出承兑的汇票，借方登记支付的票据款，期末余额在贷方，反映企业持有的尚未到期的应付票据。企业应当设置"应付票据备查簿"，详细登记每一应付票据的种类、号数、签发日期、到期日、票面金额、票面利率、合同交易号、收款人姓名或单位名称，以及付款日期和金额等资料。应付票据到期结清时，应当在备查簿内逐笔注销。

（六）"预付账款"账户

该账户用来核算企业按照合同规定预付的款项。预付款项情况不多的，也可以不设置本科目，将预付的款项直接记入"应付账款"科目的借方。

"预付账款"是资产类账户，增加记借方，减少记贷方。企业因购货而预付的款项，借记本科目，贷记"银行存款"等科目。收到所购物资，按应计入购入成本的金额，借记"在途物资"或"原材料"等科目，按应支付的金额，贷记本科目。补付的款项，借记本科目，贷记"银行存款"等科目；退回多付的款项做相反的会计分录。

"预付账款"账户期末余额如果在借方，反映企业实际预付的款项；期末余额如为贷方余额，反映企业尚未补付的款项。该账户应按供货单位设置明细账，进行明细核算。

三、材料物资采购业务核算

[例3-8-8] 12月8日，企业从光明公司购入甲、乙两种材料，"增值税专用发票"中列示的情况如下：甲材料数量100吨，单价3000元，总计300000元；乙材料数量120吨，单价4000元，总计480000元；增值税额101400元，以上款项尚未支付。

借：在途物资——甲材料   300000
    ——乙材料   480000
  应交税费——增值税（进项税额）   101400
  贷：应付账款——光明公司   881400

[例3-8-9] 12月10日，用转账支票支付上述甲、乙两材料的运费47960元，先将运费换算成不含税价，即47960÷（1+9%）=44000元，再按照甲、乙材料的重量比例进行分配。

$$分配率 = \frac{运费}{\sum 甲、乙材料重量} = \frac{44000}{100+120} = 200（元/吨）$$

甲材料应负担的运费=200（元/吨）×100吨=20000（元）
乙材料应负担的运费=200（元/吨）×120吨=24000（元）

借：在途物资——甲材料   20000
    ——乙材料   24000
  应交税费——增值税（进项税额）   3960
  贷：银行存款   47960

[例3-8-10] 12月15日，企业从长城工厂购入乙材料100吨，每吨3800元，材料尚未验收入库。货款380000元及进项税额49400元，共429400元开出期限为6个月的商

业汇票支付。另以库存现金 5450 元支付运费，并取得增值税专用发票。

  借：在途物资——乙材料   385000

    应交税费——增值税（进项税额）   49850

    贷：应付票据——长城工厂   429400

      库存现金   5450

  [例 3 - 8 - 11] 12 月 25 日，上述甲、乙材料全部到达并验收入库，结转其实际采购成本。

  借：原材料——甲材料   320000

      ——乙材料   889000

    贷：在途物资——甲材料   320000

        ——乙材料   889000

  [例 3 - 8 - 12] 开出转账支票支付前欠光明公司的货款 881400 元。

  借：应付账款——光明公司   881400

    贷：银行存款   881400

  根据以上会计分录登记总分类账，在途物资明细账如表 3 - 3、表 3 - 4 所示。

表 3 - 3 在途物资明细账

材料名称：甲   单位：元

2019 年		业务号	摘要	借方			贷方	余额
月	日			买价	采购费用	合计		
12	8	8	购入甲材料 100 吨，单价 3000 元	300000		300000		
12	10	9	付运费		20000	20000		
12	25	11	结转入库甲材料采购成本				320000	
12	31		本月合计	300000	20000	320000	320000	0

表 3 - 4 在途物资明细账

材料名称：乙   单位：元

2019 年		业务号	摘要	借方			贷方	余额
月	日			买价	采购费用	合计		
12	8	8	购入乙材料 120 吨，单价 4000 元	480000		480000		
12	10	9	付运费		24000	24000		
12	15	10	购入乙材料 100 吨，单价 3800 元	380000	5000	385000		
12	25	11	结转入库乙材料采购成本				889000	
12	31		本月合计	860000	29000	889000	889000	0

  根据上述在途物资明细账，编制在途物资成本计算表，如表 3 - 5 所示。

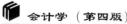

表3－5　在途物资成本计算

单位：元

成本项目	甲材料		乙材料		合计
	总成本（100吨）	单位成本	总成本（220吨）	单位成本	
买价	300000.00	3000.00	860000.00	3909.09	1160000.00
采购费用	20000.00	200.00	29000.00	131.82	49000.00
采购成本	320000.00	3200.00	889000.00	4040.91	1209000.00

四、固定资产采购的核算

固定资产一般是指能够参与企业经营，单位价值比较高，使用年限比较长的有形资产，如企业的房屋、建筑物，机械设备，运输工具以及其他与经营相关的设备、工具等。固定资产在生产过程中可以长期发挥作用，并保持原有的实物形态，但其价值则随着企业生产经营活动而逐渐地转移到产品成本中去，并构成产品价值的一个组成部分。固定资产的购进是企业进行生产前的必要准备工作。

（一）固定资产的含义与计量

根据《企业会计准则第4号——固定资产》的解释，固定资产是指同时具有下列特征的有形资产：为生产商品、提供劳务、出租或经营管理而持有的；使用寿命超过一个会计年度。固定资产同时满足下列条件的，才能予以确认：①与该固定资产有关的经济利益很可能流入企业；②该固定资产的成本能够可靠地计量。

固定资产应当按照成本进行初始计量。外购固定资产的成本，包括购买价款、相关税费、使固定资产达到预定可使用状态前所发生的可归属于该项资产的运输费、装卸费、安装费和专业人员服务费等。以一笔款项购入多项没有单独标价的固定资产，应当按照各项固定资产公允价值比例对总成本进行分配，分别确定各项固定资产的成本。

（二）固定资产采购应设置的账户

为了反映和监督企业固定资产的增减变动和结存情况，应设置"固定资产"账户。"固定资产"账户是资产类账户，核算企业持有的固定资产原价。该账户的借方登记增加固定资产的原始价值，贷方登记减少固定资产的原始价值。期末余额在借方，反映企业期末固定资产的账面原价。固定资产应按取得时的成本作为入账价值，取得时的成本包括买价、进口关税、运输和保险等相关费用，以及为使固定资产达到预定可使用状态前所必要的支出。

（三）固定资产采购的核算

企业购入的固定资产，有的不需要安装，即可投入使用，有的需要安装、调试后才能投入生产使用。本章只介绍不需要安装的固定资产的会计处理，需要安装的固定资产的会计处理在财务会计中具体介绍。

[例3－8－13] 企业购入不需要安装的机器设备一台，买价80000元，增值税10400元，包装费1130元和运费1090元，全部款项已用银行存款支付。

借：固定资产　　　　　　　　　　　　　　　　　　　　　　　　　82000

　　应交税费——增值税（进项税）　　　　　　　　　　　　　　　10620

　　贷：银行存款　　　　　　　　　　　　　　　　　　　　　　　　92620

第四节　生产过程的核算

对制造业而言，采购业务是生产产品的准备工作。采购过程完成后，企业进入运用原材料和机器设备等进行生产的环节。生产过程核算包括原材料、人工费等各类消耗以及行政部门的开支等，该过程以成本费用的核算为主。

一、生产过程核算概述

生产过程是制造业最具特色的阶段。在生产过程中，企业的劳动者借助机器设备，将原材料加工生产为设计要求的商品。纵观企业供、产、销等全过程的经济业务，从会计核算角度来看，生产阶段所发生的经济业务数量最多，也最为复杂。产品的生产过程，同时也是劳动力、劳动资料、劳动对象的耗费过程。因此，工业企业生产过程的主要业务内容有：原材料的领用消耗，形成材料费用；生产工人及管理人员的劳动消耗，形成工资薪金；机器设备等固定资产的消耗，形成折旧费；其他费用开支，如办公费、水电费、差旅费、保险费、劳保费等。

以上生产经营过程中的各项耗费，统称为费用。费用按是否计入产品生产成本划分为直接费用、间接费用、期间费用。直接费用是指为生产某种产品而发生的各项费用，包括生产该产品直接耗用的材料，直接生产工人的工资、福利费等，这些费用发生时，直接计入产品成本。间接费用又称制造费用，是指生产车间为生产多种产品而共同发生的费用，如生产车间固定资产的折旧费、生产车间管理人员的工资、福利费、生产车间的办公费等。制造费用按车间、分厂等平时进行归集，期末时分配计入各产品生产成本中；期间费用是指与产品生产无直接关系、不计入产品成本，而计入其发生的期间，由该期间负担的费用，包括管理费用、销售费用、财务费用。因此，构成产品生产成本的费用包括直接材料、直接人工、分配的制造费用。

在产品生产过程中费用的发生、归集和分配，以及产品生产成本的形成，构成了生产过程核算的主要内容。

二、生产过程核算应设置的账户

根据生产业务核算的要求，生产过程一般需要设置以下账户：

（一）"生产成本"账户

核算企业进行工业性生产发生的各项生产成本，包括生产各种产品（产成品、自制半成品等）、自制材料、自制工具、自制设备等所发生的各项生产费用。该账户为成本类账户，借方登记应计入产品生产成本的各项生产费用，包括直接计入产品生产成本的直接材料和直接人工，以及分配计入产品生产成本的制造费用，贷方登记完工入库产品的生产成本。期末如有余额在借方，表示企业尚未加工完成的各项在产品的成本。该账户可按照成本核算对象（如不同的产品品种、类别、订单、批别、生产阶段等）设置明细账，并按规定的成本项目设置专栏进行明细核算。

（二）"制造费用"账户

核算企业生产车间（部门）为生产产品和提供劳务而发生的各项间接费用。包括生产车间（部门）不能直接计入生产成本的工资和福利费、折旧费、修理费、办公费、水电费、机物料消耗、劳动保护费等。该账户为成本类账户，借方登记实际发生的各项制造费用，贷方登记转入"生产成本"账户，分配计入各种产品成本的制造费用，期末在费用结转后一般没有余额，该账户应按不同的车间、部门设置明细账，并按费用项目设置专栏，进行明细核算。

（三）"管理费用"账户

核算企业为组织和管理企业生产经营所发生的管理费用，包括企业在筹建期间内发生的开办费、董事会和行政管理部门在企业的经营管理中发生的或者应由企业统一负担的公司经费（包括行政管理部门职工工资及福利费、物料消耗、低值易耗品摊销、办公费和差旅费等）、工会经费、董事会费（包括董事会成员津贴、会议费和差旅费等）、聘请中介机构费、咨询费（含顾问费）、诉讼费、业务招待费、技术转让费、矿产资源补偿费、研究费用、排污费等。该账户为费用类账户，借方登记本期发生的各项管理费用，贷方登记期末转入"本年利润"账户的管理费用，结转后该账户应无余额。本账户应按费用项目设置明细账，进行明细核算。

（四）"财务费用"账户

核算企业为筹集生产经营所需资金等而发生的筹资费用，包括利息支出（减利息收入）、汇兑损益以及相关的手续费、企业发生的现金折扣或收到的现金折扣等。为购建或生产满足资本化条件的资产发生的应予资本化的借款费用，在"在建工程""制造费用"等科目核算。该账户为费用类账户，借方登记本期发生的各项财务费用，贷方登记期末转入"本年利润"账户的财务费用，结转后该账户应无余额。本账户应按费用项目设置明细账，进行明细核算。

（五）"应付职工薪酬"账户

核算企业根据有关规定应付给职工的各种薪酬。企业按规定从净利润中提取的职工奖励及福利基金，也在本科目核算。本科目可按"工资""职工福利""社会保险费""住房公积金"等进行明细核算。该账户为负债类账户，贷方登记本月结算的应付职工薪酬，借方登记本月实际支付的薪酬数。月末如为贷方余额，表示本月应付薪酬大于实发的差额，即应付未付的职工薪酬；如为借方余额，表示本月实发职工薪酬大于应付职工薪酬的差额，为多支付的职工薪酬。该账户可按职工类别、工资总额组成内容等设置明细账户。

（六）"库存商品"账户

核算企业库存的各种商品的实际成本（或进价）或计划成本（或售价），包括库存产成品、外购商品、存放在门市部准备出售的商品、发出展览的商品以及寄存在外的商品等。工业企业的库存商品主要是指产成品。产成品，是指企业已经完成全部生产过程并已验收入库合乎标准规格和技术条件，可以按照合同规定的条件送交订货单位，或者可以作为商品对外销售的产品。该账户是资产类账户，借方登记已经完成全部生产过程并已验收入库的产成品的实际成本，贷方登记出库产成品的实际成本，余额在借方，表示企业各种库存商品的实际成本。该账户应按库存商品的种类、品种和规格设置明细账。

（七）"累计折旧"账户

核算企业固定资产的累计折旧。"固定资产"账户是按历史成本计价的，固定资产在使用期内虽保持原有实物形态，但其价值却随着固定资产的损耗而逐渐减少。固定资产由于损耗而减少的价值就是固定资产折旧。为了使"固定资产"账户能按固定资产的原始价值反映其增减变动和结存情况，并便于计算和反映固定资产的账面净值，需要专门设置一个账户，反映固定资产的损耗价值，即"累计折旧"账户。"累计折旧"账户是"固定资产"的备抵账户，每月计提的固定资产折旧，记入该账户的贷方，表示固定资产价值的减少，对于固定资产因出售、报废等原因引起的价值减少，在注销固定资产的原始价值，贷记"固定资产"账户的同时，应借记"累计折旧"账户，注销其已提取的折旧额。该账户的贷方余额，表示企业提取的固定资产折旧累计数。"累计折旧"账户的贷方余额抵减"固定资产"账户的借方余额，即可求得固定资产的净值。该账户只进行总分类核算，不进行明细分类核算。需要查明某项固定资产的已提折旧，可以根据固定资产卡片上所记载的该项固定资产原价、折旧率和实际使用年数等资料进行计算。

固定资产的折旧应该作为折旧费用计入产品成本或期间费用，这样做不仅是为了使企业在将来有能力重置固定资产，更主要的是为了实现期间收入与费用的正确配比。

（八）"其他应付款"账户

核算企业除应付票据、应付账款、预收账款、应付职工薪酬、应付利息、应付股利、应交税费、长期应付款等以外的其他各项应付、暂收的款项。企业应交纳的保险、保障基金，也通过本科目核算。该账户是负债类账户，贷方登记应付对方单位或个人的款项，借方登记已偿还的款项，期末余额在贷方，反映企业尚未支付的款项。该账户应按对方单位或个人设置明细账，进行明细核算。

三、生产过程的核算

生产过程要解决的主要问题是产品成本的计量，产品成本的构成包括直接材料、直接人工的核算以及制造费用的分配等。

（一）材料费用的核算

制造业的材料，用于产品生产，构成产品实体或有助于产品形成的部分，应作为"直接材料"成本项目，直接记入"生产成本"账户；车间制造部门用作组织、管理生产耗用的材料，一般不能直接分清车间各产品应负担的数量，故作为间接费用，记入"制造费用"账户，月末按一定的比例分配记入各产品成本；厂部行政管理部门所用的材料与产品生产无关，不记入产品成本，作为期间费用，记入"管理费用"账户。

[例3-8-14] 本月根据领料单整理汇总，编制材料耗用汇总表，如表3-6所示。

表3-6 材料耗用汇总表

单位：元

项目	甲材料	乙材料	合计
生产产品耗用	184000	52000	236000
其中：A产品	80000	32000	112000
B产品	104000	20000	124000
车间一般消耗	3200	2500	5700
行政管理部门消耗	4000	3000	7000
合计	191200	57500	248700

从表3-6可知，本月共耗用原材料248700元，表明库存原材料减少，应记入"原材料"账户贷方。按领用材料的用途看，A产品生产耗用甲、乙材料共计112000元，B产品生产耗用甲、乙材料共计124000元，属产品生产的直接材料费用，应记入"生产成本"账户借方；车间一般性耗用材料5700元属间接费用，应记入"制造费用"账户借方；行政管理部门消耗的材料应记入"管理费用"账户借方。因此，会计分录为：

借：生产成本——A产品　　　　　　　　　　　　　　　　　　112000

　　　　　——B产品　　　　　　　　　　　　　　　　　　124000

　　制造费用　　　　　　　　　　　　　　　　　　　　　　5700

　　管理费用　　　　　　　　　　　　　　　　　　　　　　7000

　　贷：原材料——甲材料　　　　　　　　　　　　　　　　　191200

——乙材料   57500

（二）人工费用的核算

  企业的人工费用包括付给职工的工资和按工资总额一定比例提取的职工养老保险、失业保险等。职工工资通常采用结算的办法，即根据企业工资制度（如计时工资制、计件工资制）按月计算出的应付职工工资和应提取的养老保险等形成企业的负债。其中，应付未付职工工资应根据企业工资发放办法，于当月底或下月初支付给职工个人，养老保险、失业保险等缴纳给相关社会保障部门。为此，应设置"应付职工薪酬"账户，以核算人工费用结算业务。该账户下设置"工资""职工福利""社会保险费""住房公积金"明细科目。

  另外，人工费用应作为企业的一项费用进行列支、核算。其中，生产工人的工资费用应作为"直接人工"成本项目，直接记入"生产成本"账户；车间管理人员、技术人员等工资费用，由于不易直接分清车间各产品应负担的数量，应作为间接费用，记入"制造费用"账户，月末分配记入各产品成本；厂部行政管理人员工资费用，记入"管理费用"账户。

  [例3-8-15] 月末根据工资汇总表，本月应付A产品生产工人工资40000元；B产品生产工人工资60000元；车间管理人员工资16000元；厂部行政管理人员工资20000元。

  以上资料表明，应付职工工资136000元尚未支付，形成企业对职工的负债，应记入"应付职工薪酬"账户贷方。本期的应付A产品生产工人工资40000元，B产品生产工人工资60000元，属于直接人工费用的增加，应记入"生产成本"账户的借方；车间管理人员工资16000元，属于间接人工费用的增加，应记入"制造费用"账户借方；厂部行政管理人员工资系行政人员组织管理生产经营活动而发生的人工费用，不属于产品生产费用，应记入"管理费用"账户借方。会计分录为：

  借：生产成本——A产品   40000
        ——B产品   60000
    制造费用   16000
    管理费用   20000
    贷：应付职工薪酬——工资   136000

  [例3-8-16] 按职工工资总额的8%计提本月职工养老保险，按1%计提失业保险。

  会计人员应根据本月应付各类职工工资总额，对应提取职工的养老保险和失业保险。本例计算如下：

  A产品生产工人   40000×9%=3600（元）
  B产品生产工人   60000×9%=5400（元）
  车间管理人员   16000×9%=1440（元）
  厂部管理人员   20000×9%=1800（元）
  合计   ·12240（元）

本月应付职工养老保险等12240元是企业的一种负债，应记入"应付职工薪酬——社会保险费"账户的贷方。另外，根据A、B产品生产工人工资提取的社会保险费，为直接费用的增加，应记入"生产成本"账户的借方；根据车间管理人员工资提取的社会保险费，为间接费用，应记入"制造费用"账户的借方；根据行政管理人员工资提取的社会保险费，为期间费用的增加，应记入"管理费用"账户的借方。

借：生产成本——A 产品   3600
    ——B 产品   5400
  制造费用   1440
  管理费用   1800
  贷：应付职工薪酬——社会保险费   12240

[例3-8-17] 从银行提取现金136000元，发放职工工资。

本例包括两个步骤：第一，从银行提取现金，现金增加记入"库存现金"账户的借方，同时银行存款减少记入该账户的贷方。第二，以现金发放职工工资，现金减少，记入"库存现金"账户的贷方，同时，"应付职工薪酬"减少，记入"应付职工薪酬"账户的借方。所以会计分录分别为：

（1）借：库存现金   136000
    贷：银行存款   136000
（2）借：应付职工薪酬——工资   136000
    贷：库存现金   136000

（三）固定资产折旧费的核算

固定资产折旧费应根据固定资产的用途不同记入有关生产费用中。生产车间用固定资产折旧记入"制造费用"账户；行政管理部门固定资产折旧记入"管理费用"账户。另外，为了反映固定资产价值的减少，应将折旧数记入"累计折旧"账户的贷方。

[例3-8-18] 月末按照规定的固定资产折旧率，计提固定资产折旧24000元，其中车间固定资产折旧16000元，厂部固定资产折旧8000元。

该业务的发生，生产车间用固定资产的折旧费应记入"制造费用"账户的借方；行政管理部门使用的固定资产折旧费应记入"管理费用"账户的借方。同时，应将折旧数记入"累计折旧"账户的贷方。会计分录为：

借：制造费用   16000
  管理费用   8000
  贷：累计折旧   24000

（四）其他费用的核算

除上述材料费用、人工费用、折旧费用外，企业生产过程中还会发生其他支出，如办公费、修理费、水电费及其他费用。归类记录各种支出时，应特别注意划清本期费用成本与跨期费用成本的界限、资本性支出与收益性支出的界限。

[例3-8-19] 以银行存款支付华贸公司租入一套设备的租金13560元,假定取得增值税专用发票,期限3个月,本月应负担4000元。

本例分三步:第一步,确认增值税进项税额。13560÷(1+13%)×13%=1560元。第二步,支付租金。根据权责发生制原则,支付的租入固定资产的租金应在受益期内平均分摊。因此,该笔租金支付时不能直接记入当期费用而应作为资产的增加先记入"预付账款"账户的借方;另外,银行存款这种资产减少,应记入该账户的贷方。第三步,计算本月应负担的租金。车间用固定资产的租金属于间接费用,作为费用的增加应记入"制造费用"账户的借方;另外,记入当期费用后预付账款减少,应记入"预付账款"账户的贷方。因此,本例的会计分录为:

①借:预付账款——华贸公司   12000

  应交税费——增值税(进项税额)   1560

   贷:银行存款   13560

②借:制造费用   4000

   贷:预付账款——华贸公司   4000

[例3-8-20] 月末计算本月应付广厦公司的车间仓库租赁费2725元(假定取得增值税专用发票)。

本例为应付未付的费用,因此会计分录为:

借:制造费用   2500

  应交税费——增值税(进项税额)   225

   贷:其他应付款——广厦公司   2725

[例3-8-21] 本月公司用电情况为:车间用电费8000元,厂部用电费1600元。用银行存款支付上述电费及购电增值税1248元。

生产车间用电费应记入"制造费用"账户的借方;行政管理部门使用的电费应记入"管理费用"账户的借方;增值税应记入"应交税费——增值税(进项税额)"的借方。同时,银行存款减少应记入"银行存款"账户的贷方。会计分录为:

借:制造费用   8000

  管理费用   1600

  应交税费——增值税(进项税额)   1248

   贷:银行存款   10848

[例3-8-22] 厂部技术人员刘伟出差借款3000元,开出现金支票一张,由借款人自行到银行取款。

厂部技术人员的差旅费本应属于管理费用的开支范围,但借支差旅费只表示暂付给刘伟一笔款项,尚未形成开支管理费用的事实。暂付款项是企业的一项债权,应在"其他应收款"账户记录:发生应收及暂付款时为债权的增加,记入"其他应收款"账户的借方;收回或报销时为债权的减少,记入"其他应收款"账户的贷方。会计分录为:

借:其他应收款——刘伟   3000

   贷:银行存款   3000

[例3-8-23] 刘伟报销差旅费3200元，不足部分200元出纳以现金支付，结清其借支手续。

厂部技术人员的差旅费本应作为费用的增加记入"管理费用"账户的借方；补付现金是现金这种资产的减少，应记入该账户的贷方；结清借支款后，"其他应收款"这种资产减少，应记入"其他应收款"账户的贷方。会计分录为：

借：管理费用   3200

    贷：其他应收款——刘伟   3000

        库存现金   200

（五）制造费用的分配结转

制造费用是企业各生产单位为组织和管理生产发生的各项间接费用，平时已经在"制造费用"账户的借方进行了归集。月末应将平时归集的制造费用按一定的比例在生产车间生产的各产品之间进行分配，形成各产品生产成本的一部分。分配的标准可以是直接生产工人的工资比例、工时比例、机器工时比例、原材料消耗比例等。制造费用分配结转时，应将由各产品负担的制造费用从"制造费用"账户的贷方转出，记入"生产成本"账户的借方。

[例3-8-24] 月末，将本月发生的制造费用53640元按A、B产品生产工人的工资比例进行分配。

$$制造费用分配率 = \frac{53640}{40000 + 60000} = 0.5364$$

A产品应负担的制造费用为：$40000 \times 0.5364 = 21456$（元）

B产品应负担的制造费用为：$60000 \times 0.5364 = 32184$（元）

制造费用的分配是将发生的间接费用分摊记入有关产品的生产成本，因此"生产成本"增加，记入该账户的借方，"制造费用"减少，记入该账户的贷方。会计分录为：

借：生产成本——A产品   21456

           ——B产品   32184

    贷：制造费用   53640

（六）完工产品成本的计算和结转

产品完工后，要进行完工产品成本的计算和结转，将完工产品的生产成本从"生产成本"账户结转到"库存商品"账户。"库存商品"账户属于资产类账户，借方登记生产完成并已验收入库的产成品的实际生产成本，贷方登记出库产品的实际成本，借方余额表示库存完工商品的实际生产成本。

[例3-8-25] 月末，假设A产品200件、B产品240件全部完工，且没有期初在产品，计算并结转已完工入库产品的实际生产成本。其中，完工入库A产品成本177056元，B产品成本221584元。

这项业务的发生，使库存产成品增加，是资产的增加应记入"库存商品"账户的借方；同时结转入库产品成本，使生产过程中在产品生产成本减少，应记入"生产成本"账户的贷方。

  借：库存商品——A 产品   177056

     ——B 产品   221584

   贷：生产成本——A 产品   177056

      ——B 产品   221584

  根据上述业务编制的 A、B 产品的"生产成本明细账"和"完工产品成本计算单"分别如表3－7、表3－8、表3－9所示。

表3－7　A产品生产成本明细账

单位：元

2019 年		业务号	摘要	借方				贷方
月	日			直接材料	直接人工	制造费用	合计	
12	1		期初余额					
12		14	耗用材料	112000			112000	
12		15	计算工资		43600		43600	
12		24	分配制造费用			21456	21456	
12		25	结转完工产品成本					177056

表3－8　B产品生产成本明细账

单位：元

2019 年		业务号	摘要	借方				贷方
月	日			直接材料	直接人工	制造费用	合计	
12	1		期初余额					
12		14	耗用材料	124000			124000	
12		15	计算工资		65400		65400	
12		24	分配制造费用			32184	32184	
12		25	结转完工产品成本					221584

表3－9　完工产品成本计算单

2019 年 12 月

单位：元

成本项目	A 产品 200 件		B 产品 240 件	
	总成本	单位成本	总成本	单位成本
直接材料	112000.00	560.00	124000.00	516.67.00
直接人工	43600.00	218.00	65400.00	272.50
制造费用	21456.00	107.28	32184.00	134.10
合计	177056.00	885.28	221584.00	923.27

第五节　销售过程的核算

产品销售过程是企业生产经营过程的最后阶段，也是产品价值实现的过程。库存商品只有销售出去才能实现其价值，取得收入，实现利润，完成资金的一次循环。

一、销售过程的核算概述

从会计角度看，销售阶段的主要业务是围绕产品销售而发生的。包括按照购销双方合同规定的产品数量、品种、规格和质量标准销售产品，实现主营业务收入，取得货款或收取货款的权利；计算确认已销产品的销售成本；支付销售费用，如广告费等；获得的主营业务收入要按国家规定的税率计算和缴纳税金等。

二、销售过程核算应设置的账户

为了反映和监督企业在销售过程中所发生的有关业务，应设置以下账户：

（一）"主营业务收入"账户

核算企业确认的销售商品、提供劳务等主营业务的收入。该账户为收入类账户，贷方登记企业实现的主营业务收入，借方登记转入"本年利润"账户的主营业务收入，结转后该账户无余额，本账户应按主营业务的种类设置明细账，进行明细核算。

（二）"主营业务成本"账户

核算企业确认销售商品、提供劳务等主营业务收入时应结转的成本。该账户为损益类账户，期（月）末，企业应根据本期（月）销售各种商品、提供各种劳务等的实际成本，计算应结转的主营业务成本，借记本科目，贷记"库存商品""劳务成本"等科目。期末，应将本科目的余额转入"本年利润"科目，结转后本科目无余额。本账户应按主营业务的种类设置明细账。

（三）"税金及附加"账户

核算企业包括消费税、城市维护建设税和教育费附加、房产税、土地使用税、车船使用税、印花税等。该账户为损益类账户，借方登记企业按照规定计算出应由经营业务负担的税金及附加，贷方登记期末转入"本年利润"账户的税金及附加，结转后该账户应无余额。该账户应按照产品类别设置明细账，进行明细核算。

（四）"销售费用"账户

核算企业销售商品和材料、提供劳务的过程中发生的各种费用，包括保险费、包装费、展览费和广告费、商品维修费、预计产品质量保证损失、运输费、装卸费以及为销售本企业商品而专设的销售机构（含销售网点、售后服务网点等）的职工薪酬、业务费、折旧费等经营费用。

企业发生的与专设销售机构相关的固定资产修理费用等后续支出，也在本科目核算。

该账户为费用类账户，企业在销售商品过程中发生的包装费、保险费、展览费和广告费、运输费、装卸费等费用，借记本科目，贷记"库存现金""银行存款"等科目。发生的为销售本企业商品而专设的销售机构的职工薪酬、业务费等经营费用，借记本科目，贷记"应付职工薪酬""银行存款""累计折旧"等科目。期末，应将本科目余额转入"本年利润"科目，结转后本科目无余额。本账户应按费用项目设置明细账，进行明细核算。

（五）"应收账款"账户

核算企业因销售商品、提供劳务等经营活动应收取的款项。该账户为资产类账户，借方登记企业发生的应收账款，贷方登记收回的应收账款，期末为借方余额，反映企业尚未收回的应收账款，如为贷方余额，反映企业预收的账款。本账户应按不同的购货单位或接受劳务的单位设置明细账，进行明细核算。

（六）"应收票据"账户

核算企业因销售商品、产品、提供劳务等而收到的商业汇票，包括银行承兑汇票和商业承兑汇票。该账户为资产类账户，借方登记企业收到的商业汇票，贷方登记商业汇票到期，收回的应收票据账面金额，期末借方余额，反映企业持有的商业汇票的应收款项。企业应设置"应收票据备查簿"，逐笔登记每一应收票据的详细资料，应收票据到期结清票款或退票后，应当在备查簿内逐笔注销。

（七）"预收账款"账户

核算企业按照合同规定预收的款项。该账户为负债类账户。贷方登记企业向购货单位预收的款项，借方登记销售实现时应向购货单位收取的货款和增值税销项税额。如有购货单位补付的款项，登记在贷方，退回购货单位多付的款项，登记在借方。期末为贷方余额，反映企业向购货单位预收的款项，如为借方余额，反映企业应由购货单位补付的款项。该账户应按购货单位设置明细账，进行明细核算。

三、销售过程的核算

销售过程的核算主要内容包括核算产品销售收入、产品销售成本、为销售产品而发生的相关费用、税金等。

（一）主营业务收入的核算

在介绍销售过程的核算应设置的账户时已经说明，"主营业务收入"账户核算企业在销售商品、提供劳务及让渡资产使用权等日常活动中所产生的收入。但不一定所有的销售商品、提供劳务及让渡资产使用权都记入"主营业务收入"账户，要根据这些业务是否是企业的主要经营业务而定。一般制造业企业的主营业务收入是库存商品销售的收入，其他如提供劳务及让渡资产使用权的收入是其他业务收入。对服务业来讲，提供劳务的收入为主营业务收入，其他如销售商品、让渡资产使用权的收入则是其他业务收入。对资产租赁公司来讲，让渡资产使用权的收入为主营业务收入。与收入相配比，为取得主营业务收入而发生的实际成本为主营业务成本，为取得其他业务收入而发生的实际成本为其他业务成本。本章以制造业为例，因此，库存商品销售的收入为主营业务收入。当库存商品已经销售，取得了货款或收取货款的权利后，应确认主营业务收入实现。作为增值税一般纳税人的企业，商品销售后除收取销售收入以外，还应向购货方收取销项增值税额，以便期末时以销项税额抵扣进项税额后，以其余额作为应交纳的增值税。

[例3-8-26] 企业向通达公司销售A产品100件，每件售价1200元，价款120000元，应向购买单位收取的增值税销项税额15600元，以上款项已通过银行转账收讫。

这项经济业务的发生，一方面，使企业的资产银行存款增加135600元，应记入"银行存款"账户的借方；另一方面，使企业的主营业务收入增加120000元，应交增值税增加15600元，其中，主营业务收入的增加为收入的增加，应记入"主营业务收入"账户的贷方，应交增值税的增加，是负债的增加，应记入"应交税费"账户的贷方。

借：银行存款　　　　　　　　　　　　　　　　　　　135600
　　贷：主营业务收入　　　　　　　　　　　　　　　　120000
　　　　应交税费——增值税（销项税额）　　　　　　　 15600

[例3-8-27] 企业向银海公司销售B产品70件，每件售价1300元，价款91000元，增值税销项税额11830元，购买单位交来由其承兑的期限为3个月的商业汇票一张，面额102830元。

这是一笔欠款交易业务，收到购买单位交来的可于到期日无条件付款的商业汇票，以抵付该笔交易的货款。收到商业汇票是资产的增加，应按票据面额记入"应收票据"账户的借方；同时主营业务收入增加91000元，是收入的增加，记入该账户的贷方；应交增值税增加11830元，是负债的增加，应记入"应交税费"账户的贷方。会计分录为：

借：应收票据　　　　　　　　　　　　　　　　　　　102830
　　贷：主营业务收入　　　　　　　　　　　　　　　　 91000
　　　　应交税费——增值税（销项税额）　　　　　　　 11830

[例3-8-28] 按合同规定预收购买单位宏发公司货款20000元存入银行。

这笔业务的发生，一方面，使银行存款增加了20000元，应记入该账户的借方；另一方面，虽已收到宏发公司现款20000元，但不能视为已实现的主营业务收入。由于产品销售尚未发生，它只表明形成了企业对购买单位宏发公司的一项债务，应确认为预收账款，会计分录为：

借：银行存款	20000
贷：预收账款——宏发公司	20000

[例3-8-29] 宏发公司从本企业提走 B 产品 150 件，每件售价 1300 元，价款 195000 元，增值税销项税额 25350 元。全部价款以原预收款抵付，不足部分 200350 元当即开出转账支票补齐。

本例与上例一脉相承。在本例中，企业已发出商品，可确认主营业务收入 195000 元，应记入"主营业务收入"账户的贷方。以预收账款抵付价款及补齐不足部分首先应确认为对预收货款所形成的债务的清偿，记入"预收账款"账户的借方，收到的转账支票是银行存款的增加，记入"银行存款"账户的借方。因此，应编制会计分录为：

借：预收账款——宏发公司	20000
银行存款	200350
贷：主营业务收入	195000
应交税费——增值税（销项税额）	25350

（二）销售费用的核算

销售费用是为取得当期主营业务收入而发生的，本着权责发生制和配比原则的要求，应于费用发生的当月，确认销售费用，记入"销售费用"账户，以便月末与"主营业务收入"进行配比。

[例3-8-30] 以银行存款支付产品广告费 37100 元（假定取得增值税专用发票）。

广告费属销售费用，以银行存款支付广告费时应作为费用的增加，记入"销售费用"账户的借方，同时"银行存款"减少记入该账户的贷方。会计分录为：

借：销售费用——广告费	35000
应交税费——增值税（进项税额）	2100
贷：银行存款	37100

（三）主营业务成本的结转

主营业务成本是已销库存商品的生产成本。当商品销售后，库存商品实物随之从成品库转移到购货方，即库存商品实物发生了转移，为使账实相符，库存商品价值即完工产品的生产成本也要从"库存商品"账户的贷方结转到"主营业务成本"账户的借方。

[例3-8-31] 期末结转上例已销 A、B 产品的生产成本。A 产品销售 100 件，单位成本为 885.28 元，计 88528 元；B 产品销售 220 件，单位成本为 923.27 元，计 203119.40 元。

产品销售后，其生产成本就应从"库存商品"账户的贷方转到"主营业务成本"账户的借方，即将已销产品的生产成本进行结转。因此，该项经济业务的会计分录为：

借：主营业务成本——A 产品	88528.00
——B 产品	203119.40

$\qquad$ 贷：库存商品——A 产品 $\qquad$ 88528.00
$\qquad\qquad$ ——B 产品 $\qquad$ 203119.40

（四）税金及附加的核算

主营业务收入实现后，按规定应交纳一定比例的城市维护建设税及教育费附加。属于消费税税目的收入，还应计算应交消费税。企业缴纳的增值税单独核算，不在此账户反映，但缴纳的消费税、城市维护建设税、教育费附加在此账户核算。

国家为了调节产品结构，引导消费方向，保证国家财政收入，对一些资源消耗性和奢侈性的产品征收消费税，如烟、酒、化妆品等。消费税是一种价内税，在生产、委托加工和进口环节缴纳，要求卖方从售价中扣除一定比例上缴。城市维护建设税是国家对缴纳增值税、消费税（简称"两税"）的单位和个人就其实际缴纳的"两税"税额为计税依据而征收的一种税，是国家为加强城市的维护建设，扩大和稳定城市维护建设资金的来源而收取的一项税收。教育费附加也是国家对缴纳"两税"的单位和个人就其实际缴纳的"两税"税额为计税依据而征收的一种附加费，是为扩大和稳定教育经费的来源，改善基础教育设施和办学条件而收取的。

当计算出当月应交的消费税、城市维护建设税、教育费附加的数额后，就构成企业当月的一项费用，作为费用的增加记入"税金及附加"账户；另外，由于当月并不能实际交纳，同时又形成了企业对国家的负债。应交的消费税、城市维护建设税和教育费附加记入"应交税费"账户的贷方。

［例 3-8-32］月末，根据规定的税率及教育费附加率，计算出应交消费税 20300元，应交城市维护建设税 1421 元，应交教育费附加 609 元。会计分录为：

$\qquad$ 借：税金及附加 $\qquad$ 22330
$\qquad$ 贷：应交税费——消费税 $\qquad$ 20300
$\qquad\qquad$ ——城市维护建设税 $\qquad$ 1421
$\qquad\qquad$ ——教育费附加 $\qquad$ 609

第六节　利润形成和分配的核算

企业一定期间的各项收入与各项费用相抵后形成本期的最终经营成果，经营成果的表现形式有利润和亏损两种。当各项收入总额大于各项费用时，其差额为利润；反之为亏损。利润实现后，应按规定进行分配。通常企业是对净利润（扣除所得税费用）进行分配，因此净利润亦称可供分配利润（不考虑以前未分配利润）。净利润首先按照规定比例提取公积金。这种公积金是从利润即盈余中提取的，又可称为盈余公积。提取的盈余公积既可用于转增资本扩大经营规模，也可用于弥补亏损。在提取了盈余公积后，应按照股东大会决议、合同或协议的规定，向所有者分配利润。

一、利润形成和分配的核算概述

获取利润是企业经营的目标。利润的核算以净利润为中心，分为两部分，即利润形成和利润分配。

（一）利润的形成

利润是指企业在一定会计期间的经营成果。利润包括收入减去费用后的净额、直接计入当期利润的利得和损失等。对利润进行正确核算，可以及时反映企业在一定会计期间的经营业绩和获利能力，有助于投资者、债权人及其他利益相关者据此进行盈利预测，作出正确决策。

利润以形成的层次不同可以分为营业利润、利润总额和净利润。

营业利润是企业生产经营活动的主要成果，是企业利润的主要来源。用公式表示如下：

营业利润＝营业收入－营业成本－销售费用－管理费用－财务费用－资产减值损失＋公允价值变动收益（损失以"－"号填列）＋投资收益（损失以"－"号填列）

其中：营业收入＝主营业务收入＋其他业务收入

营业成本＝主营业务成本＋其他业务成本

利润总额是营业利润加营业外收入减营业外支出后的余额。用公式表示如下：

利润总额＝营业利润＋营业外收入－营业外支出

净利润是利润总额扣除所得税费用后的净额。即：

净利润＝利润总额－所得税费用

企业实现的净利润，要按照国家有关规定进行利润分配。确定企业实现的利润和对利润进行分配，构成了企业财务成果核算的重要内容。

（二）利润的分配

对净利润进行分配，一般分两步进行：第一步是提取盈余公积；第二步是给投资者分配利润。净利润扣除提取的盈余公积和分给投资者利润后的余额，即未分配利润。

1. 提取盈余公积

提取盈余公积是从企业净利润中提取积累资金。①提取法定盈余公积，一般按照净利润10%的比例提取。企业提取的法定盈余公积累计余额超过注册资本的50%以上时，可以不再提取。②提取任意公积，即企业提取法定盈余公积后，经股东大会决议，可以提取任意公积。

2. 向投资者分配利润

向投资者分配利润是经董事会提议，股东大会决议按净利润的一定比例向投资者分配利润。

3. 未分配利润

未分配利润，净利润扣除利润分配数额后的余额为未分配利润。

二、利润形成和分配核算应设置的账户

利润形成和分配涉及损益类账户中的全部账户及所有者权益类账户中的"本年利润"和"利润分配"账户。其中一部分账户在前面已经介绍过，下面介绍其他账户。

（一）"其他业务收入"账户

核算企业确认的除主营业务活动以外的其他经营活动实现的收入，包括出租固定资产、出租无形资产、出租包装物和商品、销售材料、用材料进行非货币性交换（非货币性资产交换具有商业实质且公允价值能够可靠计量）等实现的收入。该账户为损益类账户，贷方登记实现的各项其他业务收入，借方登记期末转入"本年利润"账户的其他业务收入，结转后该账户应无余额。本账户应按其他业务种类设置明细账，进行明细核算。

（二）"其他业务成本"账户

核算企业确认的除主营业务活动以外的其他经营活动所发生的支出，包括销售材料的成本、出租固定资产的折旧额、出租无形资产的摊销额、出租包装物的成本或摊销额等。除主营业务活动以外的其他经营活动发生的相关税费，在"税金及附加"科目核算。该账户为损益类账户，借方登记企业发生的其他业务成本，贷方登记期末转入"本年利润"账户的其他业务成本，结转后该账户应无余额。本账户应按其他业务的种类设置明细账，进行明细核算。

（三）"投资收益"账户

核算企业确认的投资收益或投资损失。该账户为损益类账户，贷方记录取得的收益数；借方记录发生的损失数；期末转账前余额如在贷方，表示投资净收益，从借方转入"本年利润"账户，结转后无余额；期末转账前余额若在借方，表示投资净损失，从贷方转入"本年利润"账户，结转后无余额。

（四）"营业外收入"账户

核算企业发生的各项营业外收入，主要包括债务重组利得、与企业日常活动无关的政府补助、盘盈利得、捐赠利得等。该账户为损益类账户，贷方登记发生的各项营业外收入，借方登记期末转入"本年利润"账户的营业外收入，结转后该账户应无余额。本账户应按收入项目设置明细账，进行明细核算。

（五）"营业外支出"账户

核算企业发生的各项营业外支出，包括债务重组损失、公益性捐赠支出、非常损失、

盘亏损失、非流动资产毁损报废损失等。该账户为损益类账户，借方登记发生的各项营业外支出，贷方登记期末转入"本年利润"账户的营业外支出，结转后该账户应无余额，本账户应按支出项目设置明细账，进行明细核算。

（六）"所得税费用"账户

核算企业确认的应从当期利润总额中扣除的所得税费用。该账户为损益类账户，借方登记企业应计入本期损益的所得税额，贷方登记期末转入"本年利润"账户的所得税额，结转后该账户应无余额。

（七）"本年利润"账户

核算企业当期实现的净利润（或发生的净亏损）。该账户为所有者权益类账户，贷方登记从各收入账户转入的本期发生的各种收入，借方登记从各费用账户转入的本期发生的各种费用。将收入与费用相抵后，如收入大于费用，即为贷方余额，表示本期实现的净利润；如费用大于收入，即为借方余额，表示本期发生的净亏损。在年度中间，该账户的余额可以保留在本账户，不予转账，表示截至目前本年度累计实现的净利润或发生的净亏损。年末，应将该账户余额转入"利润分配"账户，结转后该账户应无余额。

（八）"利润分配"账户

核算企业利润分配（或亏损弥补）后的积存余额。该账户应当分别按"提取法定盈余公积""提取任意盈余公积""应付现金股利或利润""转作股本的股利""盈余公积补亏"和"未分配利润"等进行明细核算。利润分配的主要账务处理如下：

其一，企业按规定提取的盈余公积，借记本科目（提取法定盈余公积、提取任意盈余公积），贷记"盈余公积——法定盈余公积、任意盈余公积"科目。

其二，经股东大会或类似机构决议，分配给股东或投资者的现金股利或利润，借记本科目（应付现金股利或利润），贷记"应付股利"科目。

经股东大会或类似机构决议，分配给股东的股票股利，应在办理增资手续后，借记本科目（转作股本的股利），贷记"股本"科目。

用盈余公积弥补亏损，借记"盈余公积——法定盈余公积或任意盈余公积"科目，贷记本科目（盈余公积补亏）。

年度终了，企业应将本年实现的净利润，自"本年利润"科目转入本科目，借记"本年利润"科目，贷记"利润分配——未分配利润"，如为净亏损作相反的会计分录；同时，将"利润分配"科目所属其他明细科目的余额转入"利润分配——未分配利润"明细科目。结转后，本科目除"未分配利润"明细科目外，其他明细科目应无余额。

本科目年末余额，反映企业的未分配利润（或未弥补亏损）。

（九）"盈余公积"账户

核算企业从净利润中提取的盈余公积。该账户为所有者权益类账户，应当分别按

"法定盈余公积""任意盈余公积"进行明细核算。其主要账务处理如下：

其一，企业按规定提取的盈余公积，借记"利润分配——提取法定盈余公积、提取任意盈余公积"科目，贷记本科目（法定盈余公积、任意盈余公积）。

其二，经股东大会或类似机构决议，用盈余公积弥补亏损或转增资本，借记本科目，贷记"利润分配——盈余公积补亏""实收资本"或"股本"科目。

经股东大会决议，用盈余公积派送新股，按派送新股计算的金额，借记本科目，按股票面值和派送新股总数计算的股票面值总额，贷记"股本"科目。

本账户期末贷方余额，反映企业提取的盈余公积余额。

（十）"应付股利"账户

核算企业经股东大会决议确定分配的现金股利或利润。该账户为负债类账户，贷方登记应支付的现金股利或利润，借方登记实际支付数，期末贷方余额，反映企业尚未支付的现金股利或利润。

三、利润实现与分配的账务处理

根据借贷记账法，计算利润的账务处理是将当期收入类和费用类账户发生额分别转入到"本年利润"的贷方和借方，贷方发生额与借方发生额抵销后的余额即为企业当期所实现的利润。利润分配账务则通过"利润分配"科目进行处理。

（一）利润实现的账务处理

[例3-8-33] 企业销售一批不用的材料，售价20000元，增值税2600元，款已通过银行收讫。

这笔经济业务，由于是销售的不用的材料，属于主营业务之外的其他业务，取得的收入应作为收入的增加，记入"其他业务收入"的贷方，增值税的销项税是"应交税费"的增加，记入该账户的贷方；同时，收到的银行存款是资产的增加，记入"银行存款"账户的借方。会计分录为：

借：银行存款　　　　　　　　　　　　　　　　　　22600
　　贷：其他业务收入　　　　　　　　　　　　　　　20000
　　　　应交税费——增值税（销项税额）　　　　　　 2600

[例3-8-34] 结转上述已销材料的成本16000元。

这笔经济业务的发生，一方面，销售材料的成本增加，是为取得其他业务收入发生的成本，应记入"其他业务成本"账户的借方；另一方面，原材料减少是资产的减少，应记入"原材料"账户的贷方。

借：其他业务成本　　　　　　　　　　　　　　　　16000
　　贷：原材料　　　　　　　　　　　　　　　　　　16000

[例3-8-35] 收到持有债券的利息26500元存入银行（假定开具增值税专用发票）。

债券利息收入是企业的投资收益，作为收入的增加，记入"投资收益"账户的贷方；同时，银行存款增加，记入该账户的借方。增值税的销项税是"应交税费"的增加，记入该账户的贷方。

借：银行存款   26500

    贷：投资收益   25000

        应交税费——增值税（销项税额）   1500

[例3-8-36] 以银行存款支付支援受灾地区的捐赠支出5000元。

这笔支出，与企业的生产经营无直接关系，属于营业外支出的增加，应记入"营业外支出"账户的借方。同时银行存款减少，记入该账户的贷方。

借：营业外支出   5000

    贷：银行存款   5000

[例3-8-37] 经确认，有应付账款10000元因债权人破产无法支付，按规定程序经批准后转销。

无法支付的应付账款，按规定程序经批准后转销。应作为"应付账款"的减少，记入该账户的借方；同时记"营业外收入"增加，记入"营业外收入"账户的贷方。

借：应付账款   10000

    贷：营业外收入   10000

[例3-8-38] 根据本章第二节至第六节的业务，月末，将本月收入、费用发生额结转到"本年利润"账户。本月收入、费用发生额分别为：

主营业务收入	406000元	主营业务成本	291647.40元
其他业务收入	20000元	税金及附加	22330.00元
投资收益	25000元	其他业务成本	16000.00元
营业外收入	10000元	销售费用	35000.00元
		管理费用	41600.00元
		财务费用	13500.00元
		营业外支出	5000.00元

本例包括两个步骤，一是将收入类账户发生额结转到"本年利润"账户。结转时收入类账户记借方，"本年利润"记贷方，从而使收入类账户余额为零。二是将费用类账户发生额结转到"本年利润"账户。结转时借记"本年利润"账户，贷记费用类账户，从而使费用类账户余额为零。这样"本年利润"账户的贷方反映的是本期的收入总和，借方反映的是本期的费用总和，如为贷方余额，表明盈利，如为借方余额表明亏损。如图3-1所示。

所以，本例会计分录为：

（1）借：本年利润   425077.40

      贷：主营业务成本   291647.40

          税金及附加   22330.00

          其他业务成本   16000.00

          销售费用   35000.00

管理费用	41600.00
财务费用	13500.00
营业外支出	5000.00

本年利润

借方	贷方
从费用账户转入的：	从收入账户转入的：
主营业务成本	主营业务收入
税金及附加	其他业务收入
其他业务成本	投资收益
销售费用	营业外收入
管理费用	
财务费用	
营业外支出	
所得税费用	
	净利润

图3-1　"本年利润"账户

(2) 借：主营业务收入　　　　　　　　　　　　　　　　　　406000.00

　　　　其他业务收入　　　　　　　　　　　　　　　　　　20000.00

　　　　投资收益　　　　　　　　　　　　　　　　　　　　25000.00

　　　　营业外收入　　　　　　　　　　　　　　　　　　　10000.00

　　　贷：本年利润　　　　　　　　　　　　　　　　　　　461000.00

[例3-8-39] 本月利润总额为35922.60元。月末按25%所得税率计算应交所得税为8980.65元。

该项经济业务使当期所得税费用增加，应借记"所得税费用"账户。同时，计算所得税时尚未实际缴纳税金，故同时应作为应交所得税负债，贷记"应交税费——所得税"账户。会计分录为：

　　借：所得税费用　　　　　　　　　　　　　　　　　　　8980.65

　　　贷：应交税费——所得税　　　　　　　　　　　　　　8980.65

[例3-8-40] 月末，将"所得税费用"账户借方发生额8980.65元结转到"本年利润"账户。

与其他费用类账户的结转一样，贷记"所得税费用"账户，借记"本年利润"账户。会计分录为：

　　借：本年利润　　　　　　　　　　　　　　　　　　　　8980.65

　　　贷：所得税费用　　　　　　　　　　　　　　　　　　8980.65

至此，会计月度账务处理结束。通过"本年利润"账户可知，本月收入总额461000

元，费用、成本总额 425077.40 元，所得税前利润（利润总额）为 35922.60 元，缴纳所得税 8980.65 元后，本月净利润为 26941.95 元。

（二）利润分配的账务处理

由于本月为 12 月，是会计年度期末，因此还需要进行年度账务处理。主要是利润分配的核算。利润分配的顺序为：（1）提取法定和任意盈余公积；（2）向投资者分配利润。利润分配剩余的为未分配利润。

[例 3 - 8 - 41] 根据股东会决议，按本年净利润的 10% 计提法定盈余公积；5% 计提任意盈余公积；45% 计算应付投资者的利润。

从表 3 - 1 及"本年利润"账户可知，该企业 1 ~ 11 月净利润为 287824 元，12 月该企业净利润为 26941.95 元，因此，该企业本年净利润为 314765.95 元。按 10% 法定盈余公积的金额为 31476.60 元；按 5% 计算任意盈余公积为 15738.30 元；按 45% 计算应付投资者的利润为 141644.68 元。

该项经济业务进行的利润分配，应分别借记"利润分配"账户所属的"提取法定盈余公积""提取任意盈余公积""应付现金股利"二级账户，表示利润分配增加；同时，提取的盈余公积使所有者权益增加，应贷记"盈余公积"账户，计算的应付利润尚未实际向投资者发放，应贷记"应付股利"账户。所以，会计分录为：

借：利润分配——提取法定盈余公积　　　　　　　　　　　　　　31476.60
　　　　　——提取任意盈余公积　　　　　　　　　　　　　　15738.30
　　　　　——应付现金股利　　　　　　　　　　　　　　　141644.68
　　贷：盈余公积——法定盈余公积　　　　　　　　　　　　　　31476.60
　　　　　　——任意盈余公积　　　　　　　　　　　　　　15738.30
　　　　应付股利　　　　　　　　　　　　　　　　　　　141644.68

[例 3 - 8 - 42] 结转"本年利润""利润分配"账户。

年末，企业应将"本年利润"的贷方余额、"利润分配——提取法定（任意）盈余公积""利润分配——应付现金股利"明细账户的余额结转到"利润分配——未分配利润"账户。"利润分配——未分配利润"账户是用以核算反映年终时企业未分配利润数的。包括两个步骤，一是将"本年利润"账户结账前余额结转到"利润分配——未分配利润"账户。结转时"本年利润"账户记借方，"利润分配——未分配利润"账户记贷方，从而使"本年利润"账户余额为零，如本年亏损，结转方向相反。二是将"利润分配"的三个明细账户"提取法定盈余公积""提取任意盈余公积"和"应付现金股利"账户结账前余额结转到"利润分配——未分配利润"账户。结转时借记"利润分配——未分配利润"账户，贷记"利润分配——提取法定（任意）盈余公积""利润分配——应付现金股利"账户，从而使"利润分配——提取法定（任意）盈余公积""利润分配——应付现金股利"账户余额为零。这样"利润分配——未分配利润"账户的贷方反映的是本期的净利润，借方反映的是本期已经分配的利润，如为贷方余额，表明累计的未分配利润，如为借方余额，表明累计亏损，如图 3 - 2 所示。

利润分配——未分配利润

借方	贷方
转入的利润分配数额：	转入的本年利润
利润分配——提取法定（任意）盈余公积	
利润分配——应付现金股利	
	未分配利润

图 3 - 2　"利润分配"账户

会计分录为：

（1）借：本年利润　　　　　　　　　　　　　　　　　　　314765.95

　　　　　贷：利润分配——未分配利润　　　　　　　　　　　　　314765.95

（2）借：利润分配——未分配利润　　　　　　　　　　　　188859.58

　　　　　贷：利润分配——提取法定盈余公积　　　　　　　　　　 31476.60

　　　　　　　——提取任意盈余公积　　　　　　　　　　　　　　 15738.30

　　　　　　　——应付现金股利　　　　　　　　　　　　　　　　141644.68

这样，"利润分配——未分配利润"账户的余额即为本年分配以后的留存利润。

根据本章第二节至第六节例题的会计分录，登记总分类账户如图 3 - 3 所示，编制余额、发生额试算表如表 3 - 10 所示。

库存现金

借方		贷方	
期初余额：	15700		
(17.1)	136000	(10)	5450
		(17.2)	136000
		(23)	200
本期发生额：	136000	本期发生额：	141650
期末余额：	10050		

银行存款

借方		贷方	
期初余额：2445520			
(1)	500000	(6)	126000
(2)	240000	(7)	486000
(3)	400000	(9)	47960
(26)	135600	(12)	881400
(28)	20000	(13)	92620
(29)	200350	(17.1)	136000
(33)	22600	(19.1)	13560
(35)	26500	(21)	10848
		(22)	3000
		(30)	37100
		(36)	5000
本期发生额：1545050		本期发生额：1839488	
期末余额：2151082			

应收账款

借方		贷方	
期初余额：	98420		
本期发生额：	0	本期发生额：	0
期末余额：	98420		

其他应收款

借方		贷方	
期初余额：	5600		
(22)	3000	(23)	3000
本期发生额：	3000	本期发生额：	3000
期末余额：	5600		

图 3 - 3　总分类账户

原材料

借方		贷方	
期初余额：	274000		
（1）	200000	（14）	248700
（11）	1209000	（34）	16000
本期发生额：	1409000	本期发生额：	264700
期末余额：	1418300		

应收票据

借方		贷方	
期初余额：	0		
（27）	102830		
本期发生额：	102830	本期发生额：	0
期末余额：	102830		

在途物资

借方		贷方	
期初余额：	0		
（8）	780000	（11）	1209000
（9）	44000		
（10）	385000		
本期发生额：	1209000	本期发生额：	1209000
期末余额：	0		

库存商品

借方		贷方	
期初余额：	342100.00		
（25）	398640.00	（31）	291647.40
本期发生额：	398640.00	本期发生额：	291647.40
期末余额：	449092.60		

预付账款

借方		贷方	
期初余额：	18400		
（19.1）	12000	（19.2）	4000
本期发生额：	12000	本期发生额：	4000
期末余额：	26400		

固定资产

借方		贷方	
期初余额：	4000000		
（1）	800000		
（13）	82000		
本期发生额：	882000	本期发生额：	0
期末余额：	4882000		

累计折旧

借方		贷方	
		期初余额：	1952000
		（18）	24000
本期发生额：	0	本期发生额：	24000
		期末余额：	1976000

无形资产

借方		贷方	
期初余额：	1060000		
（1）	30000		
本期发生额：	30000	本期发生额：	0
期末余额：	1090000		

生产成本

借方		贷方	
期初余额：	0		
（14）	236000	（25）	398640
（15）	100000		
（16）	9000		
（24）	53640		
本期发生额：	398640	本期发生额：	398640
期末余额：	0		

短期借款

借方		贷方	
		期初余额：	1029000
		（2）	240000
（6）	120000		
本期发生额：	120000	本期发生额：	240000
		期末余额：	1149000

图3－3　总分类账户（续）

应付账款

借方		贷方	
		期初余额：	133440
（12）	881400	（8）	881400
（37）	10000		
本期发生额：	891400	本期发生额：	881400
		期末余额：	123440

应付票据

借方		贷方	
		期初余额：	0
		（10）	429400
本期发生额：	0	本期发生额：	429400
		期末余额：	429400

预收账款

借方		贷方	
		期初余额：	0
（29）	20000	（28）	20000
本期发生额：	20000	本期发生额：	20000
		期末余额：	0

应交税费

借方		贷方	
		期初余额：	19800
（8）	101400	（26）	15600
（9）	3960	（27）	11830
（10）	49850	（29）	25350
（13）	10620	（32）	22330
（19）	1560	（33）	2600
（20）	225	（35）	1500
（21）	1248	（39）	8980.65
（30）	2100		
本期发生额：	170963	本期发生额：	88190.65
期末余额：	62972.35		

应付利息

借方		贷方	
		期初余额：	32640
（6）	6000	（4）	5000
（7）	16000	（5）	8500
本期发生额：	22000	本期发生额：	13500
		期末余额：	24140

应付职工薪酬

借方		贷方	
		期初余额：	0
（17.2）	136000	（15）	136000
		（16）	12240
本期发生额：	136000	本期发生额：	148240
		期末余额：	12240

应付股利

借方		贷方	
		期初余额：	0
		（41）	141644.68
本期发生额：	0	本期发生额：	141644.68
		期末余额：	141644.68

其他应付款

借方		贷方	
		期初余额：	0
		（20）	2725
本期发生额：	0	本期发生额：	0
		期末余额：	2725

长期借款

借方		贷方	
		期初余额：	1716176
（7）	470000	（3）	400000
本期发生额：	470000	本期发生额：	400000
		期末余额：	1646176

图 3－3 总分类账户（续）

实收资本

借方		贷方	
		期初余额：	2204000
		（1）	1530000
本期发生额：	0	本期发生额：	1530000
		期末余额：	3734000

资本公积

借方		贷方	
		期初余额：	176540
本期发生额：	0	本期发生额：	0
		期末余额：	176540

盈余公积

借方		贷方	
		期初余额：	708320.00
		（41）	47214.90
本期发生额：	0	本期发生额：	47214.90
		期末余额：	755534.90

本年利润

借方		贷方	
		期初余额：	287824.00
（38.1）	425077.40	（38.2）	461000.00
（40）	8980.65		
（42.1）	314765.95		
本期发生额：	748824	本期发生额：	461000
		期末余额：	0

利润分配

借方		贷方	
		期初余额：	0
（41）	188859.58	（42.1）	314765.95
（42.2）	188859.58	（42.2）	188859.58
本期发生额： 377719.16		本期发生额：	503625.53
		期末余额：	125906.37

财务费用

借方		贷方	
期初余额：			
（4）	5000	（38.1）	13500
（5）	8500		
本期发生额：	13500	本期发生额：	13500
期末余额：	0		

制造费用

借方		贷方	
期初余额：	0		
（14）	5700	（24）	53640
（15）	16000		
（16）	1440		
（18）	16000		
（19.2）	4000		
（20）	2500		
（21）	8000		
本期发生额：	53640	本期发生额：	53640
期末余额：	0		

管理费用

借方		贷方	
期初余额：	0		
（14）	7000	（38.1）	41600
（15）	20000		
（16）	1800		
（18）	8000		
（21）	1600		
（23）	3200		
本期发生额：	41600	本期发生额：	41600
期末余额：	0		

主营业务收入

借方		贷方	
（38.2）	406000	期初余额：	0
		（26）	120000
		（27）	91000
		（29）	195000
本期发生额：	406000	本期发生额：	406000
		期末余额：	0

主营业务成本

借方		贷方	
期初余额：	0		
（31）	291647.40	（38.1）	291647.40
本期发生额： 291647.40		本期发生额：	291647.40
期末余额：	0		

图3-3 总分类账户（续）

销售费用

借方		贷方	
期初余额：	0		
（30）	35000	（38.1）	35000
本期发生额：	35000	本期发生额：	35000
期末余额：	0		

税金及附加

借方		贷方	
期初余额：	0		
（32）	22330	（38.1）	22330
本期发生额：	22330	本期发生额：	22330
期末余额：	0		

其他业务收入

借方		贷方	
		期初余额：	0
（38.2）	20000	（33）	20000
本期发生额：	20000	本期发生额：	20000
		期末余额：	0

其他业务成本

借方		贷方	
期初余额：	0		
（34）	16000	（38.1）	16000
本期发生额：	16000	本期发生额：	16000
期末余额：	0		

营业外收入

借方		贷方	
		期初余额：	0
（38.2）	10000	（37）	10000
本期发生额：	10000	本期发生额：	10000
		期末余额：	0

营业外支出

借方		贷方	
期初余额：	0		
（36）	5000	（38.1）	5000
本期发生额：	5000	本期发生额：	5000
期末余额：	0		

投资收益

借方		贷方	
		期初余额：	0
（38.2）	25000	（35）	25000
本期发生额：	25000	本期发生额：	25000
		期末余额：	0

所得税费用

借方		贷方	
期初余额：	0		
（39）	8980.65	（40）	8980.65
期末余额：	0		

图3-3　总分类账户（续）

表3-10　试算平衡表

单位：元

项目	期初余额		本期发生额		期末余额	
	借方余额	贷方余额	借方发生额	贷方发生额	借方余额	贷方余额
库存现金	15700.00		136000.00	141650.00	10050.00	
银行存款	2445520.00		1545050.00	1839488.00	2151082.00	
其他应收款	5600.00		3000.00	3000.00	5600.00	
原材料	274000.00		1409000.00	264700.00	1418300.00	
在途物资			1209000.00	1209000.00	0.00	
库存商品	342100.00		398640.00	291647.40	449092.60	
应收票据			102830.00		102830.00	
预付账款	18400.00		12000.00	4000.00	26400.00	

续表

项目	期初余额		本期发生额		期末余额	
	借方余额	贷方余额	借方发生额	贷方发生额	借方余额	贷方余额
固定资产	4000000.00		882000.00		4882000.00	
累计折旧		1952000.00		24000.00		1976000.00
无形资产	1060000.00		30000.00		1090000.00	
生产成本			398640.00	398640.00	0.00	
应收账款	98420.00				98420.00	
短期借款		1029000.00	120000.00	240000.00		1149000.00
应付账款		133440.00	891400.00	881400.00		123440.00
预收账款			20000.00	20000.00		0.00
应付票据				429400.00		429400.00
应交税费		19800.00	170963.00	88190.65		-62972.35
应付利息		32640.00	22000.00	13500.00		24140.00
应付职工薪酬			136000.00	148240.00		12240.00
应付股利		0.00		141644.68		141644.68
其他应付款				2725.00		2725.00
长期借款		1716176.00	470000.00	4000.00		1646176.00
实收资本		2204000.00		1530000.00		3734000.00
资本公积		176540.00				176540.00
盈余公积		708320.00		47214.90		755534.90
本年利润		287824.00	748824.00	461000.00		0.00
利润分配			377719.16	503625.53		125906.37
财务费用			13500.00	13500.00	—	
制造费用			53640.00	53640.00	—	
管理费用			41600.00	41600.00	—	
主营业务收入			406000.00	406000.00		—
主营业务成本			291647.40	291647.40	—	
销售费用			35000.00	35000.00	—	
税金及附加			22330.00	22330.00	—	
其他业务收入			20000.00	20000.00	—	—
其他业务成本			16000.00	16000.00	—	
投资收益			25000.00	25000.00		—
营业外收入			10000.00	10000.00		—
营业外支出			5000.00	5000.00	—	
所得税费用			8980.65	8980.65	—	
合计	8259740.00	8259740.00	10031764.21	10031764.21	10233774.60	10233774.60

练习题

1. 练习货币资金的核算，根据以下经济业务编制会计分录：

（1）将库存现金 50000 元存入银行。

（2）职工陈自立出差借款 2500 元，以库存现金支付。

（3）开现金支票一张，从银行提取现金 46000 元，备发工资。

（4）购材料一批计 60000 元，开转账支票一张，通过银行付款，材料已验收入库。

（5）销售产品一批计 34500 元，收到期限 3 个月的商业汇票一张。

（6）公司向本市某公司购买原材料一批，计 7500 元，增值税（税率 13%）975 元。向银行提交银行本票申请书，取得银行本票一张，金额 8475 元。以银行本票支付原材料的货款和增值税。

2. 练习资金筹集的核算，光大公司 2019 年 12 月发生如下筹资业务，根据这些业务编制会计分录：

（1）12 月 10 日，兴华公司投资 350000 元，存入银行。

（2）12 月 12 日，接受张利投入专利权一项，价值 180000 元。

（3）12 月 15 日，天龙公司投入生产设备一套，价值 5200000 元。

（4）12 月 16 日，向银行借入为期五个月的借款 500000 元供生产周转之需，该款项已划入本公司存款账户。

（5）12 月 20 日，向银行借入为期三年的借款 7500000 元，该款项已划入本公司存款账户。

（6）12 月 25 日，一笔短期借款到期，归还本金 300000 元，利息 56700 元（其中 50000 元以前各期已经计提），以银行存款支付。

（7）12 月 30 日，计提本月短期借款利息 4167 元。

（8）12 月 31 日，归还一笔已到期的长期借款，本金 2000000 元，利息 12000 元（以前月份未计提利息），以银行存款支付。

3. 练习在途物资的核算。光大公司 2019 年 12 月材料采购业务如下，根据这些业务编制会计分录，登记材料采购总账和明细账，计算材料采购成本：

（1）12 月 5 日，向通达公司购买材料，收到的增值税专用发票中列明：采购甲材料 120 吨，单价 1000 元，计 120000 元，增值税额 15600 元；采购乙材料 150 吨，单价 900 元，计 135000 元，增值税额 17550 元。另外，对方代垫运费 2943 元，由甲、乙材料共同负担（按二者重量进行分配）。以上款项用银行存款支付。

（2）12 月 7 日，向红星公司购入甲材料，增值税专用发票中列明：采购甲材料 300 吨，单价 850 元，计 255000 元，增值税额 33150 元，材料已验收入库，款项尚未支付。

（3）12 月 7 日，以库存现金支付上述甲材料装卸费 1060 元、运输费 2180 元。

（4）12 月 12 日，向德信公司购入乙材料，增值税专用发票中列明：采购乙材料 100

吨，单价950元，计95000元，增值税额12350元，材料尚在运输途中，运费等1090元，以上款项均以银行存款支付。

（5）12月15日，归还12月7日所欠红星公司的购料款项。

（6）12月31日，结转月份内均已验收入库甲、乙材料的采购成本。

4. 练习生产过程的核算，光大公司2019年12月生产过程业务如下，根据这些业务编制会计分录，登记生产成本总账和明细账，计算产品成本：

（1）12月5日，车间报销购买办公用品费用500元，以库存现金支付。

（2）12月8日，以银行存款7000元支付广告费。

（3）12月31日，本月材料领用情况为：A产品生产领用甲材料80吨，成本80000元；B产品生产领用乙材料110吨，成本99000元；车间组织管理生产领用乙材料1吨，成本900元，厂部组织管理领用甲材料0.8吨，成本800元。

（4）12月31日，计算应付职工工资180000元。其中，A产品生产工人工资50000元，B产品生产工人工资70000元；车间管理人员工资20000元；厂部管理人员工资30000元；福利人员工资10000元。

（5）12月31日，按上述工资的10%计提职工养老保险。

（6）12月31日，分摊应由本月负担的财产保险费10000元。

（7）12月31日，计提应由本月负担的利息费10000元。

（8）12月31日，计提固定资产折旧4500元。其中，车间固定资产折旧3000元；厂部固定资产折旧1500元。

（9）12月31日，购买生产用设备一台，买价12500元，增值税1625元，运费545元，全部款项以银行存款付清。

（10）12月31日，本月电费消耗情况汇总如下：车间消耗12840元；厂部消耗3100元。以上电费及购电进项增值税额2072.20元用银行存款支付。

（11）12月31日，汇总本月发生的制造费用并按A、B产品生产工人工资比例进行分配。

（12）12月31日，本月生产的A、B产品已全部完工。其中，完工A产品983件，完工B产品750件。结转其完工成本。

5. 练习收入、利润形成及利润分配的核算。中大公司2019年12月有关收入、利润及利润分配业务如下，根据这些经济业务，编制会计分录并登记"本年利润"账户、"利润分配"总账及明细账。

（1）12月6日，销售A、B产品。其中，销售A产品500件，单位售价250元，计125000元，增值税额16250元；销售B产品1000件，单位售价350元，计350000元，增值税额45500元。以上款项均已收存银行。

（2）12月15日，取得投资收益5300元，存入银行。

（3）12月16日，转让材料收入33900（含税价）元，存入银行。该材料账面成本25000元。

（4）12月18日，取得补贴收入12300元。

（5）12月22日，用银行存款支付抗洪捐赠款15000元。

（6）12月22日，将无法支付长城公司的应付款68000元转作营业外收入。

（7）12月31日，结转本月已销A产品500件、B产品1000件的生产成本。A产品单位生产成本157元，B产品单位生产成本269元。

（8）12月31日，有关损益类账户本月发生额如下：

主营业务收入（贷方）：475000元

其他业务收入（贷方）：30000元

投资收益（贷方）：5300元

营业外收入（贷方）：80300元

主营业务成本（借方）：347500元

销售费用（借方）：70000元

税金及附加（借方）：20593.80元

管理费用（借方）：55940元

财务费用（借方）：10500元

其他业务成本（借方）：25000元

营业外支出（借方）：15000元

将上述损益类账户的发生额结转至"本年利润"账户。

（9）12月31日，按利润总额的25%计算应交纳所得税并转账。

（10）12月31日，按税后净利润的10%提取法定盈余公积金、8%提取任意盈余公积、30%计提应付投资者利润（12月初该公司"本年利润"账户贷方余额为5500000元）。

（11）12月31日，进行年终结账，结清"本年利润""利润分配"账户。

复习思考题

1. 货币资金包括哪些内容？

2. 库存现金管理的内容包括哪些方面？

3. 银行结算方式有哪些？

4. 资金筹集渠道有哪些？分别包括什么内容？

5. 材料采购的核算为什么要同时开设"在途物资"和"原材料"两个账户？

6. 产品生产过程的核算内容有哪些？生产成本是如何构成的？

7. "生产成本"账户的核算内容有哪些？其结构是怎样的？

8. 产品销售过程的核算内容有哪些？

9. 主营业务成本的含义是什么？

10. 利润由哪几部分构成？

11. 营业利润是哪些利润和哪些费用抵减的结果？

第四章
会计凭证与会计账簿

会计凭证是用来记载经济业务发生的书面证明，是进行账务处理的基础资料。会计账簿则是以会计凭证为依据来记录经济业务的簿籍。通过本章的学习，要求学习者明确相关会计凭证和会计账簿设置的意义和作用，熟练掌握会计凭证的填制与审核的方法以及会计账簿的登记方法、记账规则和错账更正的方法。

第一节　会计凭证概述

会计凭证包括原始凭证和记账凭证，是进行会计核算的第一手资料，为会计核算提供依据。

一、会计凭证的作用

会计凭证是会计核算中记录经济业务、明确经济责任、按一定格式编制的据以登记账簿的书面证明。

为了保证会计核算资料的真实可靠和明确经济责任，任何一个单位的经济业务，都必须要以证明经济业务发生或完成的书面凭证作为依据。该凭证要由办理该项业务的有关人员填制，并在凭证上签章，对经济业务的真实性负责。在会计核算中会计人员还要对凭证的合法性、合理性进行审核，只有审核合格的会计凭证，才能作为记账的依据。例如，外购一批原材料，已通过转账支票付款。为了如实反映这项经济业务的发生情况，必须从销货单位取得该批原材料的发票，其中应填明销货方名称、购货方名称、原材料的数量、单价、金额等，同时须加盖销货方的有关印章以示责任。另外，支付原材料价款时应填制转账支票，支票中应填写收款人名称、开户行账号、付款人名称、开户行账号、金额、用途，加盖单位财务专用章及其他印章等。将支票的正联送交银行以转账，存根留下作为登记会计凭证的依据。原材料入库时要有检验人员签章的检验合格证、库房保管人员签章的入库单作为原始凭证。

填制和审核会计凭证是会计核算的初始阶段和基本环节，也是会计核算的一种专门方法。做好这一工作，对于保证会计资料的真实性、正确性、合法性，提高会计核算质量，加强财产物资的管理等都具有非常重要的意义。总之，如实地填制和有效地审核会计凭证具有重要作用。

（一）可以对经济业务初步地进行归类记录

企业每天都发生许多经济业务，每一项经济业务都必须由经办人填列在不同的会计凭证上。会计人员可以根据会计凭证，对大量、分散的各种经济业务进行整理、分类、汇总。为了保证会计账簿记录的正确性，会计人员应对会计凭证所记录的经济业务的合理性、合法性及真实性等进行审核。只有审查合格的会计凭证，才是登记账簿的依据。

（二）明确经济责任、强化经济责任制的手段

由于会计凭证载明了经济业务发生的时间及内容，并经有关人员、单位签字盖章。这样可以促使经办人员明确自己的职责，增强其责任感，严格按照有关政策和制度处理经济业务。一旦出现经济纠纷等有关问题，便于检查和分清责任，从而加强经济责任制。

（三）为记账提供可靠的依据

在会计凭证的基础上进行账簿登记，可以分类提供连续、系统的会计信息资料。为了保证会计账簿记录的正确性，会计人员应对会计凭证所记录的经济业务的合理性、合法性及真实性等进行审核。只有审查合格的会计凭证，才是登记账簿的依据。正确无误的会计凭证既为登记账簿提供了依据，同时又对保证账簿记录的真实、可靠和可验证性具有不可替代的作用。

（四）加强会计监督的有效方法

通过对会计凭证的审核，可以检查、监督各项经济业务的合法性，有无违法乱纪行为。还可以检查经济业务的合理性，及时发现经营管理中存在的问题，查明原因，进行整改，以利于提高经济效益。

二、会计凭证的种类

由于经济业务包罗万象，每一项业务都要填制会计凭证，所以会计凭证的格式多种多样，填制的方法也不尽相同。按其用途和填制的程序，可以将会计凭证分为原始凭证和记账凭证两大类。

原始凭证是经济业务发生或完成时取得的，用以记录和证明经济业务发生或完成情况，以明确经济责任、具有法律效力的书面证明。是进行会计核算的原始资料和依据。原始凭证必须能够证明经济业务的发生或完成。例如，原材料的入库单可以作为会计核算的原始凭证，但材料请购单、经济合同就不能再作为会计核算的原始凭证。

记账凭证是以审查合格的原始凭证或原始凭证汇总为依据，用来确定会计分录并直接作为登记账簿依据的会计凭证。由于原始凭证种类多、数量大，因此要在审查原始凭证的基础上，由会计人员对其进行归类整理，确定应借、应贷账户的名称、方向、金额，按要

求的格式和内容编制成为记账凭证，才能据以记账。

第二节　原始凭证

原始凭证是记录经济业务已经发生、执行或完成，用以明确经济责任，作为记账依据的最初的书面证明文件，如出差乘坐的车船票、采购材料的发票、到仓库领料的领料单等，都是原始凭证。

一、原始凭证的基本要素

由于各种经济业务的内容和经济管理的要求不同，每种原始凭证的名称、格式和内容不一样，其填制与审核的具体内容也多种多样。一些通用原始凭证如增值税专用发票、银行结算凭证等，为了便于使用和管理，由有关部门制定了统一的凭证格式。有些原始凭证如企业内部使用的借款单、领料单等，为了满足经营管理的需要，企业自行设计有关内容。作为记录和证明经济业务已经发生或完成情况并明确有关经办人责任的原始证据，任何原始凭证都必须具备一些基本要素。

（一）原始凭证的名称

表明原始凭证所记录业务内容的种类，反映原始凭证的用途。如"借款单""入库单"等。

（二）填制凭证的日期

填制原始凭证的日期一般是业务发生或完成的日期。

（三）凭证的编号

为保证原始凭证的完整性，原始凭证要按顺序连续编号。

（四）填制凭证单位名称或填制人姓名

在原始凭证中填制单位名称和填制人姓名是表明凭证来源的重要手段，也是明确经济责任的重要方式。

（五）经办人员的签名或盖章

经办人员签名盖章是为了通过该项内容明确经济责任。

（六）接受凭证单位的名称

将接受凭证单位与填制凭证单位相联系，可表明经济业务的来龙去脉。

（七）经济业务内容

经济业务内容主要是表明经济业务的项目、名称及有关的附注说明。

（八）数量、单价和金额

主要是对经济业务进行计量，这是原始凭证的核心。

原始凭证除了必须具备以上基本要素外，还可以根据经济活动的特点和经营管理的需要，补充必要的内容。

二、原始凭证的种类

企业运用的原始凭证形式多种多样，种类很多。按照不同的标准可以分为不同类别。

（一）按取得来源地分类

原始凭证按其取得来源地不同，分为外来原始凭证和自制原始凭证。

1. 外来原始凭证

外来原始凭证是同外单位发生经济业务时，从企业外部有关单位或个人取得的原始凭证，如购货时取得的销货发票、付款时取得的收据、银行转来的各种结算凭证等。增值税专用发票格式如下。

5100183130　四川省增值税专用发票　No. 079303

发　票　联

开票日期：

	货物或应税劳务、服务名称	规格型号	单位	数量	单价	金额	税率	税额
购买方 名　　称： 纳税人识别号： 地址、电话： 开户行及账号：	密码区							
合　计								
价税合计（大写）				（小写）				
销售方 名　　称： 纳税人识别号： 地址、电话： 开户行及账号：	备注							

收款人：　　　复核：　　　开票人：　　　销售方：（章）

税总函〔2018〕341号西安印钞有限公司

第一联 记账联 销售方记账凭证

2. 自制原始凭证

自制原始凭证是指由本单位内部经办业务的人员，在办理经济业务时自行填制的原始凭证。如商品、材料入库时填制的入库单；生产领料时填制的领料单等。领料单一般格式如表 4－1 所示。

表 4－1 领料单

领料单位：一车间   凭证编号：0216

用途：制造 A 产品   2019 年 12 月 2 日   发料仓库：3 号库

材料类别	材料编号	材料名称及规格	计量单位	数量		单价	金额
				请领	实发		
型钢	0306	30mm 圆钢	公斤	5000	5000	5	25000

发料主管：   保管员：   领料主管：   领料人：

（二）按填制手续的次数分类

原始凭证按填制手续的次数不同，分为一次凭证、累计凭证和汇总凭证。

1. 一次凭证

一次凭证是指经济业务发生或完成后，一次填制完毕，记载一项或若干项同类经济业务的原始凭证。外来凭证都是一次凭证，自制凭证中，绝大多数也是一次凭证，如现金收据、收料单、领料单等都是一次凭证。

2. 累计凭证

累计凭证是指在一定时期内，连续多次记载若干项不断重复发生的同类经济业务的原始凭证。这种凭证填制手续不是一次完成的，是把经常发生的同类业务连续登记在一张凭证上，可以随时计算发生额累计数，便于同计划、定额、预算数比较，起到控制费用定额、节约支出的作用。还可以简化核算手续，减少凭证数量，是企业进行计划管理、现代化管理的手段之一。如规定有消耗定额的限额领料单、车间经费或企业管理费的费用手册等都是累计凭证。因这种凭证要反复使用，必须严格凭证的保管制度和使用手续。限额领料单的一般格式见表 4－2。

表 4－2 限额领料单

领料部门：   No. 023

用途：生产 B 产品   2019 年 12 月   发料仓库：3 号库

材料类别	材料编号	材料名称规格	计量单位	单价	领用限额	全月实领	
						数量	金额
型钢	0306	30mm 圆钢	公斤	5	8000	8000	40000

日期	领 用			退 料			限额结余 数 量
	数量	领料人	发料人	数量	退料人	收料人	
2	1000	张为	陈勇				7000
6	3000	张为	陈勇				4000
15	3000	张为	陈勇				1000
20	1000	张为	陈勇				0

供应部门负责人：　　　　　　　生产计划部门负责人：　　　　　　　仓库负责人：

3. 汇总原始凭证

汇总原始凭证是在实际工作中，为了集中反映某项经济业务的总体情况，简化凭证填制工作，根据一定时期许多项同类经济业务的原始凭证汇总起来而填制的原始凭证。如材料耗用汇总表（见表3-6）、工资结算汇总表等都属于汇总原始凭证。

汇总原始凭证能够使核算资料更为系统化、条理化，能够直接为企业管理提供某些综合指标。汇总原始凭证所汇总的内容，只能是同类经济业务，即：将反映同类经济业务的各原始凭证汇总编制一张汇总原始凭证，不能汇总两类或两类以上的经济业务。

三、原始凭证的填制

原始凭证的填制应当遵循一定的规则，符合特定的要求。

(一) 原始凭证的填制依据

填制原始凭证要由填制人员将各项原始凭证要素按规定方法填写齐全，办妥签单手续，明确经济责任。

原始凭证的填制有三种形式：一是根据实际发生或完成的经济业务，由经办人员直接填列，如"入库单""出库单"等；二是根据若干反映同类经济业务的原始凭证汇总填列的汇总原始凭证；三是根据已经入账的有关经济业务，由会计人员利用账簿资料进行加工整理填列，如制造费用分配表。

(二) 原始凭证的填制要求

为了保证原始凭证能够正确、及时、清晰地反映各项经济业务的真实情况，原始凭证的填制，必须符合下列要求：

1. 记录真实

所谓真实，就是要严肃认真地、实事求是地记录各项经济业务的真实情况，原始凭证上填制的日期、业务内容、数量、金额等必须真实可靠，绝不允许弄虚作假，也不得匡算或估计填列。

2. 内容完整

按照规定的格式和内容，逐项填写齐全，不得遗漏或省略，有关经办人员均应签章，以明确经济责任。

3. 书写规范

原始凭证上的文字和数字必须填写规范。属于套写的凭证，一定要写透，不要上面清楚，下面模糊。单页凭证，要用钢笔书写。对阿拉伯数字，要逐个写清楚，不得连笔书写，在数字前面应填写人民币符号"￥"，大小写金额要符合规则，正确填写。大写金额数字应一律用壹、贰、叁、肆、伍、陆、柒、捌、玖、拾、佰、千、万、亿、元、角、分、零、整等不易涂改的字样，不得任意自造简化字，大写金额数字到元或角为止的，在"元"或"角"字之后应写"整"字。大写金额数字有分的，分字后面不写整字。阿拉伯数字中间有"0"时，汉字大写金额要求写"零"字。阿拉伯数字中间连续有几个"0"时，汉字大写金额中可以只写一个零字。大小写金额应相符。各种凭证必须连续编号，以便查证。如果预先印定编号，在写坏作废时，应加盖"作废"戳记，全部保存，不得撕毁。

4. 责任明确

经办业务的单位和个人，一定要认真填写、审查原始凭证，确认无误后，要在原始凭证上指定位置签名或盖章，以便明确责任。

5. 填错必须按规定更正

对填错的原始凭证，必须按规定方法进行更正，不得随意涂改、刮擦、挖补。按规定可采用划线更正法，即在错误的文字、数字居中位置画一红线以示注销，然后在文字、数字上方空白处书写正确的文字、数字并加盖经手人印章，以便明确责任。但提交银行的各种结算凭证一律不得更改，如果填写错误，应加盖"作废"戳记并妥善保管，不得撕毁。

6. 填制及时

原始凭证应在经济业务发生时及时填制，不得拖延。

四、原始凭证的审核

为了正确反映和监督各项经济业务，保证原始凭证的合法性、合理性、完整性和正确性，维护财经纪律，对原始凭证必须严格审核。

（一）审核原始凭证的合法性

就是审查原始凭证所反映的经济业务是否符合国家有关方针政策、法令、制度的规定，有无违反财经纪律，不按制度、手续、计划办理的事项。对于弄虚作假、涂改或经济业务不真实、不合法的原始凭证，有权不予接受，并向单位负责人报告。

（二）审核原始凭证的合理性

就是审查原始凭证所反映的经济业务是否符合计划、预算的要求，有无扩大成本、费用开支范围的情况；有无不讲经济效果、铺张浪费的行为。

（三）审核原始凭证的完整性

即原始凭证的基本要素是否正确、完整、清晰。主要审核原始凭证的手续是否完备；应填写的项目是否填写齐全；有关经办人员是否都已签章，是否经过主管人员审批同意等。对记载不准确、不完整的原始凭证予以退回，并要求按会计制度的规定更正、补充。

（四）审核原始凭证的正确性

例如，文字和数字是否填写清楚、金额计算有无差错、大小写金额是否一致。

总之，原始凭证的审核是一项细致的、十分严肃的工作，也是政策性很强的工作，它往往涉及能否正确处理国家、企业、个人之间的经济关系，有时还涉及有关人员的个人利益问题。财会工作中的许多矛盾，往往在审核原始凭证中暴露出来，会计人员审核原始凭证，必须熟悉各项经济业务的有关政策、法令、规章制度和计划、预算的规定，全面了解本单位业务经营情况，才能发现问题，发挥会计监督作用。

第三节 记账凭证

记账凭证是会计人员根据审核无误的原始凭证或汇总原始凭证，用来确定经济业务应借、应贷的会计科目和金额而填制的，作为登记账簿直接依据的会计凭证。在前面的章节中曾指出，在登记账簿之前，应按实际发生经济业务的内容编制会计分录，然后据以登记账簿。在实际工作中，会计分录是通过填制记账凭证来完成的。

一、记账凭证的基本要素

各单位可以依据自己经营业务的特点，设计、使用不同格式的记账凭证。但出于确定会计分录，据此过账的目的，所有记账凭证都必须具备以下基本要素：①记账凭证名称。②填制单位名称。③填制记账凭证的日期和编号。④经济业务内容摘要。⑤应借、应贷账户的名称和金额（包括总分类账户和明细账户名称）。⑥所附原始凭证张数。⑦过账备注。⑧有关主管和经办人员签章。

二、记账凭证的种类与填制方法

在实际工作中，编制会计分录是通过记账凭证来实现的。在借贷记账法下，经常使用的记账凭证有专用记账凭证和通用记账凭证。

（一）专用记账凭证

对于货币资金收付款业务比较频繁的企业，可按经济业务与货币资金收付的关系，将记账凭证分为收款凭证、付款凭证和转账凭证。格式如表4-3、表4-4、表4-5所示。

表4-3　收款凭证

应借科目：银行存款　　　　　　　2019 年 12 月 5 日　　　　　　　银收字第 02 号

摘要	应贷科目		√	√	金　额									
	一级	二级或明细			千	百	十	万	千	百	十	元	角	分
收回东方公司欠款	应收账款	东方公司						5	0	0	0	0	0	0
合　计								5	0	0	0	0	0	0

会计主管：××　　　　记账：××　　　　稽查：××　　　　出纳：××　　　　填制：××

附件 2 张

表4-4　付款凭证

应贷科目：库存现金　　　　　　　2019 年 12 月 8 日　　　　　　　付字第 05 号

摘要	应借科目		√	√	金　额									
	一级	二级或明细			千	百	十	万	千	百	十	元	角	分
陈勇出差借款	其他应收款	陈勇							3	0	0	0	0	0
合　计									3	0	0	0	0	0

会计主管：××　　　　记账：××　　　　稽查：××　　　　出纳：××　　　　填制：××

附件 1 张

表 4-5 转账凭证

2019 年 12 月 3 日　　　　　　　　　　　　　　　转字第 02 号

摘要	一级科目	二级或明细	借 方 金 额										贷 方 金 额										√
			千	百	十	万	千	百	十	元	角	分	千	百	十	万	千	百	十	元	角	分	
生产A产品领用甲材料	生产成本	A产品				1	0	0	0	0	0	0											附件1张
	原材料	甲材料														1	0	0	0	0	0	0	
合　计						1	0	0	0	0	0	0				1	0	0	0	0	0	0	

会计主管：××　　　记账：××　　　稽查：××　　　出纳：××　　　填制：××

1. 收款凭证

收款凭证是指反映库存现金、银行存款收入业务的记账凭证。具体可分为库存现金收款凭证和银行存款收款凭证。

收款凭证是将借方科目如"库存现金"或"银行存款"填列在凭证的左上方，摘要栏填列经济业务的简要说明。贷方科目应填列与上述"库存现金""银行存款"科目相对应的一级科目和所属明细科目。金额栏应填明该项库存现金或银行存款的收入金额。账页栏是指记入总账或明细账页次，可以注上"√"的符号，表示已登记入账。附件张数，填列记录该项记账凭证所附原始凭证张数。

2. 付款凭证

付款凭证是指反映库存现金、银行存款付出业务的记账凭证。具体可分为现金付款凭证和银行存款付款凭证。其填制方法与收款凭证基本相同，只是在凭证的左上角应填列贷方账户名称，如"库存现金"或"银行存款"科目。在借方科目栏内，填列与上述"库存现金""银行存款"科目相对应的会计科目。

对于库存现金和银行存款之间的相互划转业务，为避免重复，只填付款凭证，不填收款凭证。如库存现金存入银行，只填库存现金付款凭证，记账时根据现金付款凭证分别记入现金日记账的付出栏和银行存款日记账的收入栏。同样，从银行提取现金，只填银行存款付款凭证，记账时根据银行存款付款凭证，分别记入银行存款日记账的付出栏和库存现金日记账的收入栏。

3. 转账凭证

转账凭证是指反映与库存现金，银行存款收、付无关的经济业务（转账业务）的记账凭证。转账凭证的会计科目栏，应分别填列应借、应贷的一级科目和所属二级或明细科目，借、贷方科目应记金额，分别填列在借、贷方金额栏，借方金额栏合计数与贷方金额栏合计数应相等。

（二）通用记账凭证

通用记账凭证指适用于所有类别经济业务的记账凭证。在有些小型企业中，为了减少凭证种类，常采用通用记账凭证。通用记账凭证格式与转账凭证相同，如表 4-6 所示。收款、付款、转账业务均使用同一种格式的记账凭证。

表 4-6　通用记账凭证

2019 年 12 月 3 日　　　　　　　　　　　　　　　　转字第 02 号

摘要	一级科目	二级或明细	借　方　金　额									贷　方　金　额									√
			千	百	十	万	千	百	十	元	角	分	千	百	十	万	千	百	十	元	角	分	
生产A产品领用甲材料	生产成本	A产品			1	0	0	0	0	0	0											附件1张
	原材料	甲材料													1	0	0	0	0	0	0	0	
合　计					1	0	0	0	0	0	0					1	0	0	0	0	0	0	

会计主管：××　　　记账：××　　　　稽查：××　　　　出纳：××　　　　填制：××

以上各种记账凭证可以按每一张原始凭证编制一张记账凭证，也可根据许多张同类业务的原始凭证汇总编制一张记账凭证。

关于记账凭证的日期，填写日期一般是会计人员填制记账凭证的当天日期，也可根据管理需要，填写经济业务发生的日期或月末日期。如报销差旅费的记账凭证，填写报销当日的日期，现金收、付款记账凭证，填写办理收、付现金的日期。银行收款业务的记账凭证，一般按财会部门收到银行进账单或银行回执的戳记日期填写；当实际收到的进账单的日期与银行戳记的日期相隔较远，或当日收到上月的银行收款凭证，则按财会部门实际办理转账业务的日期填写，银行付款业务的记账凭证，一般以财会部门开出的银行付款单据日期或承付日期填写，属于计提和分配费用等转账业务的，应以当月最后日期填写。

关于记账凭证的编号，要根据不同情况采用不同的编号方法，如果企业的各种经济业务的记账凭证，采用统一的一种格式（通用凭证），凭证的编号可采用顺序编号法，即按月统一编顺序号。如果是按照经济业务的内容加以分类，采用收款、付款、转账三种格式的记账凭证，则采用字号编号法，即将不同类型的记账凭证，用字号加以区别，如收款凭证为收字号，付款凭证为付字号，转账凭证为转字号。也可按现金收入、现金付出、银行存款收入、银行存款付出、转账五种格式的记账凭证，分别编现收字×号、现付字×号、银收字×号、银付字×号、转字×号。以上每种凭证分别按字号编顺序号，再统一按经济业务发生次序按月统一编总字号。如果一笔经济业务填制多张记账凭证应采用分数编号法，如企业某月某日发生第十二笔转账业务，需要填制三张记账凭证，则这三张记账凭证的编号分别为：转字第 $12\frac{1}{3}$ 号（第一张凭证）、转字第 $12\frac{2}{3}$ 号（第二张凭证）、转字第 $12\frac{3}{3}$ 号（第三张凭证）。

会计实务中，为了简化登记分类账的手续，可以把反映同类经济业务或多类经济业务的记账凭证汇总编制成汇总记账凭证或科目汇总表。这些也属于记账凭证的范畴。

三、记账凭证填制的要求

记账凭证作为登记账簿的直接依据，其填制必须有根据，以保证账簿记录的真实、正确。记账凭证，可以根据每项经济业务编制，即根据每一张原始凭证直接编制。例如，根据现金收款业务的原始凭证编制的现金收款凭证，也可以根据若干项同类经济业务编制，即根据同类原始凭证汇总编制。例如，根据发出材料汇总表编制的转账凭证，还可以根据原始凭证汇总表填制。记账凭证，除严格以原始凭证为依据填制外，还应注意以下填制要求：

（一）凭证摘要简明

记账凭证的摘要栏要用简练、明确的语句概括经济业务内容的要点，这主要是为了便于查阅凭证和登记账簿。

（二）业务记录明确

不能把不同类型的经济业务合并填制在一张记账凭证上，这主要是为了明确经济业务的来龙去脉和科目对应关系。

（三）科目运用准确

必须按规定的会计科目及其核算内容，正确编制会计分录，确保科目的准确运用。

（四）附件数量完整

记账凭证所附的原始凭证必须完整无缺，并在记账凭证上注明原始凭证的张数，以便核对摘要及所编会计分录是否准确无误。对于同一张原始凭证需填制两张记账凭证的（如采用单式记账凭证格式），可以把原始凭证附在一张主要的记账凭证之后，并在未附原始凭证的记账凭证上注明附有原始凭证的记账凭证的编号或附原始凭证复印件，以便查阅。如果一张原始凭证所列支出需要几个单位共同负担的，应将其他单位负担的部分，开给对方原始凭证分割单，进行结算。对于结账和更正错账的记账凭证，可以不附原始凭证。

（五）填写内容齐全

记账凭证中的各项内容必须填写齐全，并按规定程序办理签章手续，不得简化。记账凭证填制完业务后，如有空白，应自最后一笔金额数字下的空白处画线注销。

（六）凭证顺序编号

记账凭证应按业务发生顺序按不同种类的记账凭证按月连续编号，即每月从 1 号编起。若一笔经济业务需填制多张记账凭证的，可以采用分数编号法编号，如 1/2、2/2。

（七）凭证改错方法

若记账之前发现记账凭证有错误，应予重新编制正确的记账凭证，并将错误凭证作废或撕毁。已经登记入账的记账凭证若发现错误，按本章第四节中"账簿的更正方法"修正。

四、记账凭证的审核

记账凭证是登记账簿的直接依据，为了确保账簿记录的准确，监督款项收付，全面提供会计信息，必须严格按照要求填制记账凭证，同时要由专人对已经填制的记账凭证严格审核。只有经审核无误后的记账凭证，才能作为记账的依据。记账凭证的审核主要包括以下三项内容：

（一）审核记账凭证的合规性

根据现行的会计制度及会计准则的规定，审核记账凭证有无合法的原始凭证作为依据，所附原始凭证的张数及其内容是否与记账凭证一致；审核会计分录的编制是否合规、合法，核算内容是否符合会计制度和会计方法的要求。

（二）审核记账凭证的完整性

根据记账凭证的要素，逐项审核记账凭证的各项目是否按规定填写齐全，有关人员签章手续是否完备。

（三）审核记账凭证的正确性

根据记账凭证的填制要求，审核记账凭证的摘要；应借、应贷会计科目是否规范；科目对应关系是否清晰、完整，金额计算是否正确；数字大小写书写是否规范；有无涂改、伪造记账凭证现象。只有经过审核无误的记账凭证，才能作为登记账簿的依据。

五、会计凭证的传递和保管

会计凭证是企业重要的原始资料，从它的取得开始就必须保证其完整性，以用于随时查看比对。这一工作涉及会计凭证的传递和保管两个过程。

（一）会计凭证的传递

会计凭证的传递，是指会计凭证从填制、审核、整理、记账、装订到归档保管为止，在本单位内部各有关部门和人员之间按照规定的时间和路线进行传递的程序。

会计凭证的传递是由经济业务的连续性决定的，一个企业的某些经济业务，往往要由各个业务部门分工完成，因此会计凭证也要随着经济业务的进程在各有关部门或人员之间传递。会计凭证的传递程序在有关部门的停留时间，是由办理经济业务手续所需的时间决定的。不同经济业务，其凭证的传递程序和传递时间也不相同，凭证传递既要保证有关部门能对经济业务进行审核和处理，又要尽可能减少传递中的不必要环节和手续。总之，应在调查研究的基础上，会同有关部门共同制定、贯彻实行会计凭证的传递程序。具体内容应包括：

1. 会计凭证的传递路线

合理的会计凭证的传递路线，可以使有关部门和人员能了解经济业务的情况，及时办理凭证手续。还要避免凭证传递经过不必要的环节，以提高工作效率。合理的会计凭证的传递路线，还有利于分工协作，在有关部门和人员之间形成相互牵制、相互监督的关系，对加强经济责任制有促进作用。

2. 会计凭证的传递时间

根据会计凭证的传递程序，规定凭证在每个环节上的停留时间。在不影响会计工作质量的前提下，尽量节约凭证传递时间，切忌拖延和积压会计凭证。

3. 会计凭证的传递交接手续

会计凭证在有关部门和人员之间进行传递，就需要办理凭证交接手续。应制定严密的凭证交接手续，即凭证的签收、交接制度。这样一方面有利于加强岗位责任制，另一方面便于保证会计凭证的安全、完整。

科学地组织会计凭证的传递，使会计凭证沿最短的途径，以最快的速度流转，以提高工作效率，节约人力、物力、财力消耗，提高会计核算质量。

（二）会计凭证的整理和保管

会计凭证是单位重要的经济资料，在根据记账凭证登记账簿以后，会计部门要定期对会计凭证进行归类整理。会计凭证是重要的会计核算资料，会计凭证登记完毕后，会计部门应按其类别和顺序编号加以妥善保管，不得散乱丢失，并根据档案管理的规定、要求，定期立卷归档，以便日后查阅。

记账凭证应当连同所附的原始凭证或者原始凭证汇总表，按照编号顺序，折叠整理，按期装订成册，并加具封面，注明单位名称、年度、月份和起止日期、凭证种类、起止号码，由装订人在装订线封签处签名或盖章。会计凭证封面的格式如表4-7所示。

表4-7　会计凭证档案封面

| 单位名称 |
| 凭证名称 |
| 年　　月　　共　　　册　　　　本册为第　　册
本册起止号码：自　　号至　　　号
本册起止日期：自　　月　　日起至　　月　　日止 |

会计主管：（签字）　　　　　　　　会计：（签字）　　　　　　　　装订：（签字）

各种经济合同、存出保证金收据以及涉外文件等重要原始凭证，应当另编目录，单独登记保管，并在有关的记账凭证和原始凭证上相互注明日期和编号。

装订成册的会计凭证，应由指定的专人负责保管。年度终了，应移交档案室登记归档，并严格调阅制度。需要查阅归档的会计凭证，需经会计主管人员同意后才可查阅。原始凭证不得外借，其他单位如因特殊原因需要使用原始凭证时，经本单位会计机构负责人、会计主管人员批准，可以复制。向外单位提供的原始凭证复制件，应在专设的登记簿上登记，并由提供人员和收取人员共同签名或盖章。

会计凭证的保管期限和销毁手续，必须严格执行会计制度的有关规定。对一般凭证分别规定保管年限，对重要的凭证，则规定永久保管。未到规定保管期限的凭证，任何人不能随意销毁。对于保管期满要销毁的会计凭证，需开列清单，经本单位领导审核，报经上级主管部门批准后，才可销毁。销毁时，需开列清单，报经批准后由财会部门和档案部门会同销毁，并在销毁清单上签章。

第四节　会计账簿

一、会计账簿概述

会计账簿是指以会计凭证为依据，在具有专门格式的账页中全面、连续、系统、综合地记录经济业务的簿籍。它从会计凭证中获取数据并对其进行归纳整合，形成系统全面的会计信息，为编制会计报表、进行会计分析提供主要依据。

会计账簿可以按不同的标准分为不同的类型，但每类账簿都具备一些基本要素，这些账簿和要素相结合就能发挥出重要作用。

（一）会计账簿的作用

在会计核算中，可以通过填制和审核会计凭证，反映与监督经济业务。但只能反映某项经济业务发生的情况及该业务引起的有关账户的增减变动金额，不能把某一时期的全部经济活动全面、连续、系统、综合地反映出来。只有通过账簿的登记，才能把分散在会计凭证上的经济业务发生及完成情况的核算资料进行归类整理并相互联系地全面登记，从而提供全面、连续、系统、综合的核算资料。因此，会计账簿的作用在于：

1. 为经营管理提供全面、连续、系统的会计信息

提供会计信息是会计账簿的主要功能。通过不同账簿的记录，既能全面、系统地提供关于资金、成本、利润及其他类别经济业务的综合会计信息，又能具体、详尽地提供某项经济业务的个别会计信息。根据账簿提供的会计信息，反映经济业务、监督生产经营活动，检查财务计划执行情况。

2. 保护企业财产的安全、完整

通过设置涉及企业诸如库存现金、银行存款、原材料、在产品、产成品、固定资产等财产的账簿，记录其增减结存变化，确定企业在一定时点时拥有财产的数量，定期清查盘点，确定财产的实有数量，并将账存数与实存数相互核对，检查账实是否相符。如账实不符，应查明原因并及时进行相应处理，以保护企业财产的安全和完整。

3. 便于考核成本、费用和利润计划的完成情况

制定成本、费用和利润的计划、目标是企业管理的一个重要方面。必须借助账簿提供的成本费用、利润的实际发生数与计划、目标进行比较，才能考核出计划目标的完成情况，从而总结经验、教训，挖掘降低成本费用的潜力，实现利润最大化。

4. 为编制会计报表和进行会计检查提供依据

会计报表的编制一般以账簿记录为依据，为总结一定时期的经济活动，企业必须定期结束账簿记录，并进行账簿试算平衡，通过账簿与账簿、账簿与实物的核对，保证账账相符、账实相符。经核对无误的会计账簿记录是编制会计报表和进行会计检查的依据。

（二）会计账簿的种类

会计账簿形式多样。为满足经济业务对登记会计账簿不同要求的需要，一般对会计账簿按其用途、外表形式等标准进行分类。

1. 会计账簿按用途分类

会计账簿按用途的不同，分为序时账簿、分类账簿和备查账簿。

（1）序时账簿。又称日记账，它是按照经济业务发生的时间先后顺序，逐日、逐笔连续进行登记的账簿。日记账又分为普通日记账与特种日记账。普通日记账是用来登记全部经济业务发生情况的日记账。特种日记账是用来记录某一类经济业务发生情况的日记账，如"银行存款日记账""库存现金日记账"。普通日记账是否需要设置，各单位可根据自己业务的特点和管理要求而定；特种日记账中的"银行存款日记账""库存现金日记账"，各单位都要设置，以便加强货币资金的核算和管理。其他各项目一般不再设置特种

日记账。

（2）分类账簿。它是区别不同账户分类登记经济业务的账簿。按账户分类的详细程度，又可分为总分类账簿和明细分类账簿。总分类账簿，又称总账，是根据总分类账户开设，用以记录全部经济业务总括核算资料的分类账簿。明细分类账簿，又称明细账，是根据明细分类账户开设，用以记录某一类经济业务明细核算资料的分类账簿。

（3）备查账簿。又称辅助账簿，是对某些不能在日记账和分类账中记录的经济事项或记录不全的经济业务进行补充登记的账簿。如以经营租赁方式租入的固定资产的登记簿、商业汇票登记簿等。各单位根据实际需要自行设计格式开设此账簿。

2. 会计账簿按外表形式分类

会计账簿按外表形式分为订本式账簿、活页式账簿和卡片式账簿。

（1）订本式账簿。又称订本账，是在账簿使用之前，就把按顺序编号的若干账页装订在一起的账簿。订本式账簿可以有效防止账页散失或抽换账页，有利于保证账簿记录的安全和完整。由于账页序号和总数已经固定，不能增减，所以，开设账户时，必须为每一账户合理预留账页，避免造成浪费。使用订本式账簿也不便于会计人员的分工负责，一般只适用于总分类账簿和银行存款日记账、库存现金日记账。

（2）活页式账簿。又称活页账，是把若干张零散的、具有专门格式的账页，根据业务需要，自行组合装订而成的账簿。采用活页式账簿，可以根据实际需要，随时将空白账页加入或取出账簿，避免了账页的浪费，同时又有利于分工记账，提高记账工作效率。但是，活页账簿中的账页容易散失和抽换，不利于账簿资料的安全、完整。所以，空白账页在使用时必须顺序编号并由有关人员在账页上签章并装订在账夹内，在更换新账以后，要装订成册，妥善保管。活页式账簿主要适用于各种明细账簿。

（3）卡片式账簿。又称卡片账，是利用卡片进行登记的账簿。采用卡片账登记账簿时，必须顺序编号并装置在卡片箱内，由专人保管。卡片账的优缺点与活页账基本相同，适用于财产物资的实物登记，可以跨年度使用，如固定资产明细账。

（三）会计账簿的基本要素

各种账簿所记录的经济内容不同，账簿的格式又多种多样，不同账簿格式所包括的基本内容也不尽一致，但各种账簿应具备一些基本要素，主要包括以下内容。

1. 封面

主要标明各种账簿的名称和记账单位的名称。如总分类账、库存现金日记账、银行存款日记账、原材料明细账等。

2. 扉页

主要填列账簿启用的日期和截止日期、页数、册次、经管账簿人员一览表和签章，会计主管人员签章，账户目录，等等。

3. 账页

账页是账簿的主要内容，虽然账页格式多种多样，但一般应包括以下几个方面：①账户名称（总分类账户、二级或明细分类账户名称）；②登账日期栏；③凭证种类和号数栏；④摘要栏；⑤金额栏（记录经济业务的增减变动）；⑥总页次和分户页次。

二、日记账

日记账是按照经济业务的发生或完成时间的先后顺序逐日逐笔登记的账簿。设置日记账的目的是为了将经济业务按时间顺序清晰地反映在账簿记录中。其中，用来记录全部经济业务的日记账称为普通日记账；用来记录某一类型经济业务的日记账称为特种日记账，如库存现金日记账、银行存款日记账。

（一）库存现金日记账的设置和登记

库存现金日记账是逐日、逐笔记录库存现金收入、支出、结余情况的日记账，通常由出纳人员经管，根据审核无误的库存现金收付款凭证逐日、逐笔按顺序登记。库存现金日记账的格式一般采用"借方""贷方""余额"三栏式订本账。具体格式如表4-8所示。

表4-8 库存现金日记账

第×页

2019年		凭证		摘要	对方科目	借方	贷方	余额
月	日	字	号					
9	1			期初余额				8000
	2	银付	2	从银行提现	银行存款	5000		13000
	3	现付	1	王军出差借款	其他应收款		3000	10000
	5	现付	2	购办公用品	管理费用		2000	8000
	6	银付	10	从银行提现	银行存款	6000		14000
~~	~~~	~~~	~~~	~~~	~~~	~~~	~~~	~~~
	30			本月合计		220000	210000	18000

注：波浪线表示省略，下同。

三栏式库存现金日记账的登记方法是：根据库存现金收款记账凭证、付款记账凭证逐日、逐笔登记在"借方"和"贷方"栏，并逐笔结出余额；对于从银行提取现金的业务，由于只填制了付款凭证，因此在登记现金收入时，就以银行存款付款凭证进行登记。为了反映每笔业务的来龙去脉，应把现金收入、付出时的对应科目登记在"对方科目"栏中。每日末了，应将库存现金日记账的账面余额与库存现金数进行核对，检查是否相符。

三栏式库存现金日记账的优点是：序时地反映了每笔现金的收入、支出及结余情况，而且清晰地反映了每笔收入、支出业务的来龙去脉。由于其登记方法简单，三栏式库存现金日记账被广泛采用。

（二）银行存款日记账的设置和登记

银行存款日记账与库存现金日记账的格式基本相同。一般也采用"借方""贷方""余额"三栏式订本账。银行存款日记账通常也由出纳人员经管，根据审核无误的银行存款收、付款凭证逐日、逐笔按顺序登记。具体格式如表4－9所示。

表4－9 银行存款日记账

第×页

2019年		凭证		摘要	结算凭证		对方科目	借方	贷方	余额
月	日	字	号		种类	号数				
9	1			期初余额	略	略				820000 ·
	2	银收	1	收回应收账款			应收账款	150000		970000 ·
	3	银付	1	付材料款			原材料		130000	840000 ·
	5	银付	2	从银行提现			库存现金		5000	835000 ·
	6	银付	3	付前欠货款			应付账款		100000	735000 ·
				本月合计				1320000	1280000	860000 ·

三栏式银行存款日记账登记方法：根据银行存款收款凭证、付款凭证逐日、逐笔登记"借方""贷方"栏，并逐笔结出余额；对于将库存现金存入银行的业务，由于只填制了现金付款凭证，因此，登记银行存款收入时，应根据现金付款凭证进行登记。为了反映银行存款收支的来龙去脉，应将银行存款收入、支出时的对应科目记入"对方科目"栏中。银行存款日记账余额应定期与银行送来的对账单进行核对，以检查银行存款日记账登记的正确性及完整性。

三栏式日记账的优点：序时地反映了每笔现金或银行存款的收入、支出及结余情况，而且清晰地反映了每笔收入、支出业务的来龙去脉。由于其登记方法简单，三栏式日记账被广泛采用。但是由于只设了一个"对方科目"栏而没有给每个对应科目设专栏，所以不能反映经济业务的全部情况，不便于总账的登记。

为了更清晰地反映账户的对应关系，还可以在上述日记账中，在借方、贷方两栏下，按借方和贷方的对方科目设专栏，形成多栏式日记账。登记多栏式日记账，应按借方、贷方的对应科目分栏登记，月末结账时，分栏加计发生额。对全月银行存款（或库存现金）的收入来源，付出去向，一目了然，可以给分析经济活动和财务收支提供更详细的资料。但是，如果"库存现金"和"银行存款"账户的对应科目过多，账页会很大，给登记造成一定困难。多栏式日记账适用于库存现金或银行存款收付业务比较频繁的单位。多栏式日记账格式如表4－10所示。

表 4-10　银行存款日记账

第×页

2019年		凭证		摘要	结算凭证		贷方科目			银行存款收入合计	借方科目			银行存款支出合计	结余
月	日	字	号		种类	号数	主营业务收入	应收账款	库存现金		材料采购	库存现金	营业费用		
3	1			期初余额											450000
	2	银收	1	收回应收账款	略	略		50000		50000					500000
	3	银付	1	付材料款							100000			100000	400000
	5	银付	2	从银行提现								80000		80000	320000
	6	银收	2	销售产品收入			250000			250000					570000
				本月合计			800000	130000	5000	935000	600000	20000	15000	635000	750000

三、分类账

分类账是根据会计凭证或日记账，分别登记各个账户经济业务的账簿。按总分类账户登记的账簿，称为"总账分类账"；按明细分类账户登记的账簿，称为"明细分类账"。

（一）总分类账的设置和登记

总分类账是按照总分类账户分类登记全部经济业务的账簿。在总分类账中，应按照会计科目编号顺序分设账户，并为每个账户预留若干账页。由于总分类账能够全面、总括地反映经济活动情况，并为编制会计报表提供资料，因而任何单位都要设置总分类账。总分类账只要求提供金额指标，一般采用"借方""贷方""余额"三栏式订本账。其格式如表 4-11 所示。

表 4-11　总分类账

会计科目：库存现金

2019年		凭证		摘要	借方	贷方	借或贷	余额
月	日	字	号					
7	1			期初余额			借	8000
	2	银付	2	从银行提现	5000		借	13000
	3	现付	1	王军出差借款		3000	借	10000
	5	现付	2	购办公用品		2000	借	8000
	6	银付	10	从银行提现	6000		借	14000
	30			本月合计	220000	210000	借	18000

总分类账可以根据各种记账凭证逐笔登记，也可以把各种记账凭证先汇总编制科目汇总表，再据此登记总分类账。

（二）明细分类账的设置和登记

明细分类账簿亦称明细账，它是根据总分类账户所属明细分类账户开设账页进行明细分类登记的一种账簿。明细分类账对总分类账起补充说明作用，能为经营管理提供某方面的详细核算资料，是会计账簿体系中不可缺少的一部分。明细账是根据各单位经营管理的需要而设置的，一般来说，企业对重要的财产、物资、债权、债务、费用成本、收入成果等都应设置明细分类账，进行明细分类核算。

由于经济业务各式各样，各种明细账所登记的具体内容又不尽相同，所以明细账格式的设计也不一样。常用的明细账格式主要有以下几种：

1. 金额三栏式明细账

金额三栏式明细账的格式与总账的格式基本相同。它适于只要求对经济业务的金额进行核算，不需要提供数量变化情况的明细账，如应收账款、应付账款、其他应收款、其他应付款、预收账款、预付账款等就适合金额三栏式明细账。金额三栏式明细账的格式如表4-12所示。

表4-12 应收账款明细分类账

明细科目：新华公司

2019 年		凭证		摘要	借方	贷方	借或贷	余额
月	日	字	号					
6	1			期初余额			借	95000
	2	转	1	销售商品未收款	50000		借	145000
	19	银收	10	收到前欠货款		100000	借	45000
	30			本月合计	50000	100000	借	45000

金额三栏式明细账的登记方法：根据有关记账凭证逐笔进行借方、贷方金额的登记，然后结出余额。如为借方余额，在"借或贷"栏目中填写"借"字；如为贷方余额，在"借或贷"栏目中填写"贷"字。

2. 数量金额式明细账

适用于同时核算金额和数量的原材料、库存商品等财产物资明细账，其格式如表4-13所示。

数量金额式明细账的登记方法是：根据财产物资收入、发出的原始凭证或原始凭证汇总表分别进行"收入"栏、"发出"栏的登记。如根据原材料的"收料单"原始凭证可以登记原材料明细账的"收入"栏，根据"发料单"可以登记"发出"栏；而后计算出"结存"栏的数量、单价、金额。

表 4 - 13　原材料明细账

2019 年		凭证		摘要	收入			发出			结存		
月	日	字	号		数量	单价	金额	数量	单价	金额	数量	单价	金额
7	1			期初余额							200	40	8000
	2	转	1	采购材料入库	1000	40	40000				1200	40	48000
	3	转	2	生产领用				500	40	20000	700	40	28000
	30			本月合计	100	40	40000	500	40	20000	700	40	28000

3. 多栏式

多栏式明细账是根据经济业务特点和经营管理的需要，在一张账页内按照有关明细项目分设若干专栏，用以在一张账页上集中反映各有关明细科目或明细项目的金额，以便对费用成本、收入成果等进行分析。这种格式主要适用于成本费用、收入类账户的明细核算。例如，生产成本明细账，就是在借方设置直接材料、直接人工、制造费用等专栏以分别提供产品成本构成的资料，其格式如表 3 - 7 所示。

多栏式明细账的登记方法：根据有关原始凭证、记账凭证或原始凭证、记账凭证的汇总凭证、费用分配计算表等进行登记。表 3 - 7 "生产成本明细账" 就是根据材料耗用汇总表、工资及制造费用的转账记账凭证等进行借方若干项目的登记；贷方则根据结转完工产品成本的转账凭证登记，然后结出余额。

（三）总分类账和明细分类账的平行登记

1. 总分类账和明细分类账的关系

总分类账是根据总分类账户开设，对总账科目的经济内容进行核算的账簿；明细分类账簿是根据明细分类科目开设，对总分类账的经济内容进行明细分类核算，提供具体而详细指标的账簿。因此，总分类账和明细分类账所记录的经济内容是相同的，只是提供数据资料的详细程度有所不同。总分类账和明细分类账的关系主要有以下两方面：

（1）从提供会计核算指标及所属关系上，总分类账提供的经济指标，是对明细分类账资料的综合，对所属明细分类账起着统驭和控制的作用，称为统驭账户；明细分类账是其总分类账的具体化，起着详细补充说明的作用，称为从属账户。

（2）从数量关系上，总分类账户借（贷）方本期发生额，应与所属明细分类账借（贷）方本期发生额的合计数相等。同时，某个总分类账户的期末余额应与其所属明细分类账户余额的合计数相等。

在会计核算中，通常利用总分类账和明细分类账的这种数量关系来检查总分类账和明细分类账记录的完整性和正确性。

2. 总分类账和明细分类账的平行登记

平行登记是指经济业务发生后，一方面登记有关分类账户，另一方面登记所属明细分类账户的会计处理方法。总分类账与明细分类账之间只有进行平行登记，才能起到总账控制明细账、明细账补充说明总账的作用。另外，通过平行登记，总账与明细账之间进行核对，可以检验账户登记是否正确。在账簿中的平行登记，基本要求是：

（1）平行登记的原始依据必须一致。登记总账账户和明细账户的原始依据必须一致。登记总账账户的依据是汇总记账凭证，或记账凭证、原始凭证，而汇总记账凭证是依据记账凭证编制的，记账凭证是依据原始凭证编制的；登记有关日记账、明细账也应是相同的原始凭证，或依据原始凭证编制的记账凭证。

（2）平行登记的期间必须一致。登记总账账户和明细账户的期间必须一致。登记总账账户的经济业务是哪一日，登记有关日记账、明细账也应是相同的日期。

（3）平行登记的金额必须相等。根据会计凭证记入有关总账账户和明细账户的金额必须相等。如涉及多个明细账户时，有关几个明细账户金额的合计，必须与有关总账账户记账的金额相等。

（4）平行登记的记账方向必须相同。根据会计凭证记入有关总账账户和明细账户的记账方向必须相同。总账账户记借方，明细账户也记借方；总账账户记贷方，明细账户也记贷方。

下面以"应付账款"账户为例，说明总分类账和明细分类账的平行登记。

[例4-1] 某单位2019年3月"应付账款"总分类账和明细分类账期初余额如下：应付账款总分类账为20000元，其所属的明细分类账中，大华厂6000元，光明厂14000元。本月发生下列经济业务（为简化起见，不考虑增值税）：

（1）2日，企业向大华厂购买材料8000元，货款尚未支付。会计分录如下：

　　借：在途物资　　　　　　　　　　　　　　　　　　　　　　8000
　　　　贷：应付账款——大华厂　　　　　　　　　　　　　　　　　　8000

（2）8日，以银行存款偿还前欠光明厂材料款14000元。会计分录如下：

　　借：应付账款——光明厂　　　　　　　　　　　　　　　　　14000
　　　　贷：银行存款　　　　　　　　　　　　　　　　　　　　　　14000

（3）25日，企业向大华厂和光明厂购进材料，其中大华厂25000元，光明厂32000元，货款尚未支付。会计分录如下：

　　借：在途物资　　　　　　　　　　　　　　　　　　　　　57000
　　　　贷：应付账款——大华厂　　　　　　　　　　　　　　　　25000
　　　　　　应付账款——光明厂　　　　　　　　　　　　　　　　32000

（4）30日，以银行存款40000元偿还大华厂和光明厂的购料款，其中大华厂18000元、光明厂22000元。会计分录如下：

　　借：应付账款——大华厂　　　　　　　　　　　　　　　　18000
　　　　　应付账款——光明厂　　　　　　　　　　　　　　　　22000
　　　　贷：银行存款　　　　　　　　　　　　　　　　　　　　　40000

根据上列会计分录，以"应付账款"核算为例，对总分类账和明细分类账的平行登记加以说明。登记结果如表4-14、表4-15、表4-16所示。

表4-14 总分类账

会计科目：应付账款

2019 年		凭证		摘要	借方	贷方	借或贷	余额
月	日	字	号					
3	1			期初余额			贷	20000
	2	转	1	采购材料未付款		8000	贷	28000
	8	银付	5	归还欠款	14000		贷	14000
	25	转	6	采购材料未付款		57000	贷	71000
	30	银付	25	归还欠款	40000		贷	31000
	31			本月合计	54000	65000	贷	31000

表4-15 应付账款明细分类账

明细科目：大华厂

2019 年		凭证		摘要	借方	贷方	借或贷	余额
月	日	字	号					
3	1			期初余额			贷	6000
	2	转	1	采购材料未付款		8000	贷	14000
	25	转	6	采购材料未付款		25000	贷	39000
	30	银付	25	归还欠款	18000		贷	21000
	31			本月合计	18000	33000	贷	21000

表4-16 应付账款明细分类账

明细科目：光明厂

2019 年		凭证		摘要	借方	贷方	借或贷	余额
月	日	字	号					
3	1			期初余额			贷	14000
	8	银付	5	归还欠款	14000			0
	25	转	6	采购材料未付款		32000	贷	32000
	30	银付	25	归还欠款	22000			10000
	31			本月合计	36000	32000	贷	10000

将表4-15、表4-16分别与"应付账款"总账进行核对，表中期初、期末余额及借、贷方发生额栏合计数分别与总账中期初、期末余额及借、贷方发生额相符，说明平行登记正确。

四、对账与结账

为了保证账簿资料的正确性，应当定期进行对账和结转工作。

（一）对账

1. 对账的目的

对账是会计人员对账簿记录所进行的核对工作，是日常会计工作的一个必要环节。在账簿记录中，由于客观和主观的原因常会造成账簿记录的差错和账实不符的情况。为了保证账簿记录的完整与正确，如实反映经济活动的真实情况，在总结某一时期账簿记录之前，必须对账簿记录进行核对。对账的目的是要达到账证相符、账账相符、账实相符，为编制财务报表提供真实可靠的依据。

2. 对账内容

对账工作，包括以下几个方面的内容：

（1）账证核对。即把各种账簿记录与会计凭证进行核对。核对时，可以根据需要，采用逐笔核对或抽查核对的方法。但无论采用哪种方法，其目的都是确保账证相符。如果发现差错，则应查明原因，并按照规定方法予以更正（更正账簿记录错误的方法，将在后面予以介绍）。

（2）账账核对。即把各种账簿记录进行相互核对。它包括所有总账借方余额合计数与贷方余额合计数核对；总分类账户余额与所属明细分类账中余额之和进行核对；库存现金、银行存款日记账余额应同库存现金总账、银行存款总账余额进行核对；会计部门各种财产物资明细分类账余额应同财产物资保管部门账面余额核对。通过以上账账之间的核对，如果核对相符，说明账簿记录正确；如果核对不相符，则应查出错误，并进行纠正。具体可通过编制"总分类账户本期发生额及余额试算平衡表"检查核对总账借、贷、余金额是否相符；通过编制"明细分类账户本期发生额及余额表"并与总账进行核对，可检查总账余额与所属明细账余额之和是否相符。

（3）账实核对。即指账簿记录的各种财产物资余额与财产物资实际结存数进行核对。它包括库存现金日记账每天应与库存现金实有数进行核对；银行存款日记账应与银行对账单定期核对；财产物资账面余额应与实际结存数核对；各种债权、债务账面余额应与对方单位相应的债务、债权核对。如有核对不符的情况，应查明原因，进行更正。账实核对一般结合财产清查进行，财产清查作为会计核算的专门方法将在以后章节讲述。

此外，月、季、年度财务报告中的数字，必须与账簿中的有关数字核对，做到账表相符。

（二）结账

结账，是指把一定时期发生的全部经济业务登账入账的基础上，计算出本期发生额和期末余额并将余额结转下月或新的账簿的会计工作。通过结账，可以反映一定时期内经济业务的发生引起资产、负债、所有者权益等增减变动的情况和结果；可以确定一定时期内的财务成果，有利于企业定期编制财务报告。结账包括月结、季结和年结。根据《企业会计准则》的要求，账簿的结账要及时，按规定会计期间进行结账，不得延期结账和不结账，要将结账期内的全部经济业务登记入账，不得漏记和重记，以保证结账的正确性。

1. 结账的主要内容

根据结账的要求，在结账之前要对有关账目进行调整并计算经营成果。

（1）将本期内日常发生的经济业务全部登记入账，并核对清楚。

（2）按权责发生制原则，对应属于本期负担的待摊费用应填制转账凭证进行摊销；对应属于本期应预提的利息等预提费用等进行预提；同时结合财产清查，进行账项调整。

（3）成本类账户的结转。即期末时将"制造费用"在不同的产品之间分配，结转到"生产成本"账户；将完工产品的生产成本结转到"库存商品"账户。

（4）结算损益类账户，确定本期的经营成果。即将收入类账户发生额结转到"本年利润"账户，结转时收入类账户记借方，"本年利润"记贷方，从而使收入类账户余额为零；将费用类账户发生额结转到"本年利润"账户，结转时借记"本年利润"账户，贷记费用类账户，从而使费用类账户余额为零。这样"本年利润"账户的贷方反映的是本期的收入总和，借方反映的是本期的费用总和，如为贷方余额表明盈利，如为借方余额表明亏损。

（5）年末利润清算。即将"本年利润"账户结账前余额结转到"利润分配——未分配利润"账户。结转时"本年利润"账户记借方，"利润分配——未分配利润"账户记贷方，从而使"本年利润"账户余额为零。将"利润分配"的两个明细账户"提取盈余公积"和"应付现金股利"账户结账前余额结转到"利润分配——未分配利润"账户。结转时借记"利润分配——未分配利润"账户，贷记"利润分配——提取盈余公积""利润分配——应付现金股利"账户，从而使"利润分配——提取盈余公积""利润分配——应付现金股利"账户余额为零。

（6）结算各资产、负债和所有者权益账户的本期发生额和期末余额。

（7）在结账中作出结账的标记，并将账户的余额结转下期。

2. 结账的方法

为了保证结账的质量和账簿记录的清晰、正确，结账应按要求进行。结账必须在会计期末进行，不得为赶报表提前结账，更不得先编会计报表后结账。

账簿的结账分月份、季度和年度。

（1）月份结账。即月结，是计算账户的本期借方、贷方发生额和月末余额，而后记在本期账户最后一笔经济业务记录的下一行，在该行摘要栏内注明"本月合计"或"月结"字样，并在月结一行下画一条红线，本月没有发生额的账户，不进行月结。

（2）季度结账。即季结，是计算账户的本季（三个月）借方、贷方发生额和季末余额而后记在月结行的下一行内，在该行摘要栏内注明"本季合计"或"季结"字样，并在该行下面画一条红线。

（3）年度结账。即年结，是计算账户的本年四个季度的借方、贷方发生额和年末余额而后记在第四季度的"本季合计"或"季结"的下一行，在该行摘要栏内注明"本年合计"或"年结"字样，并在年结行下画两条红线，表示本年度记账结束。

结账的具体方法如表 4 - 17 所示。

表 4 – 17　总分类账

会计科目：应收账款

2019 年		凭证		摘要	借方	贷方	借或贷	余额
月	日	字	号					
1	1			上年结转			借	500
	10	汇	1	1～10 日汇总	8000	6000	借	2500
	20	汇	2	11～20 日汇总	20000	19000	借	3500
	31	汇	3	21～31 日汇总	7000	7800	借	2700
	31			1 月合计	35000	32800	借	2700
2	1							
	2							
2	28			2 月合计	40000	38000	借	4700
3	31			3 月合计	34000	36000	借	2700
3	31			一季度合计	109000	106800	借	2700
12	31			12 月合计	32000	35000	借	
12	31			四季度合计	120000	11500	借	
12	31			本年发生额及余额	1500000	1480000	借	20500

注：虚线表示红线，波浪线表示省略。

五、账簿的更正方法

在记账过程中，由于种种原因难免出现错误，对于账簿记录错误，必须遵循一定的规则进行更正。不得任意刮擦、挖补、涂改或用褪色药水等方法更改，应根据错误的性质和具体情况按规定的方法更正。更正错误的方法主要有以下三种：

（一）划线更正法

划线更正法又称红线更正法。适用于结账前发现的账簿记录中的数字或文字错误，包括记账凭证正确，过账时因笔误或计算错误而造成的记账方向、金额以及过错账户等错误更正。过账前发现的记账凭证中账户名称、对应关系、文字、数额的错误等也可采用划线更正法。

划线更正法的更正方法是：先在错误的数字或文字上划一条红线，以示注销，但必须使原有的字迹可辨认，以备查考。然后在红线上端写上正确的文字、数字，并由更正人盖章证明。例如，记账员汪洋在登账时，将一笔经济业务的发生额 3524.45 元误记为 3254.45 元，在对账时发现错误，应更正如下：

3524.45

3254.45— 汪洋

（二）红字更正法

红字更正法应用于以下两种情况：

（1）过账后发现记账凭证中应借、应贷的名称方向有错误。

（2）过账后发现记账凭证中金额错误，并且金额大于正确余额。

第一种情况更正方法：首先用红字金额编制一张与错误记账凭证内容一致的记账凭证，在摘要栏中注明更正某月某日的错账并据以过账，冲销原来的错误记录，然后用蓝字编制一张正确的记账凭证，在摘要栏中注明更正某月某日的错账，并据以过账，以达到更正账簿记录的目的。

对于第二种错账的情况，用红字编制一张会计科目与原凭证一致、金额为多入账的数，过账后即可冲销错误金额。

[例 4-2] 以银行存款 5000 元支付广告费。

广告费应记入"销售费用"账户，但编制记账凭证时却误作下列会计分录，并已入账。

（1）借：管理费用　　　　　　　　　　　　　　　　　　　　　　　　5000

　　　　贷：银行存款　　　　　　　　　　　　　　　　　　　　　　　　5000

更正时，首先用红字填写一张与原错误的付款凭证完全一样的付款凭证，并据以用红字登记入账：

（2）借：管理费用　　　　　　　　　　　　　　　　　　　　　　　　5000

　　　　贷：银行存款　　　　　　　　　　　　　　　　　　　　　　　　5000

然后用蓝字填写正确的付款凭证，并过账。

（3）借：销售费用　　　　　　　　　　　　　　　　　　　　　　　　5000

　　　　贷：银行存款　　　　　　　　　　　　　　　　　　　　　　　　5000

以上三张记账凭证在有关总分类账户中的记录如下：

银行存款		管理费用		销售费用	
（1）	5000	（1）	5000	（3）	5000
（2）	5000				
（3）	5000	（2）	5000		

[例 4-3] 分配结转制造费用 6000 元。假设编制凭证时会计科目、借贷方向均正确，只是将金额误记为 60000 元。原记录为：

（1）借：生产成本　　　　　　　　　　　　　　　　　　　　60000

　　　　贷：制造费用　　　　　　　　　　　　　　　　　　　　　60000

并已入账。

更正时，只需将多记金额用红字冲销即可，用红字编写如下分录并过账：

（2）借：生产成本　　　　　　　　　　　　　　　　　　　　54000

　　　　贷：制造费用　　　　　　　　　　　　　　　　　　　　　54000

以上记账凭证在账户中的记录如下：

（三）补充登记法

适用于记账凭证中会计科目、记账方向正确，但所记金额小于应记金额，导致账簿登记出现错误的情况。

更正方法：将少记金额，用蓝字填制一张会计科目、对应关系与原记账凭证相同的记账凭证，并据以入账即可。

［例4-4］若［例4-3］中将金额填写为600元，即：

借：生产成本　　　　　　　　　　　　　　　　　　　　　　　600

　　贷：制造费用　　　　　　　　　　　　　　　　　　　　　　600

更正时，填制一张金额为5400元的蓝字记账凭证，其会计科目运用、对应关系与原记账凭证相同，即：

借：生产成本　　　　　　　　　　　　　　　　　　　　　　　5400

　　贷：制造费用　　　　　　　　　　　　　　　　　　　　　　5400

并据以入账，即可将少记金额补充登记入账。

六、账簿的更换与保管

为了清晰地反映各个会计年度的财务状况和经营成果，每个会计年度开始时，都要使用新账，并把上年度的会计账簿按有关规定与会计凭证、会计报表一同归档保管。

库存现金、银行存款日记账、总分类账及明细分类账，每年都要更换新账，但固定资产明细账或固定资产卡片可以继续使用，不必更换新账。

需要更换新账的，应在进行年结的同时，在新账中有关账户的第一栏"摘要"栏内注明"上年结转"或"年初余额"字样，并将上年的年末余额以同方向记入新账簿中的余额栏内。新、旧账有关账户余额的结转，不编制记账凭证。

练习题

1. 2019 年 6 月，光大公司期初总账科目余额及有关明细科目余额如下表所示。

会计科目	借方余额	会计科目	贷方余额
库存现金	3000	累计折旧	6000000
银行存款	540000	短期借款	121000
应收账款	0	应付账款	310000
原材料	1500000	其中：	
其中：		开元工具厂	29000
甲材料 70 吨	945000	应付利息	10000
乙材料 40 吨	468000	应付职工薪酬	18000
库存商品	1101000	长期借款	300000
其中：			
A 产品 2400 件	576000		
B 产品 2500 件	525000	实收资本	12419500
固定资产	15000000		
预付账款	12000		
生产成本	1022500	本年利润	2500000
其中：			
A 产品 4000 件	660000		
B 产品 2500 件	362500		
利润分配	2500000		
合　计	19428500	合　计	19428500

6 月发生下列经济业务：

1 日，销售 A 产品 2000 件，单价 300 元，计 600000 元，增值税税率为 13%，计 78000 元，B 产品 2000 件，单价 260 元，计 520000 元，增值税税率为 13%，计 67600 元，已通过银行收款。

2 日，购入甲材料 80 吨，单价 1400 元，计 112000 元，增值税税率为 13%，计 14560 元，运费 3200 元，已通过银行付款，材料已验收入库。

2 日，销售部门存车费 300 元，付现金。

3 日，从银行取现金 10000 元。

3 日，赵强出差借款 2400 元，付现金。

9 日，从文具店购入办公用品 350 元，付现金。

10 日，购乙材料 30 吨，单价 12000 元，计 360000 元，增值税税率为 13%，计 46800

元，运费 1200 元，已通过银行付款，材料已验收入库。

10 日，开转账支票向社保局缴纳职工养老保险费 15000 元。

12 日，销售给大华公司 A 产品 100 件，单价 300 元，计 30000 元，增值税税率为 13%，计 3900 元，未收款。

12 日，付设计制图费 2500 元，开出转账支票。

13 日，通过银行付下半年报刊费 2700 元。

16 日，销售 A 产品 2500 件，单价 300 元，计 750000 元，增值税税率为 13%，计 97500 元；B 产品 1000 件，单价 260 元，计 260000 元，增值税税率为 13%，计 33800 元。已通过银行收款。

16 日，向银行借款 200000 元，期限一年。

17 日，购入甲材料 100 吨，单价 14500 元，计 1450000 元，增值税税率为 13%，计 188500 元；乙材料 40 吨，单价 12500 元，计 500000 元，增值税税率为 13%，计 65000 元，运费 5600 元，已通过银行付款，材料已验收入库。

19 日，赵强报销差旅费 2500 元，扣回借款后付现金 100 元。

19 日，从光兴商场购入电气材料 4800 元，已验收入库，未付款。

20 日，支付本季利息 12000 元，已计提 10000 元。

21 日，领材料 650 元，维修厂房。

22 日，通过银行付广告费 50000 元。

23 日，通过银行付设备租赁费 3340 元。

24 日，通过银行支付电费 7500 元（其中车间电费 5500 元）。

24 日，通过银行支付水费 3800 元（其中车间水费 2800 元）。

25 日，销售 A 产品 1800 件，单价 300 元，计 540000 元，增值税税率为 13%，计 70200 元；B 产品 2500 件，单价 260 元，计 650000 元，增值税税率为 13%，计 84500 元。已通过银行收款。

25 日，归还银行短期借款 80000 元。

25 日，通过银行支付前欠光兴商场购料款 4800 元。

26 日，大华公司交来前欠货款 35100 元，收转账支票。

28 日，通过银行交下半年保险费 42000 元。

29 日，摊销保险费等 6720 元。

29 日，提取本月折旧 120000 元（其中车间折旧 100000 元）。

30 日，分配并结转本月工资 320000 元（其中生产人员工资 256000 元，车间管理人员工资 50000 元，企业管理人员工资 14000 元。分配标准采用生产工时：A 产品 37200 工时，B 产品 24800 工时）。

30 日，按应计提工资总额的 12% 计算应缴纳的职工养老保险和失业保险。

30 日，本月耗料如下表所示。

项目	甲材料		乙材料		其他材料	合计
	数量	金额	数量	金额		
A 产品	48	688700	34	419120	10000	1117820
B 产品	22	315660	23	283530	15000	614190
车间修理					25000	25000
合计	70	1004360	57	702650	50000	1757010

30 日，分配本月制造费用并结转本月管理费用。

30 日，本月生产完工 A 产品 6500 件，B 产品 4700 件，期末在产品：A 产品 3500 件，材料成本 654500 元，B 产品 2000 件，材料成本 325000 元，结转本月完工产品成本。

30 日，计提本月销售产品的消费税 243600 元，城市维护建设税 17052 元，教育费附加 730 元。

30 日，结转主营业务成本。

30 日，将主营业务收入、主营业务成本、销售费用、税金及附加、财务费用转入本年利润账户。

30 日，按 25% 计算应交所得税。

30 日，税后利润留存企业待分配。

［要求］

（1）根据以上经济业务编制记账凭证（收款凭证、付款凭证和转账凭证）。

（2）根据以上记账凭证，顺时逐笔登记库存现金、银行存款日记账。

（3）根据以上记账凭证，编制科目汇总表，并据以登记总账。

（4）根据记账凭证，登记"原材料""库存商品""应收账款"和"应付账款"明细账。

2. 某企业 2019 年 6 月末对账时发现以下记录错误：

（1）2 日，采购员陈刚出差借款 4500 元，以库存现金付讫。记账凭证中记录为：

借：其他应付款——陈刚　　　　　　　　　　　　　　　　　　　　4500

　　贷：银行存款　　　　　　　　　　　　　　　　　　　　　　　　　　4500

并已登账。

（2）5 日，销售产品一批，销售收入为 100000 元，增值税为 13000 元，以上款项已收存银行。记账凭证中记录为：

借：银行存款　　　　　　　　　　　　　　　　　　　　　　　　101300

　　贷：主营业务收入　　　　　　　　　　　　　　　　　　　　　　100000

　　　　应交税费——增值税（销项税额）　　　　　　　　　　　　　　1300

并已登账。

（3）10 日，开转账支票预付下半年报刊订阅费 1800 元，记账凭证中记录为：

借：预付账款　　　　　　　　　　　　　　　　　　　　　　　18000

　　贷：银行存款　　　　　　　　　　　　　　　　　　　　　　18000

并已登账。

（4）20 日，陈刚出差归来，报销差旅费 1500 元，交回余款 500 元。记账凭证中记录为：

借：管理费用　　　　　　　　　　　　　　　　　　　　　　　1500

　　库存现金　　　　　　　　　　　　　　　　　　　　　　　　500

　　贷：其他应收款——陈刚　　　　　　　　　　　　　　　　　2000

登账时，"管理费用"账户金额误记为 160 元。

［要求］判断以上错账记录应采用何种更正方法并进行更正。

复习思考题

1. 什么是会计凭证？它主要有哪些作用？

2. 什么是原始凭证？它有哪些种类？

3. 试述原始凭证的基本要素。

4. 什么是一次凭证？什么是累计凭证？什么是汇总原始凭证？

5. 审核原始凭证的主要内容是什么？

6. 什么是记账凭证？它有哪些种类？

7. 记账凭证应具备的基本要素有哪些？

8. 收款凭证、付款凭证和转账凭证各主要栏如何填写？涉及银行存款之间的收付业务，应编制什么记账凭证？

9. 填制记账凭证有哪些主要要求？

10. 审核记账凭证的主要内容是什么？

11. 如何合理组织会计凭证传递？

12. 什么是账簿？会计账簿的作用是什么？

13. 账簿按用途可分为哪几种？简述每种账簿的定义。

14. 账簿按外表形式可分为哪几种？各有何优缺点？

15. 明细分类账有哪几种格式？每种格式的适用范围如何？

16. 简述总分类账和明细分类账的平行登记的内容。

17. 什么叫结账？怎样进行结账？

18. 什么叫对账？怎样进行对账？

19. 错账更正的方法有哪几种？其适用范围如何？怎样进行更正？

第五章
会计循环与账务处理程序

本章介绍从原始凭证取得到编制会计报表的会计核算程序。要求学习者熟悉会计核算工作需要进行的步骤，明确三种不同的账务处理程序的优缺点及适用范围，并结合案例掌握每一种程序的具体处理方法。

第一节　会计循环

企业在每一个会计期间必须遵循一定的会计程序，依照一定的步骤和方法，将此期间发生的大量经济业务，经过确认、计量、记录、归类、汇总，最后编制会计报表，以便获得关于企业财务状况和经营成果的会计信息。由此可见，整个会计处理的过程，是由若干个连续的会计环节组成的。每个会计期间都要顺序地按照这些会计环节，并且在所有的会计期间周而复始循环往复地进行。通常把每一个会计期间完成一个会计处理全过程，即按一定的步骤和顺序完成全部的会计环节，称为一个会计循环。每一个会计循环一般是由以下几个前后衔接的环节构成。

一、取得或填制原始凭证

原始凭证的填制是会计工作的起点，也是会计核算的基础。每一项经济业务的发生，都要取得或填制原始凭证，以证明该项经济业务的发生、执行或完成情况。

二、编制会计分录和记账凭证

根据审核无误的原始凭证上记载的每项或每类经济业务，分析引起的会计要素的变化，并根据其经济内容，按照规定的会计科目和借贷记账法的要求确定会计分录，编制记账凭证。

三、登记账簿

又称为过账。按照选择的会计处理程序登记账簿。其中库存现金日记账、银行存款日记账和各种明细分类账根据记账凭证或原始凭证逐笔登记，总分类账则根据记账凭证或科目汇总表、汇总记账凭证登记。

四、期末账项调整

会计期末为了正确计算企业的经营成果，应按权责发生制原则和配比原则的要求调整有关账项，主要包括以下内容：

第一，按受益期摊销以前会计期间已经支付的费用或耗用的资产价值。如提取固定资产折旧、摊销预付款项和无形资产等。

第二，按收入实现原则把预收款项结转为本期收入。预收款项在收入没有达到确认标准前属流动负债性质，当商品或劳务在本会计期间已全部或部分提供，即应在期末将预收款项全部或部分结转为营业收入。

第三，对于本期已经发生，但尚未支付的费用，如应付职工薪酬、应付利息等，要登记入账，一方面形成负债，另一方面作为本期成本或费用处理。

第四，对于本期应收而尚未收到的收益，如应收房租、应收利息等，符合收入确认标准的，应在期末计入本期收入。

五、对账

实际工作中由于各种主观、客观的原因，可能会造成账簿记录的错记、漏记或是重记。对账的目的就在于及时发现和纠正可能存在的错误。主要内容包括账证核对、账实核对、账账核对。账账核对中需要编制试算平衡表，包括全部总分类账户借贷方本期发生额和余额的平衡试算，总分类账账户与所属明细分类账账户本期发生额和余额的平衡试算。

六、结账

在本期所有的经济业务全部登记入账的基础上，期末汇总所有分类账户的本期发生额和期末余额，为编制会计报表提供资料。

七、编制会计报表

主要包括资产负债表、利润表和现金流量表的编制。

第二节　账务处理程序

从会计循环过程可以看出会计凭证、会计账簿、会计报表是组织会计核算的工具，它们之间不是彼此孤立的，而是以一定的形式结合，共同构成完整的会计工作体系。会计账务处理程序指会计凭证、会计账簿和会计报表的结合方式和方法，它们之间结合方式的不同就会形成各种不同的账务处理程序。不同的账务处理程序有自己的优缺点，适用的范围也不同。企业要根据自身组织规模和业务特点等情况选择最适合自己的账务处理程序。最常见的主要有：记账凭证账务处理程序、科目汇总表账务处理程序、汇总记账凭证账务处理程序、日记总账账务处理程序、多栏式日记账账务处理程序和通用日记账账务处理程序。

其中，记账凭证账务处理程序是最基本的一种账务处理程序，其他各种账务处理程序都是在这种处理程序的基础上，根据经济管理的需要发展而成的。科目汇总表账务处理程序和汇总记账凭证账务处理程序是比较重要的账务处理程序，各种账务处理程序的核心区别在于登记总分类账的依据不同。

一、记账凭证账务处理程序

在采用这种账务处理程序时，记账凭证一般采用收款凭证、付款凭证和转账凭证三种形式，也可以采用通用记账凭证形式。账簿设置方面：设置三栏式现金日记账和银行存款日记账；总账采取三栏式并按一级账户设置；明细账则根据企业经营管理需要选择三栏式、多栏式、数量金额式等。

（一）记账凭证账务处理程序的基本步骤

（1）根据原始凭证或原始凭证汇总表填制记账凭证。

（2）根据记账凭证（或收款凭证、付款凭证）登记现金日记账和银行存款日记账。

（3）根据记账凭证及所附的原始凭证（或原始凭证汇总表）登记各种明细分类账。

（4）根据记账凭证登记总分类账。

（5）会计期末，现金日记账、银行存款日记账以及各明细分类账应当和总分类账核对。

（6）根据总分类账和明细分类账编制会计报表。

记账凭证账务处理程序如图 5-1 所示。

（二）记账凭证账务处理程序的优缺点及适用范围

1. 优点

由于直接根据记账凭证逐笔登记总分类账，所以在总分类账中能够详细地反映经济业务的发生情况，账户的对应关系明确，便于对账。

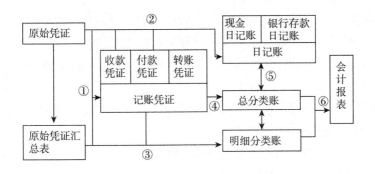

图 5 - 1 记账凭证账务处理程序

注：———➤表示填制、登记及编表。

◄———➤表示核对。

2. 缺点

总分类账要逐笔登记，登记总账工作量大，也不符合总分类账总括反映的特点。

3. 适用范围

一般适用于规模不大，经济业务较少的企业。

二、科目汇总表账务处理程序

科目汇总表账务处理程序的主要特点是：先根据记账凭证定期编制科目汇总表，如表5-1所示，然后再根据科目汇总表登记总分类账。

表 5 - 1 科目汇总表

年 月 第 号

会计科目	1 ~ 10 日		11 ~ 20 日		21 ~ 30 日		本月合计		总分类账页数
	借方	贷方	借方	贷方	借方	贷方	借方	贷方	
合计									

这种账务处理程序的记账凭证、会计账簿的设置与记账凭证账务处理程序基本相同，增加了科目汇总表的编制。其编制方法为：根据一定时期的所有记账凭证，按照相同会计科目归类，定期（如按旬）汇总每一个账户的借方发生额和贷方发生额，并将其填列在科目汇总表的相应栏内。根据科目汇总表登记总分类账时，只要将表中各科目的借方发生额和贷方发生额记入相应总分类账户的借方或贷方即可。

（一）科目汇总表账务处理程序的基本步骤

（1）根据原始凭证或原始凭证汇总表填制记账凭证。

（2）根据记账凭证（或收款凭证、付款凭证）登记现金日记账和银行存款日记账。

（3）根据记账凭证及所附的原始凭证（或原始凭证汇总表）登记各种明细分类账。

（4）根据记账凭证定期按每一科目的借方和贷方发生额汇总，编制科目汇总表。

（5）根据科目汇总表登记总分类账。

（6）会计期末，现金日记账和银行存款日记账以及明细分类账的期末余额分别与相应的总分类账的账户余额相核对。

（7）根据总分类账和明细分类账编制会计报表。

科目汇总表账务处理程序如图 5－2 所示。

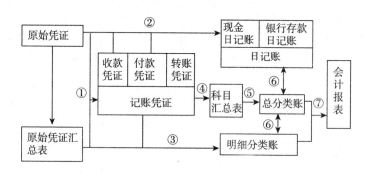

图 5－2　科目汇总表账务处理程序

注：————▶表示填制、登记及编表。

　　◀————▶表示核对。

（二）科目汇总表账务处理程序的优缺点及适用范围

1. 优点

通过编制科目汇总表不仅可以简化登记总分类账的工作量，而且还可以起到入账前的试算平衡作用，能发现汇总和记账过程中的错误，从而保证记账工作的质量。

2. 缺点

总分类账和科目汇总表都不能反映账户的对应关系，不利于对经济业务进行分析。

3. 适用范围

一般是经济业务比较多的大、中型企业采用。

三、汇总记账凭证账务处理程序

汇总记账凭证账务处理程序的主要特点是：先根据记账凭证编制汇总记账凭证，包括汇总收款凭证、汇总付款凭证和汇总转账凭证，然后根据汇总记账凭证登记总分类账。

（一）各种汇总凭证的编制

1. 汇总收款凭证

按照库存现金和银行存款科目的借方分别设置，并根据"现金收款凭证"和"银行存款收款凭证",定期按贷方科目归类汇总。其格式如表 5－2 所示。

表 5－2 汇总收款凭证

借方科目：库存现金 ×××× 年×× 月

贷方科目	金额				总账页数	
	1～10 日 凭证第 1～30 号	11～20 日 凭证第 31～60 号	21～30 日 凭证第 61～90 号	合计	借方	贷方
应收账款 其他应收款 ……						
合计						

2. 汇总付款凭证

按照库存现金和银行存款科目的贷方分别设置,并根据"现金付款凭证"和"银行存款付款凭证",定期按借方科目归类汇总。其格式如表 5－3 所示。

表 5－3 汇总付款凭证

贷方科目：银行存款 ×××× 年×× 月

借方科目	金额				总账页数	
	1～10 日 凭证第 1～30 号	11～20 日 凭证第 31～60 号	21～30 日 凭证第 61～90 号	合计	借方	贷方
应付账款 原材料 固定资产 ……						
合计						

3. 汇总转账凭证

应当按照转账凭证中每一贷方科目分别设置,并根据转账凭证按借方科目归类汇总。在汇总记账凭证账务处理程序下,为了便于编制汇总转账凭证,所有转账凭证中必须是"一贷一借"或"一贷多借"的会计分录,不应有"一借多贷"的会计分录。其格式如表 5－4 所示。

（二）汇总记账凭证账务处理程序的基本步骤

（1）根据原始凭证或原始凭证汇总表填制记账凭证（收款凭证、付款凭证、转账凭证）。

（2）根据收款凭证、付款凭证登记现金日记账和银行存款日记账。

表5-4 汇总转账凭证

贷方科目：原材料　　　　　　　　　　　　　　×××× 年 ×× 月

借方科目	金额				总账页数	
	1～10 日 凭证第 1～30 号	11～20 日 凭证第 31～60 号	21～30 日 凭证第 61～90 号	合计	借方	贷方
生产成本 制造费用 管理费用 ……						
合计						

（3）根据记账凭证及所附的原始凭证（或原始凭证汇总表）登记各种明细分类账。

（4）根据记账凭证（收款凭证、付款凭证和转账凭证）定期按对应账户编制汇总付款凭证、汇总收款凭证和汇总转账凭证。

（5）根据定期编制的汇总记账凭证登记总分类账。

（6）会计期末，现金日记账和银行存款日记账以及明细分类账的期末余额分别与相应的总分类账的账户余额相核对。

（7）根据总分类账和明细分类账编制会计报表。

汇总记账凭证账务处理程序如图5-3所示。

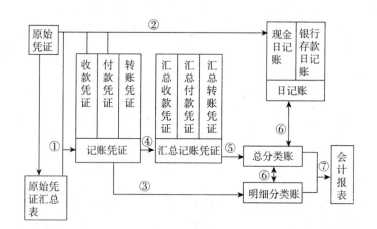

图5-3 汇总记账凭证账务处理程序

注：———→表示填制、登记及编表。

　　←——→表示核对。

（三）汇总记账凭证账务处理程序的优、缺点及适用范围

1. 优点

①月终一次登记总分类账，简化了总分类账的登记工作；②能反映出账户的对应关

系，便于对经济业务处理进行分析和检查。

2. 缺点

定期集中汇总记账凭证的工作量大，按贷方科目汇总，而不是按经济业务的性质汇总，不利于日常核算合理分工。

3. 适用范围

经营规模较大，经济业务较多的企业。

第三节　会计循环和账务处理程序案例

为了便于读者掌握会计循环的处理流程和账务处理程序在会计循环中的运用，我们以某企业 2019 年 10 月的全部经济业务为例进行说明（本例采用科目汇总表账务处理程序）。

[例 5 - 1] 某企业 2019 年 10 月发生下列经济业务（假设该企业为一般纳税人，适用增值税税率为 13%）：

（1）1 日，收到新浦公司投入资本金 20000 元，款项已经存入银行。

（2）1 日，用转账方式支付本季度行政管理部门房屋租金 2310 元。

（3）1 日，向银行取得短期借款 30000 元，期限为 6 个月，年利率为 8%，款项已经存入银行。

（4）2 日，东方公司汇来所欠货款 20000 元，银行已收。

（5）4 日，向恒运公司采购 A 材料一批，价款总计 30000 元，进项税额为 3900 元，材料已验收入库，款项未付。

（6）5 日，车间领用 A 材料 30000 元，其中用于生产甲产品的材料为 20000 元，其余均被乙产品耗用。

（7）6 日，厂部管理人员王波出差回来，报销差旅费 400 元，退回余款 100 元。

（8）6 日，用银行存款购进一台价值为 20000 元的新设备。

（9）8 日，销售一批甲产品给世嘉公司，货款为 50000 元，销项税额 6500 元，款项未收。

（10）9 日，收到诚信公司运来的 B 材料，价格为 10000 元，进项税额为 1300 元，款项上月已经支付，并取得发票，材料已经验收入库。

（11）10 日，销售一批乙产品给云天公司，货物为 20000 元，销项税额为 2600 元，款项通过转账方式已经支付。

（12）10 日，车间领用 A 材料 1000 元，用于车间的一般性消耗。

（13）12 日，行政管理部门领用 B 材料 1000 元。

（14）13 日，预收置信公司购买乙产品的货款 18000 元，存入银行。

（15）14 日，从银行提取现金 10000 元，备发工资。

（16）15 日，以库存现金发放工资总计 10000 元。

（17）16 日，以银行存款支付所欠恒运公司的购货款 33900 元。

（18）17 日，销售一批乙产品给明德公司，货款 15000 元，销项税额 1950 元，款项尚未收到。

（19）18 日，以银行存款支付行政管理部门办公费 1200 元。

（20）19 日，从银行提取现金 900 元备用。

（21）19 日，用库存现金预付张小刚出差费用 500 元。

（22）20 日，从吉祥公司购进 A 材料一批，货款为 9000 元，进项税额 1170 元，共计 10170 元，款项暂未付。材料已经验收入库。

（23）22 日，销售一批甲产品给成华公司，货款为 18000 元，销项税额为 2340 元，款项未收。

（24）24 日，销售一批乙产品给置信公司，货款为 12000 元，销项税额为 1560 元，款项通过转账方式已经收到。

（25）26 日，车间领用 B 材料，其中用于生产甲产品的材料为 5000 元，用于生产乙产品为 3000 元，共计 8000 元。

（26）27 日，用银行存款支付产品展览费和广告费共 3180 元。

（27）28 日，世嘉公司所欠货款 56500 元已经通过转账方式收到。

（28）29 日，用银行存款支付水电费及增值税 5650 元，其中甲产品应负担 2500 元，乙产品应负担 1500 元，生产车间负担 300 元，行政管理部门负担 700 元，进项税额 650 元。

（29）31 日，分配本月应付职工薪酬 22000 元，其中甲产品工人薪酬 11500 元，乙产品工人薪酬 7500 元，车间管理人员薪酬 1000 元，行政管理人员薪酬 2000 元。

（30）31 日，按工资总额的 8% 计提住房公积金 1760 元，2% 计提医疗保险 440 元，4% 计提养老保险 880 元，其中甲产品负担 1610 元，乙产品负担 1150 元，生产车间负担 140 元，行政管理部门负担 180 元。

（31）31 日，计提本月固定资产折旧 6000 元，其中车间用固定资产应提折旧 4800 元，行政管理部门用固定资产应提折旧 1200 元。

（32）31 日，摊销应由本月负担的行政管理部门房租 700 元。

（33）31 日，预提应由本月负担的短期借款利息 200 元。

（34）31 日，分配结转本月发生的制造费用 7240 元，其中应由甲产品负担 4344 元，乙产品负担 2896 元。

（35）31 日，结转本月完工产品成本共计 47340 元，其中甲完工产品成本为 29972.4 元，乙完工产品成本为 17367.6 元。

（36）31 日，结转本月销售产品成本 57500 元，其中已销甲产品成本 34000 元，乙产品成本 23500 元。

（37）31 日，计算本月应交城建税及教育费附加 858 元。

（38）31 日，计算本月应交所得税 11515.50 元。

（39）31 日，结转本月损益。将本月实现的营业收入 115000 元转入"本年利润"贷方，主营业务成本 57500 元、税金及附加 858 元、管理费用 7380 元、财务费用 200 元、销售费用 3000 元、所得税 11515.50 元转入"本年利润"借方。

（40）计提盈余公积 3454.65 元。

（41）本月应付股利 7000 元。

该公司月初的有关账户余额如下：

单位：元

账户名称	借方余额	账户名称	贷方余额
库存现金	200	累计折旧	200000
银行存款	20000	应付账款	27000
应收账款	20000	应付职工薪酬	25600
预付账款	24000		
原材料	30000	实收资本	607100
库存商品	40000	盈余公积	80000
固定资产	894000	本年利润	50000
生产成本	8000	利润分配	47000
其他应收款	500		
合计	1036700	合计	1036700

其中应收账款 20000 元均为东方公司所欠货款，预付账款 24000 元均为支付给诚信公司的货款，原材料中 A 材料金额为 18000 元，B 材料金额为 12000 元，库存商品中甲产品为 29000 元，乙产品为 11000 元，其他应收款均为王波所欠，应付账款中欠吉祥公司 17000 元，欠恒运公司 10000 元。生产成本中甲产品成本为 5000 元，乙产品成本为 3000 元。

［要求］运用科目汇总表账务处理程序完成会计循环。

（1）根据经济业务的有关原始凭证编制记账凭证如下：

2019 年		凭证号数	摘要	借方会计科目	贷方会计科目	借方金额	贷方金额
月	日						
10	1	银收 1	收到新浦公司投资	银行存款		20000.00	
					实收资本		20000.00
	1	银付 1	支付本季度房屋租金	预付账款 应交税费——应交增值税（进项税额）	银行存款	2100.00 210.00	2310.00
	1	银收 2	向银行取得短期借款	银行存款		30000.00	
					短期借款		30000.00
	2	银收 3	收到东方公司所欠货款	银行存款		20000.00	
					应收账款——东方公司		20000.00

续表

| 2019 年 | | 凭证 | 摘要 | 借方会计科目 | 贷方会计科目 | 借方 | 贷方 |
月	日	号数				金额	金额
	4	转账1	向恒运公司购进A材料	原材料——A材料 应交税费——应交增值税（进项税额）		30000.00 3900.00	
					应付账款——恒运公司		33900.00
	5	转账2	生产领用A材料	生产成本 ——甲产品 ——乙产品		20000.00 10000.00	
					原材料——A材料		30000.00
	6	转账3	报销差旅费	管理费用——差旅费		400.00	
					其他应收款——王波		400.00
	6	现收1	王波退回出差多余款	库存现金		100.00	
					其他应收款——王波		100.00
	6	银付2	购买设备	固定资产 应交税费——应交增值税（进项税额）	银行存款	20000.00 2600.00	22600.00
	8	转账4	销售甲产品给世嘉公司	应收账款——世嘉公司		56500.00	
					主营业务收入 应交税费——应交增值税（销项税额）		50000.00 6500.00
	9	转账5	收到上月预付款的B材料	原材料——B材料应		10000.00	
					预付账款——诚信公司		10000.00
	10	银收4	销售乙产品给云天公司	银行存款		22600.00	
					主营业务收入 应交税费——应交增值税（销项税额）		20000.00 2600.00
	10	转账6	车间领用A材料	制造费用		1000.00	
					原材料——A材料		1000.00
	12	转账7	管理部门领用B材料	管理费用		1000.00	
					原材料——B材料		1000.00

续表

2019 年		凭证号数	摘要	借方会计科目	贷方会计科目	借方金额	贷方金额
月	日						
	13	银收 5	预收置信公司货款	银行存款	预收账款	20340.00	
					应交税费——应交增值税（销项税额）		18000.00 2340.00
	14	银付 3	从银行提取现金	库存现金	银行存款	10000.00	10000.00
	15	现付 1	发放工资	应付职工薪酬	库存现金	10000.00	10000.00
	16	银付 4	支付恒运公司的欠款	应付账款——恒运公司	银行存款	33900.00	33900.00
	17	转账 8	销售乙产品给明德公司	应收账款——明德公司	主营业务收入 应交税费——应交增值税（销项税额）	16950.00	15000.00 1950.00
	18	银付 5	支付管理部门办公费	管理费用	银行存款	1200.00	1200.00
	19	银付 6	从银行提取现金	库存现金	银行存款	900.00	900.00
	19	现付 2	支付出差费	其他应收款——张小刚	库存现金	500.00	500.00
	20	转账 9	向吉祥公司购买 A 材料	原材料——A 材料 应交税费——应交增值税（进项税额）	应付账款——吉祥公司	9000.00 1170.00	20340.00
	22	转账 10	销售甲产品给成华公司	应收账款——成华公司	主营业务收入 应交税费——应交增值税（销项税额）	20340.00	18000.00 2340.00
	24	银收 6	销售乙产品给置信公司	银行存款	主营业务收入 应交税费——应交增值税（销项税额）	13560.00	12000.00 1560.00
	26	转账 11	生产领用 B 材料	生产成本 ——甲产品 ——乙产品	原材料——B 材料	5000.00 3000.00	8000.00

续表

2019 年		凭证号数	摘要	借方会计科目	贷方会计科目	借方金额	贷方金额
月	日						
	27	银付7	支付产品展览费和广告费	销售费用 应交税费——应交增值税（进项税额）	 银行存款	3000.00 180.00	 3180.00
	28	银收7	收到世嘉公司欠款	银行存款	 应收账款——世嘉公司	56500.00	 56500.00
	29	银付8	支付生产用水电费	生产成本 ——甲产品 ——乙产品 制造费用 管理费用 应交税费——应交增值税（进项税额）	 银行存款	 2500.00 1500.00 300.00 700.00 650.00	 5650.00
	31	转账12	分配本月职工薪酬	生产成本 ——甲产品 ——乙产品 制造费用 管理费用 应付职工薪酬 ——工资		 11500.00 7500.00 1000.00 2000.00	 22000.00
	31	转账13	计提医疗、养老保险及公积金	生产成本 ——甲产品 ——乙产品 制造费用 管理费用 应付职工薪酬 ——任务公积金 ——医疗保险 ——养老保险		 1610.00 1150.00 140.00 180.00	 1760.00 440.00 880.00
	31	转账14	计提固定资产折旧	制造费用 管理费用 累计折旧		4800.00 1200.00	 6000.00
	31	转账15	摊销本月管理部门房租	管理费用 预付账款——房租		700.00	 700.00
	31	转账16	预提短期借款利息	财务费用 应付利息		200.00	 200.00

续表

2019 年		凭证号数	摘要	借方会计科目	贷方会计科目	借方金额	贷方金额
月	日						
	31	转账 17	结转本月发生的制造费用	生产成本 ——甲产品 ——乙产品 	 　 　 制造费用	 4344.00 2896.00	 　 　 7240.00
	31	转账 18	结转本月完工产品成本	库存商品 ——甲产品 ——乙产品 生产成本 　 	 　 　 　 ——甲产品 ——乙产品	 29972.40 17367.60	 　 　 　 29972.40 17367.60
	31	转账 19	结转已销售产品成本	主营业务成本 　 　 	 库存商品 ——甲产品 ——乙产品	57500.00	 　 34000.00 23500.00
	31	转账 20	结转营业收入至"本年利润"	主营业务收入 	 本年利润	115000.00	 115000.00
	31	转账 21	本月应交税金及附加	税金及附加 　 	应交税费—— 应交城建税及 教育费附加	858.00	858.00
	31	转账 22	本月应交所得税	所得税费用 	应交税费—— 所得税	11515.50	11515.50
	31	转账 23	结转主营业务成本、管理费用、财务费用等到"本年利润"	本年利润 　 　 　 　 	主营业务成本 营业税金及附加 销售费用 管理费用 财务费用 所得税费用	80453.50	57500.00 858.00 3000.00 7380.00 200.00 11515.50
	31	转账 24	计提盈余公积	利润分配 	 盈余公积	3454.65	3454.65
	31	转账 25	本月应付利润	利润分配 	 应付股利	7000.00	7000.00

（2）根据记账凭证（收款凭证和付款凭证）登记库存现金和银行存款日记账：

库存现金日记账

2019 年		凭证		摘要	借方	贷方	借或贷	余额
月	日	字	号					
10	1			月初余额			借	200.00
	6	现收	1	王波退回出差多余款	100.00		借	300.00
	14	银付	3	从银行提取现金	10000.00		借	10300.00
	15	现付	1	发放工资		10000.00	借	300.00
	19	银付	6	从银行提取现金	900.00		借	1200.00
	19	现付	2	支付差旅费		500.00	借	700.00
	31			本月发生额及余额	11000.00	10500.00	借	700.00

银行存款日记账

2019 年		凭证		摘要	借方	贷方	借或贷	余额
月	日	字	号					
10	1			月初余额			借	20000.00
	1	银收	1	收新浦公司投资款	20000.00		借	40000.00
	1	银付	1	支付本季度房租		2310.00	借	37690.00
	1	银收	2	向银行短期借款	30000.00		借	67690.00
	2	银收	3	收东方公司货款	20000.00		借	87690.00
	6	银付	2	购买设备		22600.00	借	65090.00
	10	银收	4	销售乙产品给云天公司	22600.00		借	87690.00
	13	银收	5	预收置信公司货款	20340.00		借	108030.00
	14	银付	3	提现备用		10000.00	借	98030.00
	16	银付	4	支付恒运公司欠款		33900.00	借	64130.00
	18	银付	5	支付管理部门办公费		1200.00	借	62930.00
	19	银付	6	提现备用		900.00	借	62030.00
	24	银收	6	销售乙产品给置信公司	13560.00		借	75590.00
	27	银付	7	支付展览费和广告费		3180.00	借	72410.00
	28	银收	7	收世嘉公司欠款	56500.00		借	128910.00
	29	银付	8	支付水电费		5650.00	借	123260.00
	31			本月发生额	183000.00	79740.00	借	123260.00

（3）根据记账凭证填制各种明细分类账：

生产成本——甲产品明细账

| 2019年 | | 凭证 | | 摘要 | 借方 | | | | 贷方 | 方向 | 余额 |
月	日	字	号		直接材料	直接人工	制造费用	合计			
10	1			月初余额	3000.00	1500.00	500.00	5000.00		借	5000.00
	5	转账	2	生产领用A材料	20000.00			20000.00		借	25000.00
	26	转账	11	生产领用B材料	5000.00			5000.00		借	30000.00
	29	银付	8	支付生产用水电费	2500.00		2500.00	2500.00		借	32500.00
	31	转账	12	分配本月职工薪酬		11500.00		11500.00		借	44000.00
	31	转账	13	计提社保费等		1610.00		1610.00		借	45610.00
	31	转账	17	分配制造费用			4344.00	4344.00		借	49954.00
	31			生产成本合计	30500.00	14610.00	4844.00	49954.00		借	49954.00
	31	转账		结转完工产品					29972.40	借	19981.60
	31			在产品成本						借	19981.60
	31			本月发生额及余额	27500.00	13110.00	4344.00	44954.00	29972.40	借	19981.60

生产成本——乙产品明细分类账

| 2019年 | | 凭证 | | 摘要 | 借方 | | | | 贷方 | 方向 | 余额 |
月	日	字	号		直接材料	直接人工	制造费用	合计			
10	1			月初余额	1500.00	1200.00	300.00	3000.00		借	3000.00
	5	转账	2	生产领用A材料	10000.00			10000.00		借	13000.00
	26	转账	11	生产领用B材料	3000.00			3000.00		借	16000.00
	29	银付	8	支付生产用水电费	1500.00			1500.00		借	17500.00
	31	转账	12	分配本月职工薪酬		7500.00		7500.00		借	25000.00
	31	转账	13	计提社保费等		1150.00		1150.00		借	26150.00
	31	转账	17	分配制造费用			2896.00	2896.00		借	29046.00
	31	转账		生产成本合计	16000.00	9850.00	3196.00	29046.00		借	29046.00
	31	转账		结转完工产品					17367.60	借	11678.40
	31			在产品成本						借	11678.40
	31			本月发生额及余额	14500.00	8650.00	2896.00	26046.00	17367.60	借	11678.40

制造费用明细分类账

| 2019年 | | 凭证 | | 摘要 | 借方 | 贷方 | 借或贷 | 余额 |
月	日	字	号					
10	1			月初余额				0
	10	转账	6	车间领用A材料	1000.00		借	1000.00
	29	银付	8	支付生产用水电费	300.00		借	1300.00
	31	转账	12	分配本月职工薪酬	1000.00		借	2300.00

2019 年		凭证		摘要	借方	贷方	借或贷	余额
月	日	字	号					
	31	转账	13	计提社保费等	140.00		借	2440.00
	31	转账	14	计提固定资产折旧	4800.00		借	7240.00
	31	转账	17	结转本月制造费用		7240.00	平	0.00
	31			本月发生额及余额	7240.00	7240.00	平	0.00

库存商品——甲产品明细分类账

2019 年		凭证		摘要	借方	贷方	借或贷	余额
月	日	字	号					
10	1			月初余额			借	29000.00
	31	转账	18	结转本月完工产品成本	29972.40		借	58972.40
	31	转账	19	结转已销售产品成本		34000.00	借	24972.40
	31			本月发生额及余额	29972.40	34000.00	借	24972.40

库存商品——乙产品明细分类账

2019 年		凭证		摘要	借方	贷方	借或贷	余额
月	日	字	号					
10	1			月初余额			借	11000.00
	31	转账	18	结转本月完工产品成本	17367.60		借	28367.60
	31	转账	19	结转已销售产品成本		23500.00	借	4867.60
	31			本月发生额及余额	17367.60	23500.00	借	4867.60

原材料——A 材料明细分类账

2019 年		凭证		摘要	借方	贷方	借或贷	余额
月	日	字	号					
10	1			月初余额			借	18000.00
	4	转账	1	向恒运公司购进 A 材料	30000.00		借	48000.00
	5	转账	2	生产领用 A 材料		30000.00	借	18000.00
	10	转账	6	车间领用 A 材料		1000.00	借	17000.00
	20	转账	9	向吉祥公司购买 A 材料	9000.00		借	26000.00
	31			本月发生额及余额	39000.00	31000.00	借	26000.00

原材料——B 材料明细分类账

2019 年		凭证		摘要	借方	贷方	借或贷	余额
月	日	字	号					
10	1			月初余额			借	12000.00
	9	转账	5	收到上月预付款的 B 材料	10000.00		借	22000.00

续表

2019 年		凭证		摘要	借方	贷方	借或贷	余额
月	日	字	号					
	12	转账	7	管理部门领用 B 材料		1000.00	借	21000.00
	26	转账	11	生产领用材料		8000.00	借	13000.00
	31			本月发生额及余额	10000.00	9000.00	借	13000.00

应收账款——东方公司明细分类账

2019 年		凭证		摘要	借方	贷方	借或贷	余额
月	日	字	号					
10	1			月初余额			借	20000.00
	2	银收	3	收到东方公司所欠货款		20000.00	平	
	31			本月发生额及余额		20000.00	平	

应收账款——世嘉公司明细分类账

2019 年		凭证		摘要	借方	贷方	借或贷	余额
月	日	字	号					
10	1			月初余额			平	
	8	转账	4	销售甲产品给世嘉公司	56500.00		借	56500.00
	28	银收	7	收到世嘉公司欠款		56500.00	平	
	31			本月发生额及余额	56500.00	56500.00	平	

应收账款——明德公司明细分类账

2019 年		凭证		摘要	借方	贷方	借或贷	余额
月	日	字	号					
10	1			月初余额			平	
	17	转账	8	销售乙产品给明德公司	16950.00		借	16950.00
	31			本月发生额及余额	16950.00		借	16950.00

应收账款——成华公司明细分类账

2019 年		凭证		摘要	借方	贷方	借或贷	余额
月	日	字	号					
10	1			月初余额			平	
	22	转账	10	销售甲产品给成华公司	20340.00		借	20340.00
	31			本月发生额及余额	20340.00		借	20340.00

其他应收款——王波明细分类账

2019 年		凭证		摘要	借方	贷方	借或贷	余额
月	日	字	号					
10	1			月初余额			借	500.00
	6	转账	3	报销差旅费		400.00	借	100.00
	6	现收	1	王波退回出差多余款		100.00	平	
	31			本月发生额及余额		500.00	平	

其他应收款——张小刚明细分类账

2019 年		凭证		摘要	借方	贷方	借或贷	余额
月	日	字	号					
10	1			月初余额			平	
	19	现付	2	支付差旅费	500.00		借	500.00
	31			本月发生额及余额	500.00		借	500.00

预付账款——诚信公司明细分类账

2019 年		凭证		摘要	借方	贷方	借或贷	余额
月	日	字	号					
10	1			月初余额			借	24000.00
	9	转账	5	收到上月预付款的 B 材料		10000.00	借	14000.00
	31			本月发生额及余额		10000.00	借	14000.00

预付账款——房租明细分类账

2019 年		凭证		摘要	借方	贷方	借或贷	余额
月	日	字	号					
10	1			月初余额			借	0
	1	银付	1	预付本季度房租	2100.00		借	2100.00
	31	转账	15	摊销本月房租		700.00	借	1400.00
	31			本月发生额及余额	2100.00	700.00	借	1400.00

固定资产明细分类账

2019 年		凭证		摘要	借方	贷方	借或贷	余额
月	日	字	号					
10	1			月初余额			借	894000.00
	6	银付	2	购买设备	20000.00		借	914000.00
	31			本月发生额及余额	20000.00		借	914000.00

累计折旧明细分类账

\multicolumn{2}{c}{2019 年}	\multicolumn{2}{c}{凭证}	摘要	借方	贷方	借或贷	余额
月	日	字	号					
10	1			月初余额			贷	200000.00
	31	转账	14	计提固定资产折旧		6000.00	贷	206000.00
	31			本月发生额及余额		6000.00	贷	206000.00

短期借款明细分类账

\multicolumn{2}{c}{2019 年}	\multicolumn{2}{c}{凭证}	摘要	借方	贷方	借或贷	余额
月	日	字	号					
10	1			月初余额			平	
	1	银收	2	向银行取得短期借款		30000.00	贷	30000.00
	31			本月发生额及余额		30000.00	贷	30000.00

应付账款——恒运公司明细分类账

\multicolumn{2}{c}{2019 年}	\multicolumn{2}{c}{凭证}	摘要	借方	贷方	借或贷	余额
月	日	字	号					
10	1			月初余额			贷	10000.00
	4	转账	1	向恒运公司购进 A 材料		33900.00	贷	43900.00
	16	银付	4	支付恒运公司的欠款	33900.00		贷	10000.00
	31			本月发生额及余额	33900.00	33900.00	贷	10000.00

应付账款——吉祥公司明细分类账

\multicolumn{2}{c}{2019 年}	\multicolumn{2}{c}{凭证}	摘要	借方	贷方	借或贷	余额
月	日	字	号					
10	1			月初余额			贷	17000.00
	20	转账	9	向吉祥公司购买 A 材料		10170.00	贷	27170.00
	31			本月发生额及余额		10170.00	贷	27170.00

预收账款——置信公司明细分类账

\multicolumn{2}{c}{2019 年}	\multicolumn{2}{c}{凭证}	摘要	借方	贷方	借或贷	余额
月	日	字	号					
10	1			月初余额			平	
	13	银收	5	预收置信公司货款		18000.00	贷	18000.00
	31			本月发生额及余额		18000.00	贷	18000.00

应付职工薪酬明细分类账

2019 年		凭证		摘要	借方	贷方	借或贷	余额
月	日	字	号					
10	1			月初余额			贷	25600.00
	15	现付	1	发放工资	10000.00		贷	15600.00
	31	转账	12	分配本月职工薪酬		22000.00	贷	37600.00
	31	转账	13	计提社保费等		3080.00	贷	34520.00
	31			本月发生额及余额	10000.00	25080.00	贷	40680.00

应付利息明细分类账

2019 年		凭证		摘要	借方	贷方	借或贷	余额
月	日	字	号					
10	1			月初余额			平	
	31	转账	16	预提短期借款利息		200.00	贷	200.00
	31			本月发生额及余额		200.00	贷	200.00

实收资本明细分类账

2019 年		凭证		摘要	借方	贷方	借或贷	余额
月	日	字	号					
10	1			月初余额			贷	607100.00
	1	银收	1	收到新浦公司投资		20000.00	贷	627100.00
	31			本月发生额及余额		20000.00	贷	627100.00

主营业务收入明细分类账

2019 年		凭证		摘要	借方	贷方	借或贷	余额
月	日	字	号					
10	1			月初无余额				
	8	转账	4	销售甲产品给世嘉公司		50000.00	贷	50000.00
	10	银收	4	销售乙产品给云天公司		20000.00	贷	70000.00
	17	转账	8	销售乙产品给明德公司		15000.00	贷	85000.00
	22	转账	10	销售甲产品给成华公司		18000.00	贷	103000.00
	24	银收	6	销售乙产品给置信公司		12000.00	贷	115000.00
	31	转账	20	结转本月营业收入	115000.00		平	
	31			本月发生额及余额	115000.00	115000.00	平	

主营业务成本明细分类账

2019 年		凭证		摘要	借方	贷方	借或贷	余额
月	日	字	号					
10	1			月初无余额				
	31	转账	19	结转已销售产品成本	57500.00		借	57500.00
	31	转账	23	结转营业成本到本年利润		57500.00	平	
	31			本月发生额及余额	57500.00	57500.00	平	

销售费用明细分类账

2019 年		凭证		摘要	借方	贷方	借或贷	余额
月	日	字	号					
10	1			月初无余额				
	27	银付	7	支付产品展览费和广告费	3000.00		借	3000.00
	31	转账	23	结转损益到本年利润		3000.00	平	
	31			本月发生额及余额	3000.00	3000.00	平	

管理费用明细分类账

2019 年		凭证		摘要	借方	贷方	借或贷	余额
月	日	字	号					
10	1			月初无余额				
	6	转账	3	报销差旅费	400.00		借	400.00
	12	转账	7	管理部门领用 B 材料	1000.00		借	1400.00
	18	银付	5	支付管理部门办公费	1200.00		借	2600.00
	29	银付	8	支付生产用水电费	700.00		借	3300.00
	31	转账	12	分配本月职工薪酬	2000.00		借	5300.00
	31	转账	13	计提社保费等	180.00		借	5480.00
	31	转账	14	计提固定资产折旧	1200.00		借	6680.00
	31	转账	15	摊销本月管理部门房租	700.00		借	7380.00
	31	转账	23	结转到本年利润		7380.00	平	
	31			本月发生额及余额	7380.00	7380.00	平	

财务费用明细分类账

2019 年		凭证		摘要	借方	贷方	借或贷	余额
月	日	字	号					
10	1			月初无余额				
	31	转账	16	预提短期借款利息	200.00		借	200.00
	31	转账	23	结转损益到本年利润		200.00	平	
	31			本月发生额及余额	200.00	200.00	平	

所得税费用明细分类账

2019 年		凭证		摘要	借方	贷方	借或贷	余额
月	日	字	号					
10	1			月初无余额				
	31	转账	22	本月应交所得税	11515.50		借	11515.50
	31	转账	23	结转损益到本年利润		11515.50	平	
	31			本月发生额及余额	11515.50	11515.50	平	

应交税费——增值税明细分类账

2019 年		凭证		摘要	借方	贷方	借或贷	余额
月	日	字	号					
10	1			月初余额				
	4	银付	1	支付本季度房租进项税额	210.00		贷	−210.00
	5	转账	1	向恒运公司购进 A 材料进项税	3900.00		贷	−4110.00
	6	银付	2	购买设备进项税	2600.00		贷	−6710.00
	8	转账	4	销售甲产品给世嘉公司销项税		6500.00	贷	−210.00
	10	银收	4	销售乙产品给云天公司销项税		2600.00	贷	2390.00
	10	银收	4	预收置信公司货款销项税		2340.00	贷	4730.00
	17	转账	8	销售乙产品给明德公司		1950.00	贷	6680.00
	20	转账	9	向吉祥公司购买 A 材料	1170.00		贷	5510.00
	22	转账	10	销售甲产品给成华公司		2340.00	贷	7850.00
	22	银收	6	销售甲产品给置信公司		1560.00	贷	9410.00
	27	银付	7	支付展览费和广告费	180.00		贷	9230.00
	27	银付	8	支付水电费	650.00		贷	8580.00
	31			本月发生额	8710.00	17290.00	贷	8580.00

应交税费——所得税明细分类账

2019 年		凭证		摘要	借方	贷方	借或贷	余额
月	日	字	号					
10	1			月初无余额				
	31	转账	22	本月应交所得税		11515.50	贷	11515.50
	31			本月发生额及余额		11515.50	贷	11515.50

应交税费——城建税及教育费附加明细分类账

2019 年		凭证		摘要	借方	贷方	借或贷	余额
月	日	字	号					
10	1			月初无余额				
	31	转账	21	本月应交城建税及教育费附加		858.00	贷	858.00
	31			本月发生额及余额		858.00	贷	858.00

税金及附加明细分类账

2019 年		凭证		摘要	借方	贷方	借或贷	余额
月	日	字	号					
10	1			月初无余额				
	31	转账	21	本月应交城建税和教育费附加	858.00		借	858.00
	31	转账	23	结转损益到本年利润		858.00	平	
	31			本月发生额及余额	858.00	858.00	平	

应付股利明细分类账

2019 年		凭证		摘要	借方	贷方	借或贷	余额
月	日	字	号					
10	1			月初无余额				
	31	转账	25	本月应付利润		7000.00	贷	7000.00
	31			本月发生额及余额		7000.00	贷	7000.00

本年利润明细分类账

2019 年		凭证		摘要	借方	贷方	借或贷	余额
月	日	字	号					
10	1			月初余额			贷	50000.00
	31	转账	19	结转营业收入至"本年利润"		115000.00	贷	165000.00
	31	转账	23	结转主营业务成本、管理费用、财务费用等到"本年利润"	80453.50		贷	84546.50
	31			本月发生额及余额	80453.50	115000.00	贷	84546.50

利润分配明细分类账

2019 年		凭证		摘要	借方	贷方	借或贷	余额
月	日	字	号					
10	1			月初余额			贷	47000.00
10	31	转账	24	计提盈余公积	3454.65		贷	43545.35
	31	转账	25	本月应付利润	7000.00		贷	36545.35
	31			本月发生额及余额	10454.65		贷	36545.35

盈余公积明细分类账

2019 年		凭证		摘要	借方	贷方	借或贷	余额
月	日	字	号					
10	1			月初余额			贷	80000.00
	31	转账	24	计提盈余公积		3454.65	贷	83454.65
	31			本月发生额及余额		3454.65	贷	83454.65

（4）根据记账凭证编制科目汇总表（考虑到案例的简便性，按月编制）如下：

科目汇总表

2019 年 10 月

会计科目	期初余额		发生额		期末余额	
	借方	贷方	借方	贷方	借方	贷方
库存现金	200.00		11000.00	10500.00	700.00	
银行存款	20000.00		183000.00	79740.00	123260.00	
应收账款	20000.00		93790.00	76500.00	37290.00	
预付账款	24000.00		2100.00	10700.00	15400.00	
其他应收款	500.00		500.00	500.00	500.00	
原材料	30000.00		49000.00	40000.00	39000.00	
库存商品	40000.00		47340.00	57500.00	29840.00	
固定资产	894000.00		20000.00		914000.00	
累计折旧		200000.00		6000.00		206000.00
短期借款				30000.00		30000.00
应付账款		27000.00	33900.00	44070.00		37170.00
预收账款				18000.00		18000.00
应付职工薪酬		25600.00	10000.00	25080.00		40680.00
应交税费			8710.00	29663.50		20953.50
应付利息				200.00		200.00
应付股利				7000.00		7000.00
实收资本		607100.00		20000.00		627100.00
盈余公积		80000.00		3454.65		83454.65
本年利润		50000.00	80453.50	115000.00		84546.50
利润分配		47000.00	10454.65			36545.35
生产成本	8000.00		71000.00	47340.00	31660.00	
制造费用			7240.00	7240.00	0.00	
主营业务收入			115000.00	115000.00		0.00
主营业务成本			57500.00	57500.00	0.00	
营业税金及附加			858.00	858.00	0.00	
销售费用			3000.00	3000.00	0.00	
管理费用			7380.00	7380.00	0.00	
财务费用			200.00	200.00	0.00	
所得税费用			11515.50	11515.50	0.00	
合计	1036700.00	1036700.00	823941.65	823941.65	1191650.00	1191650.00

（5）根据科目汇总表登记总账如下（仅以登记库存现金和银行存款总分类账为示范，

其他总分类账的登记本书略）：

库存现金总分类账

2019 年		凭证		摘要	借方	贷方	借或贷	余额
月	日	字	号					
10	1			月初余额			借	200.00
	31			本月科目汇总表	11000.00	10500.00	借	700.00
	31			本月发生额及余额	11000.00	10500.00	借	700.00

银行存款总分类账

2019 年		凭证		摘要	借方	贷方	借或贷	余额
月	日	字	号					
10	1			月初余额			借	20000.00
	31			本月科目汇总表	183000.00	79740.00	借	123260.00
	31			本月发生额及余额	183000.00	79740.00	借	123260.00

（6）对账和结账工作（对账工作可以参照科目汇总表，结账步骤则参照以上给出的全部明细分类账）。

（7）根据总分类账和明细分类账相关数据编制会计报表如下：

资产负债表

编制单位：某企业　　　　　　　　　　2019 年 10 月 31 日　　　　　　　　　　单位：元

资产	期初数	期末数	负债及所有者权益	期初数	期末数
流动资产：			流动负债：		
货币资金	20200.00	123960.00	短期借款		30000.00
应收账款	20000.00	37290.00	应付账款	27000.00	37170.00
			预收账款		18000.00
			其他应付款		
			应付职工薪酬	25600.00	40680.00
预付账款	24000.00	15400.00			
其他应收款	500.00	500.00	应交税费		20953.50
存货	78000.00	100500.00	应付股利		7000.00
			应付利息		200.00
一年内到期的非流动资产			一年内到期的非流动负债		
其他流动资产			其他流动负债		
流动资产合计	142700.00	277650.00	流动负债合计	52600.00	154003.50

续表

资产	期初数	期末数	负债及所有者权益	期初数	期末数
非流动资产：			非流动负债：		
长期股权投资			长期借款		
固定资产：			应付债券		
固定资产原值	894000.00	914000.00	长期应付款		
减：累计折旧	200000.00	206000.00	其他非流动负债		
固定资产净值	694000.00	708000.00			
固定资产清理					
在建工程					
			长期负债合计		
固定资产合计	694000.00	708000.00	负债合计		154003.50
无形及递延资产：			所有者权益：		
无形资产			实收资本	607100.00	627100.00
递延资产			资本公积		
无形及递延资产合计			盈余公积	80000.00	83454.65
其他资产：			未分配利润	47000.00	36545.35
其他非流动资产			本年利润	50000.00	84546.50
其他资产合计			所有者权益合计	785000.00	831646.50
资产合计	836700.00	985650.00	负债及所有者权益合计	836700.00	985650.00

利 润 表

编制单位：某企业　　　　　　　　　　2019 年 10 月　　　　　　　　　　单位：元

项目	本月数	本年累计数（略）
一、营业收入	115000.00	
减：营业成本	57500.00	
税金及附加	858.00	
销售费用	3000.00	
管理费用	7380.00	
财务费用	200.00	
加：投资收益		
二、营业利润	46062.00	
加：营业外收入		
减：营业外支出		
三、利润总额	46062.00	
减：所得税费用	11515.50	
四、净利润	34546.50	

第四节 会计综合实验

根据下面提供的企业基本情况介绍和发生的经济业务，学习实践企业全部的会计处理过程，包括从获得或编制原始凭证开始到最后编制会计报表（可选择学过的任何账务处理程序处理）。

1. 企业基本情况

名称：（成都）华星床具厂（企业为一般纳税人）

开户银行：中国建设银行天府支行

账号：3078010154679

纳税人登记号：453809076243117

主要产品：学生双层床

经营地址：桂花路13号

法定代表人：王永

会计主管：程红

会计：（学生本人）

出纳：张巧

存货收发负责人：程兵

仓库保管员：赵迅

生产流程：一个加工车间负责切割→冲压→折弯→喷漆→塑型全部工序。

企业会计规范：遵循《企业会计制度》相关规定，由厂部统一核算。存货采用实际成本计价，发出存货成本采用先进先出法。成本核算采用品种法。

2. 有关账户期初余额

账户名称	借方余额	账户名称	贷方余额
库存现金	375	累计折旧	675000
银行存款	44250	应交税费——应交增值税	10500
应收账款——明远大学	82500	应交税费——应交城市维护建设税	735
预付账款	750	应交税费——教育费附加	315
原材料	375000	应付账款——星星公司	75000
库存商品	1507500	应付职工薪酬	180000
固定资产	2925000		
生产成本		实收资本	3750000
其他应收款		盈余公积	93825
		本年利润	100500
		利润分配——未分配利润	49500
合计	4935375	合计	4935375

原材料及库存商品明细账期初余额如下：

原材料名称	单位	数量	单价	金额
钢材	吨	130	2625	341250
油漆	千克	1500	15	22500
螺钉、螺帽	千克	250	15	3750
稀释剂	千克	750	10	7500
合计				375000
产品名称	单位	数量	单价	金额
学生双层床	张	4020	375	1507500

3. 有关经济业务

华星床具厂 2019 年 12 月的经济业务如下（增值税税率 13%）：

（1）1 日，向省师范大学销售学生双层床 2000 张，500 元/张，销项税额为 130000 元，款项共计 1130000 元，已存入银行。

（2）1 日，车间领用钢材 40 吨用于生产产品，共计 105000 元。

（3）1 日，向银行借入 3 个月的短期借款 150000 元，年利率 8%，到期一次还本付息。

（4）2 日，向重庆钢铁厂购买 1.33 毫米钢材 80 吨，单价 2700 元/吨，运输费用 10000 元，货款及税费已通过银行支付，材料已经验收入库。

（5）3 日，从银行提取现金 105000 元用于发放工资，当日予以发放。

（6）4 日，上缴 11 月税金：增值税 10500 元，城市维护建设税 735 元，教育费附加 315 元，以银行存款支付。

（7）7 日，购入螺钉、螺帽共计 30000 元，价税合计 33900 元，以银行存款付讫。

（8）8 日，新购入一台钢材切割机，规格 AYU－Q 型，价款 80000 元，增值税额为 10400 元，运输费用 2000 元，均以银行存款支付。

（9）9 日，厂部购买一批办公用品 300 元，以现金付讫。

（10）10 日，预付明年的企业财产保险费 12000 元，以银行存款支付。

（11）11 日，万科公司向华星床具厂投入资本 100000 元，已经存入银行。

（12）13 日，向成都科技大学销售双层床 400 张，500 元/张，价税共计 226000 元，款项暂未付。

（13）16 日，支付广而告之广告公司产品广告费 8000 元（增值税税率为 6%）。

（14）18 日，车间领用油漆 100 公斤和稀释剂 20 公斤，用于喷漆。

（15）20 日，支付给红牌楼酒店 50000 元业务招待费。

（16）21 日，向成都财政经贸学校销售双层床 550 张，单价 500 元，价税总额共计 310750 元，已存入银行。

（17）21 日，车间领用螺钉、螺帽 80 千克，用于制造双层床。

（18）27 日，转账支付电费共计 2712 元，含增值税 312 元，其中厂部用电 1000 元，车间用电 1400 元。

（19）31 日，分配本月工资费用：厂部人员工资 60000 元，车间生产人员工资 52000 元，车间管理人员工资 20000 元。

（20）31 日，计提本月固定资产折旧：厂部用固定资产折旧 3000 元，车间用固定资产折旧 15000 元。

（21）31 日，按本月工资的 8% 计提养老保险，4% 计提医疗保险，2% 计提失业保险。

（22）31 日，由于本月只生产一种产品，制造费用可以直接全部计入生产成本。

（23）31 日，本月产品全部完工，540 张双层床完工入库。

（24）31 日，计提本月利息费用 1000 元。

（25）31 日，摊销本月应负担的企业财产保险费 750 元。

（26）31 日，结转本月销售产品成本。

（27）31 日，计算本月应缴纳的城市维护建设税及教育费附加。

（28）31 日，计算本月应交所得税，税率 25%。

（29）31 日，按净利润的 10% 提取盈余公积。

（30）31 日，结转本年利润到"利润分配——未分配利润"。

（31）31 日，结转利润分配到"利润分配——未分配利润"。

附相关原始凭证见本书附件。

第六章
内部控制制度与财产清查

建立有效的内部控制制度是为了保护财产物资的安全和完整，保护企业经营活动的有效进行，提高会计信息质量。企业通过财产清查，可以及时发现、查明内部控制、管理失控等问题，以便有关部门及时采取相应措施，使企业内部控制系统得以充分发挥作用。

第一节　内部控制制度

为了加强和规范企业内部控制，提高企业经营管理水平和风险防范能力，促进企业可持续发展，企业应根据成本和效益原则建立一套适合自身的内部控制制度体系。

一、内部控制制度的概念

企业管理人员的主要职责之一就是将企业的经营置于其控制之下。控制是"为了确保组织目标以及为此而拟订的计划能够得到实现，各级主管人员根据事先确定的标准或因发展的需要而重新拟定的标准，对下级的工作进行衡量、测量和评价，并在出现偏差时进行纠正，以防止偏差继续发展或今后再度发生。或者在计划的执行过程中，根据组织内外环境的变化和组织发展的需要，对原计划进行修订或制定新的计划，并调整整个管理工作过程"（《哈佛管理全集》）。内部控制就是企业的所有者、最高管理人员制定企业整体目标，并在各层管理人员领导下，由职员实现以下目标所采取的组织计划和各种相关措施：①保护资产安全、完整；②鼓励遵循公司政策；③提高经营效率；④确保经营信息和会计记录的准确、可靠。因此，内部控制不仅是会计人员的职责，也是管理者的职责。内部控制包括内部管理控制和内部会计控制。

二、内部控制的基本方法

现代内部控制作为一种先进的企业内部管理制度已经被普遍采用。建立完善、严密的内部控制并严格地加以执行，可以使企业内部组织合理，分工明确，职责分明，权限适度，管理科学。建立有效的内部控制系统应采用的内部控制方法主要有以下几种：

（一）组织规划控制

即对单位组织机构设置、职务分工的合理性和有效性进行的控制。组织规划控制的核心是机构设置和职务分工均应体现不相容职务相互分离的原则。

不相容职务是那些如果由一个人担任，既可能发生错误和舞弊行为，又可能掩盖其错误和舞弊行为的职务。不相容职务相分离限制了舞弊的机会，提高了会计记录的准确性。不相容职务相互分离控制主要包括以下内容：

1. 业务与会计相分离

整个会计职能应该完全独立于经营部门，如生产部门、销售部门等，以保证会计记录的可靠性。即存货记录应该是会计人员而非销售人员，产品验收入库应该是产品检验员而非产品生产人员。

2. 资产的保管与会计相分离

出纳不能兼任会计工作，会计不能兼任出纳工作，这样可以减少欺诈和盗窃行为。如果一个职员既经管现金又负责会计记录，该职员就可以盗窃现金并通过在账簿上作一笔假分录来隐瞒自己的盗窃行为。又如仓库保管员不能兼任会计工作。如果仓库保管员既管库房，又能对存货进行会计记录，就可能偷走存货并将其作为残次产品在会计记录上冲销。

3. 业务授权与相关资产保管相分离

批准向供货商付款的人与签发支票的人不应是同一人。如果同时具有这两项职权，此人就可以授权向自己付款并向自己签发支票。而当这些职责相分离时，不同职务之间可以相互约束，只有合法的账单才能被支付。同理赊销商品的企业在发现某些应收账款不能收回时，会将这些应收账款划为不可收回账款，这时负责现金收入的人不应有权冲销应收账款。

4. 会计责任的分离

建立会计人员岗位责任制，对会计人员进行科学的分工，使之形成相互分离和制约状态。将有助于减少错误和欺诈的机会。如应由不同的会计负责记录现金收入和现金支出。负责应付账款和支票申请的人不得负责授权批准工作。

（二）授权批准控制

授权批准是指单位在处理经济业务时，必须经过授权批准以便进行控制。授权批准按其形式分可分为一般授权和特殊授权。

一般授权是指对办理常规业务时权力、条件和责任的规定，一般授权时效性较长。特殊授权是对办理例外业务时权力、条件和责任的规定，一般其时效性较短。不论采用哪一种授权批准方式，企业必须建立授权批准体系，其中包括：

其一，授权批准的范围。通常企业的所有经营活动都应纳入其范围。

其二，授权批准的层次。应根据经济活动的重要性和金额大小确定不同的授权批准层次，从而保证各管理层有权亦有责。

其三，授权批准的责任。应当明确被授权者在履行权力时应对哪些方面负责，应避免授权责任不清，一旦出现问题又难辞其咎的情况发生。

其四，授权批准的程序。应规定每一类经济业务审批程序，以便按程序办理审批，以避免越级审批，违规审批的情况发生。

内部控制要求明确一般授权和特别授权的责任和权限，以及每笔经济业务的授权批准程序，并按照规定的权限和程序执行。

（三）会计系统控制

企业的会计系统为企业提供成本信息、营运信息、生产信息、库存信息等。因此，企业应加强会计系统控制。会计系统控制主要包括：①建立健全内部会计管理规范和监督制度，明确权责，相互制约。②统一企业内部会计政策。③统一企业内部会计科目。④规范会计凭证、账簿和财务报告的处理程序和方法。

（四）预算控制

预算控制是内部控制的一种重要方法，它由预算编制、预算执行、预算考核等构成，其内容可以涵盖单位经营活动的全过程，包括筹资、融资、采购、生产、销售、投资等诸多方面。预算内资金实行责任人限额审批，限额以上资金实行集体审批。严格控制无预算的资金支出。

（五）职工素质控制

企业员工应是可靠、富有竞争力和遵守职业道德的员工。为此应建立对员工的培养、选拔、考核和监督的办法。如在多个岗位上轮换职员可以提高职员的可靠性；训练员工使其做好本职工作；监督职员工作等有助于企业建立一支富有竞争力的员工队伍。

（六）内、外部审计

审计有内部审计和外部审计之分。外部审计人员完全独立于企业，他们以局外人的身份对企业整体进行审计。内部审计则是要确保企业员工遵守企业的制度，内部审计人员直接将其结果报送审计委员会或董事会，或总经理。

不论是内部审计还是外部审计，审计人员均需独立于他们所审查的经济业务。审计人员在一定的时期内审查所有的业务是不经济的，因此必须依赖会计系统生成准确的会计记录。企业会计记录是否准确，会计系统是否可靠，需要评估其内部控制制度。此外，审计人员还需指出该制度的薄弱环节并提出相应改进意见。

（七）电子信息技术控制

企业可运用电子信息技术手段建立内部会计控制系统，减少和消除人为操纵因素，确保内部会计控制的有效实施。

三、内部控制的局限性

内部控制措施也具有局限性。企业内部控制制度能够有效防范错弊，产生效率和效益。内部控制系统越严格，其控制的效果也可能越好，但建立、维护和修订这套控制制度的成本也会相应增大。

一个过于复杂的内部控制系统可能会使人纠缠于繁杂的公事程序之中。系统越复杂，越要花更多的时间和金钱来维护它。内部控制应严格到什么程度才好呢？一般而言，内部控制应当遵循成本效益原则，以合理的控制成本达到最佳的控制效果。各种控制程序和方法的成本不应超过错误或潜在风险可能造成的损失和浪费。一些理想的内部控制往往因成本太高而不为经理所采用。

第二节 内部控制方法的应用

保护财产物资的安全和完整是企业建立内部控制制度的首要目标。本节从货币资产与实物资产的内部控制两方面介绍内部控制方法的具体应用。

一、货币资金的内部控制

货币资金包括库存现金、银行存款和其他货币资金。货币资金（广义的现金）是企业资产中流动性最强的资产，是企业资产的重要组成部分。货币资金同时也是对窃贼最有诱惑力的资产。因此，货币资金的管理是内部控制的重点内容之一。

（一）库存现金收入的内部控制

库存现金是单位为了满足经营过程中零星支付的需要而保留的现金，主要用于日常发生的小额、零星费用的支出。建立库存现金收入的内部控制制度是防范现金流失的重要手段。

对库存现金收入的内部控制是要确保所有的库存现金收入都存入银行且企业的会计记录正确。库存现金收入的内部控制要点如表 6-1 所示：

表 6-1 现金收入的内部控制要点

内部控制的内容	库存现金收入的内部控制
职工素质	企业应仔细审查员工是否有不良的个人品质。此外，还需实施员工培训计划
合理分工	指定特定员工担任出纳或管理出纳的人员，或现金收入会计
合理授权	只有指定的授权人（如部门经理）可批准顾客的特殊情况，如同意超过支票限额的支票收入和允许顾客赊购商品

续表

内部控制的内容	库存现金收入的内部控制
职责分离	出纳不得兼任稽核、会计档案保管和收入、支出、费用债权、债务账目的登记工作，记录现金收入的会计不得兼管现金
内外部审计	内部审计人员检查企业的业务是否与管理政策相符。外部审计人员检查现金收入的内部控制，确定由会计系统产生的与现金收入相关的营业收入、应收项目和其他项目是否准确
凭证和记录	顾客要收到业务记录的收据，银行对账单要列示现金收入以便与企业记录对照检查
电子设备及其他控制	由现金出纳机进行业务记录，出纳受其制约。现金要存放于保险柜和银行里。每天的收入应与客户的汇款通知书和从银行取得的送款单一致。企业根据具体情况进行岗位轮换

（二）库存现金支出的内部控制

库存现金是企业支付款项的重要手段，也是经济犯罪的主要目标之一。现金支出内部控制的完善是控制企业资产流失的关键控制点。

1. 库存现金支出内部控制的要点

库存现金支出与现金收入同样重要。控制非法和不合理的资金流出，关键是看支出程序是否合法、合理。现金支出内部控制要点如表6-2所示。

表6-2 库存现金支出内部控制要点

内部控制的内容	库存现金支出的内部控制
职工素质	库存现金支出应由高层职员管理，大额付款应由财务主管或财务主管助理经办
合理分工	特定授权的人员批准付款的购货凭证，有效的支票必须由经过授权的管理人员签发
合理授权	大额开支必须由董事会或获得授权的管理层人员授权，以确保与企业目标一致
职责分离	计算机程序员和其他经管支票的员工不得接近会计记录，登记现金支出的会计不得有经管现金的机会
内、外部审计	内部审计人员审查企业业务是否与管理政策相符。外部审计人员检查现金支出的内部控制，确定由会计系统产生的费用及资产和与现金支出相关的其他项目的金额是否准确
凭证和记录	付给供货商货款必须依据供货商开出的发票；支票要按顺序编号，以说明付款的顺序；银行提供的对账单应由专人核对，用于核查企业的银行存款账户账面记录
电子设备及其他控制	各种票据的购买、保管、领用、背书转让、注销等应专设备查簿登记；财务专用章应由授权的专人自行保管，个人名章必须本人或其授权人员保管；应严禁由一个人保管支付款项所需的全部印章

2. 用支票付款的控制

用支票付款是现金支出的一种重要控制。首先，支票是一种原始凭证；其次，有效的支票必须经过有授权的管理人员签发，因此每笔付款均会引起管理人员的重视。在签发支票前，管理人员需研究付款的原因。为此，要做到"四审四看"：一是审支付申请，看申请是否有理有据；二是审支付审批，看审批程序、权限是否正确，审批手续是否完备；三是审支付复核，看复核工作是否到位；四是审支付办理，看货币资金支付是否按审批意见和规定程序、途径办理，出纳是否及时登记银行存款日记账。

（三）利用"银行存款"账户作为控制手段

将现金存入银行是内部控制的一部分，因为银行在保护现金方面有有效的实际措施。同时银行还向存款人提供现金交易的详细记录，可以与企业日记账对照检查。用于控制银行账户的凭证包括以下内容：

1. 预留印鉴样本

银行要求每个通过银行账户经办业务的企业留有印鉴或签字样本。银行要将企业送交银行的凭证上的印鉴与预留印鉴样本相对照，以防止伪造印鉴或签名给银行和存款人带来损失。

2. 存款单

银行提供存款单的标准格式。存款人在上面填写存款的金额和日期，并依据银行的惯例，保存存款收据作为经办业务的凭据。

3. 支票

为了从账户上取钱，存款人需填写支票。支票是委托银行向指定的个人或企业支付一定数额款项的凭证。它涉及三个方面的关系人，即签发支票的出票人、收取支票的收款人以及支取支票的银行。多数支票都是连续编号，并预先印好银行的名称、编号等。支票上有指定的地方填写日期、收款人姓名、出票人签章以及金额。

4. 银行对账单

银行均按月向其存款人送交银行对账单。对账单上列有期初和期末该账户的余额以及本月所发生的各项业务，包括在银行对账单中的还有银行已经支付了的出票人的支票。此外，银行对账单还要列出各项存款和账户的其他变化。

5. 银行存款余额调节表

企业银行存款日记账的余额很少能与银行对账单上的金额相一致。企业的账簿与银行对账单的金额尽管有差额，但可能两者都是正确的，因为差额可能是由于一方某些业务记录滞后而导致的，即存在着未达账项。引起银行对账单与账面记录的银行存款余额不相等的常见原因如下：

（1）企业已经入账，银行尚未入账的业务。①在途存款。指企业已借记"银行存款"而银行尚未贷记企业账户。例如，企业月终将从销货客户处收到的转账支票存入银行，在企业账上已借记"银行存款"，但由于银行尚未办妥兑收手续，未及时记入企业的存款账内。②未清偿的支票。这些支票已由企业签发并登记账簿，但尚未由银行付款。即企业已贷记"银行存款"账户而银行未借记企业账户。

（2）银行已经入账，企业尚未入账的业务。①银行收款。银行已收妥企业托收的款项，将收到的款项直接计入企业的存款账户。但企业因尚未收到银行的收款通知，还未能借记"银行存款"账户。②服务费。银行向企业结算并收取的借款利息或收取其他手续费用，已由银行直接从企业存款账户中减去，而企业还未贷记"银行存款"账户。

（3）企业或银行的错误。例如，银行可能会错误地将 A 企业的支票，减记 B 企业的银行账户金额；或者企业因工作失误而使其账面的银行存款额出错。

为了核实银行存款账面余额，企业在收到银行送来的对账单时，应编制银行存款余额调节表。经过调节，银行的账面余额应与企业的银行存款账面余额相符。对存款余额进行调整，可按下列公式进行计算：

企业银行存款日记账账面余额 + 银行已收企业未收的款项 − 银行已付企业未付的款项 = 银行对账单余额 + 企业已收银行未收的款项 − 企业已付银行未付的款项

银行存款余额调节表的格式如表 6 – 3 所示。例如，某企业 2019 年 5 月 31 日的银行存款日记账上的余额为 162600 元，银行送来的同日对账单上列示的企业银行存款余额为 167400 元。经逐笔核对后，发现以下账项需要调节：

其一，开出转账支票一张，金额 800 元，企业已记银行存款减少，持票人尚未到银行办理转账。

其二，收到转账支票一张，金额 1400 元，送存银行，企业已记银行存款增加，而银行尚未入账。

其三，企业委托银行托收的 6400 元货款，银行已收并登记入账，而企业尚未入账。

其四，银行已为企业支付水费 1000 元，已登记银行存款减少，而企业尚未入账。

根据上述资料，该企业编制的 2019 年 5 月 31 日银行存款余额调节表如表 6 – 3 所示。

表 6 – 3　银行存款余额调节表

2019 年 5 月 31 日　　　　　　　　　　　　　　　单位：元

项目	金额	项目	金额
企业银行存款日记账账面余额	162600	银行对账单的存款余额	167400
加：银行已代收的销货款	6400	加：存入的转账支票	1400
减：银行已代扣的水费	1000	减：已开出尚未转账的支票	800
调节后的余额	168000	调节后的余额	168000

企业应当指定专人定期核对银行账户，每月编制银行存款余额调节表。如调节不符，应查明原因，及时处理。即使企业与银行的账面余额一致，也不能认为完全不存在任何弊端。例如，有人私自挪用企业的银行存款，又悄悄地把存款存回银行，这种情况下如果偏重余额调节就不能发现和暴露挪用存款的舞弊行为。通过专人逐笔勾对和当面对账，就能够把诸如此类的舞弊行为清查出来。

二、实物资产的内部控制

实物资产包括企业各类固定资产和存货。实物资产的保管，应明确指派专人负责；保管员应实行定期轮岗、轮休；贵重实物资产应由两人以上共同保管；一切实物资产收发的单据，应事先印制、连续编号并妥善保管。与实物资产流入、流出、记录、保管有关的各岗位应予分离；应采用永续盘存制定期对实物资产进行全面盘点。

（一）固定资产管理的内部控制

固定资产管理的内部控制要点有：

其一，编制固定资产年度预算，可以预计未来年度的资本支出，控制资产的新增和废弃，同时增加固定资产的可信赖程度。

其二，预算的执行和更改应有必要的批准手续，授权人和被授权人应有明确的分工。如采购应有专门的部门，负责购入资产的发票既要有责任人签字，又要有授权人签字。

其三，对资产的总账记录和明细记录定期核对。总账记录能保证对明细记录的控制，而明细记录又能与实物对应，反映其停用、出租、折旧和修理等情况。

其四，企业的资本性支出和收益性支出的界限应以书面形式规定下来，并且定期检查来确定上述规定是否得以贯彻。

其五，定期盘点制度不但有利于检查固定资产的存在与否，而且有利于及时发现固定资产在管理中的弊端，有利于加强保养，延长资产的使用寿命。

其六，如果要求处置固定资产，应该由使用部门或职能部门提出要求，经审批部门审批，在获准处理后，最好由专门部门处置。

其七，应对设备制定定期维修制度。办好必要的财产保险，一旦发生意外，可以降低企业的损失。管理者应重视固定资产在资产中的比重，定期的分析和报告制度可以揭示固定资产使用与目标之间的差异，并为编制下期预算提供依据。

（二）存货管理的内部控制

存货是指企业为销售或耗用而存储的各种资产，对于不同性质的企业，其存在形态不同。工业企业存货主要包括原材料、辅助材料、在产品、产成品、包装物、低值易耗品等；商品流通企业存货主要包括库存商品、材料物资、包装物、低值易耗品等。存货的种类繁多、存放分散、变动频繁，因而较易发生记账错误、损坏变质、短缺和被盗等情况；再者，存货通常是数额最大的流动资产，且占企业总资产的比重很大。因此，存货的内部控制十分重要。

存货的内部控制要点如表6-4所示。

表6-4 存货的内部控制要点

内部控制的内容	存货的内部控制
加强管理	建立请购审批制度和验收保管制度。外购存货应有采购计划并填写请购单。请购单由高层管理人员审批；采购或生产完工的存货应由独立于上述部门以外的人来验收
合理分工	存货业务涉及采购、验收、保管、发运、记账等环节，这些环节之间应建立明确的分工

内部控制的内容	存货的内部控制
合理授权	大额采购必须由董事会或获得授权的管理人员授权；仓储部门只有经授权批准的人才能进入；能接触入库存货的人应进行严格限制
职责分离	存货的采购、生产人员与验收、保管人员应分离；负责存货储存保管的人不能同时负责存货账户的会计记录；存货的盘点应由负责保管、使用存货或负责记账的职员与独立于这些职能的其他人员共同进行
内外部审计	内部审计人员审查企业业务是否与管理政策相符；外部审计人员检查存货的内部控制；检查存货的数量是否真实；计价是否正确；记录是否正常以及存货在有关部门报表中的列示是否合理
凭证和记录	入库单、退库单、领料单、发货单、出库单、销售出库凭证均是重要的存货控制凭证。所有存货都要按品种、规格、型号等建立库存实物明细卡片；定期对存货的收、发、存数量和金额进行动态核算，确保账实相符
电子设备及其他控制	采取定期盘点、财产记录、财产保险等措施

第三节　财产清查

为了掌握单位各项财产的真实情况，保证会计信息的准确可靠及财产的安全完整，企业应当对其财产进行清查。

一、财产清查的概念

财产清查是指对各项财产进行实地盘点和核对，查明财产、货币资金和结算款项的实有数额，确定账实相符的一种专门方法。

日常会计核算可以在一定程度上保证账簿记录本身的正确性，但这并不能完全说明账簿所记录的所有资料就是客观、真实、正确、完整的。企业日常在账簿中所记录的资料与其财产的实际状况往往会存在一定差异，导致财产的账面数额同实际数额不符。造成账实不符情况的原因是多方面的，其原因主要有：

（一）正常原因

如财产在进行收、发、转移时，由于没有按照有关规定办理会计手续，使财产发生短缺或产生账外财产；财产在收、发过程中，由于计量、检验不准确造成财产在品种、数量或质量上的差错；由于自然原因造成财产的自然损耗、升溢；由于结算凭证传递不及时造成未达账项；由于会计人员账簿记录错误造成账实不符；等等。

（二）非正常原因

如管理不善或者工作人员失职造成财产的短缺、变质和毁损；不法分子的贪污盗窃、营私舞弊等原因造成财产的损失；发生自然灾害造成财产的非常损失；等等。

由于以上原因的存在，需要定期和不定期地运用专门的方法对财产进行清查盘点、核对，确定财产的实存数额，并将其与账存数额相对比。如存在差异，则要调整账簿记录，查明差异产生的原因与责任，并按有关规定进行处理，确保账实相符，保证财产的安全、完整和合理、有效地使用。

二、财产清查的作用

财产清查作为会计核算的专门方法，对于保证会计信息的真实、准确，保护企业财产的安全完整，挖掘财产潜力，加速资金周转，维护财经纪律等方面都起着积极的作用。

（一）保证账实相符和会计信息的真实、可靠

企业通过财产清查，可以确定各项财产的实存数额，保护财产的安全和完整。通过财产清查还可以对有关账簿记录起到一个核对的作用，为会计报表的编制做好准备，并确保其资料来源的可靠和真实。为防止管理制度不健全、不完善造成的财产短缺或损失，则应当进一步检查内部控制制度是否有效，以完善财产的管理制度，杜绝弊端。

（二）挖掘财产潜力，加速资金周转

通过财产清查可以查明各项财产的分布及使用情况，及时发现财产有无超储积压、冷背呆滞等现象，并采取相应的措施。对于分布不合理的财产应当进行必要的调整；对于使用无效益或效益较差的财产应当挖掘潜力，提高其使用效益，使得各项财产充分发挥作用，避免损失浪费，提高资金使用效益。

三、财产清查的种类

财产清查按照不同的标准可以分为不同种类。

（一）按财产清查的范围分类

财产清查按照清查对象范围的不同，可以分为全面清查和局部清查。

1. 全面清查

全面清查是对企业所有的财产进行全面的盘点和核对。全面清查范围较广，清查的财产不仅包括本企业所有的财产，而且还包括受其他单位委托代管的各项财产。企业全面清查的具体内容包括：

（1）全部固定资产。如房屋、建筑物、机器设备、在建工程等。

（2）全部存货。如材料、在产品、产成品等。

（3）全部货币资金。如现金、银行存款等。

（4）各种结算资金。如各种应收、应付、预收、预付款项。

（5）各种在途材料、在途商品和物资等。

（6）各种受托代管财产。如代外单位加工、保管的各种材料、产品、商品等。

（7）各种委托代管财产。如本企业委托其他单位加工、保管的各种财产。

由于全面清查范围广，内容多，投入的人力多，花费的时间长。一般是在以下几种情况下才进行全面清查：一是年终决算以前；二是企业合并、撤销或改变隶属关系时；三是开展清产核资、资产评估等活动。

2. 局部清查

局部清查是根据需要对单位一部分财产进行的盘点和核对。鉴于全面清查的内容多，工作量较大，进行一次清查所需的时间比较长等特点，对于一些必要的财产还要进行局部的清查。局部清查一般在以下几种情况下进行：流动性较大的财产。如材料、在产品、产成品等，除在年度决算前进行全面盘点外，每月、每季都应当进行必要的抽查和轮流盘点。贵重的财产，每月至少要清点一次。应收、应付等债权、债务，每季度应当核对一次；现金，应由出纳人员在每日业务终了，于当日清点一次。银行存款和银行借款应当每月同银行核对一次。固定资产和在建工程等财产可根据需要进行清查。

以上清查内容是企业在正常的情况下为保证账实相符而进行的必要清查。除此之外，单位在发生意外事故（如被盗）、自然灾害和更换有关管理人员时，也应当对有关财产进行局部清查，以确保账实相符，保证单位财产的安全、完整不受侵害。

（二）按照财产清查的时间分

财产清查按照清查的时间不同，可分为定期清查和不定期清查。

1. 定期清查

定期清查是指按预先计划安排的时间对财产所进行的清查。这种清查通常在月末、季末、年终、每日结账时进行，其清查财产的范围可根据实际需要来决定，清查的内容既可以是全面清查，也可以是局部清查。在一般情况下，会计年度终了进行年度决算以前，应当对财产进行全面的盘点和核对，实施全面清查；在月末和季末可对贵重财产以及现金和银行存款等进行盘点和抽查，实施局部清查。

2. 不定期清查

不定期清查是指根据实际需要，事前不规定清查的时间而临时实施的财产清查。不定期清查同定期清查一样，其清查范围可以是全部财产，也可以是部分财产，这要根据实际情况来决定。不定期清查的时间可临时决定，不必事前作出计划，不定期清查一般在以下几种情况下进行：①更换财产保管人员；②发生自然灾害等非常损失；③企业发生合并、分立、清算等产权变动；④临时性清产核资；⑤受到财政、税务、物价、银行、审计等部门检查。

四、财产清查的方法

建立科学适用的财产物资盘存制度是查清企业实物资产数量和进行价值核算的基础。

（一）财产物资的盘存制度

按照确定财产物资账面结存数量的依据不同，财产物资的盘存制度可分为"永续盘存制"和"实地盘存制"。

1. 永续盘存制

永续盘存制，又称账面盘存制。是指平时对各项财产的增加数和减少数，在有关账簿记录中进行连续登记，并随时结算出各种财产的账面结存数量和结存金额的一种盘存方法。收入和发出财产后，该项财产结存数额的计算公式如下：

结存数额 = 原结存数额 + 收入数额 − 发出数额

各项财产的期末余额同样也可以在账面上依据下列公式直接计算出来：

期末余额 = 期初余额 + 本期增加金额 − 本期减少金额

采用永续盘存制度，在会计核算手续上较为严密，对于财产的变动情况要逐日、逐笔地进行登记并随时结出其财产余额。因此，对财产的增减变动反映是相当及时的，有利于掌握财产收、发、存状况。这对于加强财产管理，保证财产安全、完整都起到了重要的作用。但永续盘存制度也存在不足之处，那就是该盘存制度工作量比较大，需逐日、逐笔登记账簿。在各单位，虽然广泛采用永续盘存制度，但它并不能代替实际盘点。这是因为，尽管永续盘存制手续比较严密，记录也较为及时，但是发生账实不符的各种主客观原因依然存在，并不能从根本上避免账实不符情况的发生。

2. 实地盘存制

实地盘存制也称定期盘存制或以存计销制，是指通过定期对实物的清点来确定各项财产的期末结存数量，从而计算出发出数量和金额以及结存金额的一种方法。这种盘存制度对于各项财产的增减变动，平时只根据会计凭证在有关账簿中登记增加数，不登记减少数，到月末，再根据实地盘点的财产实存数量倒挤出其减少数（盘存计耗或盘存计销），并据以在有关账簿中进行登记。其计算公式如下：

本月减少数 = 期初结存 + 本期增加数 − 期末实存数

采用实地盘存制的优点是，由于平时不在账簿中登记财产减少数从而减少了会计核算的工作量。其缺点是，由于通过盘存计销来登记减少数，因此，手续不够严密，反映出来的数字不一定很精确和真实。平时在账簿上不登记财产的发出、减少数，因而无法及时、准确地了解财产的增减变动情况，不利于对财产物资的控制，一般应当同永续盘存制结合使用。

（二）财产清查的基本方法

财产清查业务工作量大涉及面广，为保证工作效率及工作质量，应通过针对不同清查内容而采用不同的方法来进行。

1. 实地盘点法

实地盘点法是指对各项财产通过逐一清点，或者用计量器具来确定其实存数量的一种方法。实地盘点法一般是将存放地点的财产通过点数、量尺、过磅等手段来具体确定其数量。这种方法适用范围较广，大多数财产都可使用。实地盘点法的局限性是只适用于能直接查清数量的财产，对于应收账款等项目则不适用。

2. 技术推算法

技术推算法是通过技术推算确定财产物资实存数量的一种方法。这种方法一般适用于数量多、价值低、难以逐一清点的实物财产。

3. 查询核实法

查询核实法是指通过发函或派人，运用查对、询问的方式确定财产数量或价值的一种清查方法。查询法可分为面询法和函询法两种，面询法是直接通过同有关单位或人员进行面谈的方式弄清财产数量或价值的方法。函询法是以发函的方式给有关单位或个人，让对方利用信函说明经济业务的实际情况，以此来确定财产的数量和价值的方法。在财产清查中，查询法特别适用于债权、债务等业务的清查。

4. 对账单法

将账簿记录与对方开出的对账单进行核对，或者根据账簿记录给对方开出对账单与之核对。这种方法适用于银行存款及应收项目的核对。

五、财产清查结果的处理

财产清查的结果，企业应当按照国家有关会计准则、制度的规定进行处理。

（一）盘存表

为了明确责任，对实物财产进行盘点时，必须有实物经管人员在场。盘点时，清查人员要认真盘点核对，做好记录。对清查中发现的异常情况如霉烂、破损、不配套、失效过期等应予以注明，并提出处理意见。盘点结束，需由盘点人员根据盘点结果填制"盘存表"，并由盘点人员和实物保管人员签字或盖章。

"盘存表"是记录实物盘点结果，据以确定实物资产实有数额的原始凭证，其格式如表6-5所示。

表6-5 盘存表

财产类别：　　　　　　　盘点地点：　　　　　　　编号：
盘点日期：　　　　　　　存放地点：

编号	名称	规格	计量单位	数量	单价	金额	备注

盘点人签章：　　　　　　　　　　保管人签章：

（二）实存账存对比表

该表用以确定实存数与账存数之间的差异，并作为调整账面记录的依据。首先，以该表为基础核准各类资产的盈亏情况，分析与查明账实不符的性质与原因，明确责任，按规定程序报请有关部门及领导处理，并针对清查中发现资产管理方面的问题总结经验，提出改进措施，健全和完善有关资产管理的各种规章制度。其次，对清查中发现的盘盈、盘亏资产，按规定程序报经有关部门批准后，及时调整记录。其格式如表6-6所示。

表6-6　实存账存对比表

编号	类别及名称	计量单位	单价	实存		账存		对比结果				备注
				数量	金额	数量	金额	盘盈		盘亏		
								数量	金额	数量	金额	

填表人签章：

（三）财产清查结果的处理

企业在财产清查中发现的问题，首先应该核准金额找出原因，按照规定程序报经主管领导批准才能进行会计处理。

1. 财产清查结果的处理要求

财产清查结果的处理要求包括以下几个方面：

（1）分析产生差异的原因和性质，提出处理建议。对财产清查过程中所发现的各种财产盘盈、盘亏和毁损等账实不符情况，应当认真分析其账实不符产生差异的原因，研究其性质，并在明确责任的基础上，提出处理意见，按规定报请有关部门和领导进行审批。审批处理后，应当严格执行审批意见，调整有关账簿记录，做到账实相符。

（2）积极处理多余积压财产，清理往来款项。对财产清查过程中发现的多余和积压财产，在查明原因的基础上，报经领导批准后，可及时进行处理；对于长期拖欠以及有争议的往来款项，应当认真查明原因，必要时可指定专人负责，及时予以清理，以挖掘企业财产潜力，加速资金的周转，提高经济效益。

（3）总结经验教训，建立健全各项管理制度。对于通过财产清查而发现的在会计核算、会计管理、财产管理等各方面的先进经验和教训，应当认真进行总结。好的方面应当坚持和发扬，不足之处应当提出改进意见或采取措施，努力建立和健全各项管理制度，避免问题的再次发生，从而提高会计工作和管理工作的水平。

（4）及时调整账簿记录，保证账实相符。对于财产清查过程中所发现的盘盈、盘亏或毁损等情况，应当按照有关规定及时进行处理，调整相关的会计账簿记录，切实做到账实相符。对于清查过程中发现的坏账损失，也要按规定及时进行处理，不可长期挂账。

2. 财产清查结果处理的步骤

财产清查的结果大致有四种情况：第一种情况是实存数等于账存数，即账实相符；第二种情况是实存数大于账存数，即盘盈；第三种情况是实存数小于账存数，即盘亏；第四种情况是账存数与实存数一致，但实存的财产物资有质量问题，不能按正常的财产使用，称为毁损。对于第一种情况，即账实相符，在会计上不用进行处理；对于第二种、第三种和第四种情况，也就是说无论是盘盈、盘亏还是毁损都要进行必要的会计处理，盘盈时，调增账存数；盘亏或毁损时，调减账存数，使其与实存数相符。

在会计上对于账实不符的处理一般分为两个步骤来进行：

第一步，会计人员应根据清查中所取得的原始凭证，如"实物清查结果报告""盘点报告表"等，编制"实存账存对比表"，填制有关记账凭证，将查明属实的财产盘盈、盘亏和毁损数额，如实地在相关账簿中进行登记，调整账簿记录，保证账实相符。

第二步，对于清查过程中出现的盘盈、盘亏和毁损等情况，需要进一步查明原因，明确经济责任的，应经过有关部门和领导审批以后，根据发生差异的原因和审批处理意见，会计人员再编制记账凭证，记入有关账簿，保证账簿记录的完整性和准确性，切实执行审批处理意见。

六、财产清查结果的账务处理

为了核算和监督财产的盘盈、盘亏和毁损及其处理等情况，在会计上应当设置"待处理财产损溢"科目，并在该科目下设置"待处理固定资产损溢"和"待处理流动资产损溢"两个明细科目进行核算。"待处理财产损溢"账户是一个双重性的账户，因此其账户的登记可分为两种情况：第一种情况是其贷方登记财产清查所确定的各项待处理财产的盘盈数，借方登记经批准后结转的各项待处理财产的盘盈数，期末若存在贷方余额，表示尚未批准处理的各项待处理财产的盘盈数；第二种情况是借方登记财产清查所确定的各项待处理财产的盘亏和毁损数，贷方登记经批准后结转的各项财产的盘亏和毁损数，期末若为借方余额，表示尚未批准处理的各项待处理财产的盘亏和毁损数。

（一）审批前的会计处理

在财产清查结果出来后，首先应将盘点结果通过"待处理财产损溢"账户进行反映。

1. 盘盈的会计处理

对于盘盈的库存现金、各种材料，借记"库存现金""原材料"等科目，贷记"待处理财产损溢"科目。

2. 盘亏和毁损的会计处理

对于盘亏和毁损的库存现金、各种材料、固定资产等，借记"待处理财产损溢"和"累计折旧"科目，贷记"库存现金""原材料""固定资产"等科目。

（二）审批后的会计处理

各单位在财产清查过程中，发现的盘盈、盘亏和毁损的各种流动资产和盘盈、盘亏的固定资产，应当按照规定的程序进行审批和转销。

1. 盘盈财产的转销

流动资产的盘盈，借记"待处理财产损溢"科目，贷记"管理费用"科目。

2. 盘亏和毁损财产的转销

流动资产的盘亏和毁损，应当先扣除残料价值、可以收回的保险赔偿和过失人的赔偿，借记"库存现金""原材料""其他应收款"等科目，贷记"待处理财产损溢"，剩余的净损失，属于非常损失的部分，借记"营业外支出——非常损失"科目，贷记"待处理财产损溢"科目，若属于一般经营损失的部分，借记"管理费用"科目，贷记"待处理财产损溢"科目；固定资产的盘亏，借记"营业外支出——固定资产盘亏"科目，贷记"待处理财产损溢"。

固定资产盘盈在企业中是一个比较特别的事项，因为对于管理规范的企业而言，在清查中发现盘盈的固定资产比较少见。根据《企业会计准则第28号——会计政策、会计估计变更和差错更正》中规定，固定资产盘盈应作为前期差错处理，通过"以前年度损益调整"科目核算，同时还需要调整企业所得税，结转以前年度损益调整到利润分配科目。

借：固定资产

　　贷：累计折旧

　　　　以前年度损益调整

调整企业所得税

借：以前年度损益调整

　　贷：应交税金——应交所得税

结转以前年度损益调整

借：以前年度损益调整

　　贷：利润分配——未分配利润

[例6-1] 根据"实存账存对比表"所列盘亏材料5000元，编制记账凭证，调整材料账存数。会计分录为：

借：待处理财产损溢——待处理流动资产损益　　　　　　　　　　　　　5000

　　贷：原材料　　　　　　　　　　　　　　　　　　　　　　　　　　5000

经查盘亏的原因是：定额内损耗2000元；管理员过失500元；非常事故损失2500元，其中保险公司同意赔偿2000元，残料作价100元入库。经有关部门批准后，编制记账凭证，结转"待处理财产损溢"账户，会计分录为：

借：管理费用　　　　　　　　　　　　　　　　　　　　　　　　　　　2000

其他应收款——某管理员	500
——保险公司	2000
营业外支出	400
原材料	100
贷：待处理财产损溢——待处理流动资产损益	5000

[例6-2] 根据"实存账存对比表"所列盘盈材料500元，编制记账凭证，调整材料账存数。其会计分录为：

| 借：原材料 | 500 |
| 　贷：待处理财产损溢——待处理流动资产损益 | 500 |

经查盘盈的原因是由于自然升溢所致，经有关部门核准后，据此编制记账凭证，结转"待处理财产损溢"。其会计分录是：

| 借：待处理财产损溢——待处理流动资产损益 | 500 |
| 　贷：管理费用 | 500 |

[例6-3] 根据"固定资产清查报告表"，企业盘盈机器设备一台，重置价值14000元，按其新旧程度估计已提折旧4000元，净值为10000元。编制记账凭证，调整固定资产账存数。其会计分录为：

借：固定资产	14000
贷：累计折旧	4000
以前年度损益调整	10000
借：以前年度损益调整	2500
贷：移交税费——应交所得税	2500
借：以前年度损益调整	7500
贷：利益分配	7500

[例6-4] 根据"固定资产清查报告表"所列盘亏设备一台，原价26000元，已提折旧9000元，净值为17000元。编制记账凭证，调整固定资产账存数。其会计分录为：

借：待处理财产损溢——待处理固定资产损益	17000
累计折旧	9000
贷：固定资产	26000

经查盘亏原因是自然灾害造成的。保险公司同意赔款7000元，其余损失经批准列入营业外支出，据此作如下账务处理：

借：营业外支出	10000
其他应收款——保险公司	7000
贷：待处理财产损溢——待处理固定资产损益	17000

[例6-5] 某企业在财产清查中，发现库存现金短款130元。后查实属于出纳员张三责任，应由张三赔偿。

| 借：待处理财产损溢——待处理流动资产损益 | 130 |
| 　贷：库存现金 | 130 |

借：其他应收款——张三　　　　　　　　　　　　　　130

　　贷：待处理财产损溢——待处理流动资产损益　　　　130

练习题

1. 练习财产清查结果的会计处理。资料如下：

曙光工厂 201×年 11 月末进行财产清查。

（1）清查中发现账外机器一台，估计重置价值为 4000 元，新旧程度为七成新。

（2）材料清查结果如下：

材料盘点盈亏报告表

201×年 11 月 30 日

材料名称	计量单位	单价（元）	实际盘存		账面结存		盘盈		盘亏		备注
			数量	金额	数量	金额	数量	金额	数量	金额	
甲	千克	0.60	1000	600.00	1100	660.00			100	60.00	定额内自然损耗
乙	吨	40.00	3	120.00	2	80.00	1	40.00			计量不准溢余
丙	只	6.00	245	1470.00	250	1500.00			5	30.00	管理不善丢失
合计								40.00		90.00	

此外，发现丁材料实存比账存多 30 千克，每千克 10 元，经查明系代群力厂加工后剩余材料，群力厂未及时提回。

（3）201×年 12 月 15 日，上述各项盘盈、盘亏，报请有关领导审核批准后作如下处理：

①对账外机器相应作为营业外收入。

②材料收发计量上的差错（不论盘盈、盘亏）和定额内自然损耗，均在"管理费用"账户内列支或冲减。

③管理人员失职造成材料短缺的损失，由过失人王海赔偿。

［要求］

（1）根据上述清查结果，编制审批前的会计分录。

（2）根据批准处理的意见，编制审批后的会计分录。

（3）登记"待处理财产损溢"账户。

2. 练习银行存款余额调节表的编制。

［资料］求精公司 201×年 5 月最后三天银行存款日记账与银行对账单的记录如下（假定以前的记录是相符的）。

（1）求精公司银行存款日记账的记录：

日期	摘要	金额
5 月 29 日	开出转账支票#416 预付下半年报刊订阅费	102.00
5 月 29 日	收到委托银行代收山东泰利厂货款	10000.00
5 月 30 日	开出转账支票#417 支付车间机器修理费	98.00
5 月 31 日	存入因销售产品收到的转账支票一张	6300.00
5 月 31 日	开出转账支票#418 支付钢材货款	1400.00
月末余额		84700.00

（2）银行对账单的记录：

日期	摘要	金额
5 月 20 日	代收山东泰利厂货款	10000.00
5 月 30 日	代付电费	2700.00
5 月 31 日	代收安徽东皖厂货款	3500.00
5 月 31 日	支付#416 转账支票	120.00
5 月 31 日	支付#417 转账支票	89.00
月末余额		80591.00

（3）经核对查明，求精公司账面记录有两笔错误：

①5 月 29 日，开出转账支票#416 支付报刊订阅费应为 120 元，错记为 102 元。

②5 月 30 日，开出转账支票#417 支付车间机器修理费应为 89 元，错记为 98 元。

上述两笔错误均系记账凭证编制错误。

［要求］

（1）编制更正会计分录，更正以上两笔错账后，计算银行存款日记账的更正后余额。

（2）查明未达账项后，编制银行存款余额调节表。

复习思考题

1. 什么是内部控制？

2. 简述内部控制制度的基本方式。

3. 内部控制的目标是什么？

4. 简述现金管理的内部控制制度基本内容。

5. 简述存货管理的内部控制制度基本内容。

6. 什么是财产清查？财产清查有何意义？

7. 财产清查的主要方法有哪些？

8. 什么是财产清查？为什么要进行财产清查？

9. 在一般企业中，财产清查的范围应包括哪些？

10. 财产清查一般应按怎样的步骤来进行？

11. 财产清查后发现盘盈、盘亏，应怎样处理？

第七章
财务会计报告

财务会计报告又称财务报告，其目标是向财务报告使用者（包括投资者、债权人、政府及其有关部门和社会公众等）提供与企业财务状况、经营成果和现金流量等有关的会计信息，反映企业管理层受托责任履行情况，有助于财务会计报告使用者作出经济决策。

第一节　财务会计报告概述

在日常的会计核算中，首先填制和审核会计凭证，再将会计凭证所记录的经济业务在各种账簿中加以连续、分类地记录。通过账簿记录的会计信息，虽然比会计凭证更集中、更系统，但就某一会计期间的经营活动整体而言，不能系统、概括地反映出该会计期间经营活动和财务收支的全貌。因此，必须对日常核算的资料进行进一步加工、分类、计算和汇总，按照一定的指标体系和文件形式，编制成财务会计报告，为报告使用者提供总括性的信息资料。

一、财务会计报告的定义与构成

（一）财务会计报告的定义和种类

财务会计报告是指企业对外提供的反映企业某一特定日期的财务状况和某一会计期间的经营成果、现金流量等会计信息的文件。由于财务报告的主要作用是为财务会计报告使用者提供对决策有用的信息，因此，其真实性、完整性成为其核心质量要求。我国《企业财务会计报告条例》规定：企业不得编制和对外提供虚假的或隐瞒重要事实的财务报告；企业负责人对本企业财务报告的真实性、完整性负责。

《企业财务会计报告条例》规定：财务会计报告分为年度、半年度、季度和月度财务会计报告。①年度、半年度财务会计报告应当包括会计报表、会计报表附注、财务情况说明书；②会计报表应当包括资产负债表、利润表、现金流量表及相关附表；③季度、月度财务会计报告通常仅指会计报表，会计报表至少应当包括资产负债表和利润表。

（二）财务会计报告的构成

《企业会计准则——基本准则》第四十四条规定：财务会计报告包括会计报表及其附注和其他应当在财务会计报告中披露的相关信息和资料。"其他应当在财务会计报告中披露的相关信息和资料"一般统称"财务情况说明书"，因此，财务会计报告由三部分构成。

1. 财务情况说明书

财务情况说明书既是对单位一定会计期间内财务、成本等情况进行分析总结的书面文字报告，也是财务会计报告的重要组成部分。财务报告说明书全面提供公司、企业和其他单位生产经营、业务活动情况。分析总结经营业绩和存在问题及不足，是企业财务会计报告使用者，特别是单位负责人和国家宏观管理部门了解和考核各单位生产经营和业务活动开展情况的重要资料。

一般公司、企业的财务情况说明书应当包含以下内容：①公司、企业生产经营状况；②利润实现和利润分配情况；③资金增减和资金周转情况；④税金缴纳情况；⑤各种财产物资变动情况；⑥其他需要说明的事项。

2. 会计报表

《企业会计准则第30号——财务报表列报》规定：企业对外提供的会计报表至少包括资产负债表、利润表、现金流量表、所有者权益（或股东权益）变动表及附注。

3. 会计报表附注

附注是财务报表的重要组成部分。企业应当按照规定披露附注信息，主要包括下列内容：

其一，企业的基本情况。包括企业注册地、组织形式和总部地址；企业的业务性质和主要经营活动；母公司以及集团最终母公司的名称；财务报告的批准报出者和财务报告批准报出日等。

其二，财务报表的编制基础。

其三，遵循企业会计准则的声明。企业应当声明编制的财务报表符合企业会计准则的要求，真实、完整地反映了企业的财务状况、经营成果和现金流量等有关信息。

其四，重要会计政策和会计估计。企业应当披露采用的重要会计政策和会计估计，不重要的会计政策和会计估计可以不披露。在披露重要会计政策和会计估计时，应当披露重要会计政策的确定依据和财务报表项目的计量基础，以及会计估计中所采用的关键假设和不确定因素。

其五，会计政策和会计估计变更以及差错更正的说明。企业应当按照《企业会计准则第28号——会计政策、会计估计变更和差错更正》及其应用指南的规定，披露会计政策和会计估计变更以及差错更正的有关情况。

其六，报表重要项目的说明。

其七，或有和承诺事项、资产负债表日后非调整事项、关联方关系及其交易等需要说明的事项。

其八，有助于财务报表使用者评价企业管理资本的目标、政策及程序的信息。

企业对报表重要项目的说明，应当按照资产负债表、利润表、现金流量表、所有者权益变动表及其项目列示的顺序，采用文字和数字描述相结合的方式进行披露。报表重要项目的明细金额合计，应当与报表项目金额相衔接。

二、财务会计报告的作用

编制财务会计报告的目的是为不同的会计信息使用者提供有关企业财务状况和经营成果的信息。财务报告使用者主要包括现有和潜在的投资者、雇员、债权人、客户、供应商及某些政府部门。财务报告对使用者具有重要作用，主要表现在以下几个方面：

第一，企业可以利用财务报告提供的经济信息，了解自身一定时期的财务状况及其变动情况，从而加强和改善经营管理。财务报告通过一定表格及附注的形式，将企业生产经营的全面情况，特别是财务收支方面的情况，进行收集、整理，将分散的信息加工成系统的信息资料，传递给企业内部经营管理部门。企业内部经营管理部门通过财务报告，可以全面、系统、总括地了解企业生产经营活动情况、财务情况和经营成果，检查、分析财务成本计划和有关方针政策的执行情况，能够及时地发现经营活动中存在的问题，迅速作出决策，采取有效的措施，改善生产经营管理；同时也可以利用财务报告提供的信息，为未来的企业计划和经营方针提供准确的依据，促使企业计划和经营方针更为合理、科学。

第二，国家经济管理部门可以通过财务报告提供的资料，汇总、分析、考核国民经济总体情况，从而进行宏观调控和管理。财务报告将企业生产经营情况和财务收支方面的信息提供给国家经济管理部门，国家经济管理部门可以利用财务报告所提供的财务信息，及时掌握各企业单位的经济情况和管理情况，便于对企业的生产经营情况进行检查分析。如国家财政部门可以利用企业报送的财务报告，监督检查企业是否合理、节约使用资金，监督检查企业的财务管理情况；银行及其他金融机构可以利用财务报告，监督银行借贷资金的使用，促使企业提高资金使用效果；税务部门可以利用财务报告，检查税收的执行情况，保证国家的财政收入及时、完整地缴入国库的同时，监督、检查企业的财务管理情况。国家宏观经济管理部门还可以通过对企业的财务报告提供的资料进行汇总分析，分析和考核国民经济总体的运行情况，从中发现国民经济运行中存在的问题，对宏观经济运行作出准确的决策，为政府进行国民经济宏观调节和控制提供依据。

第三，投资者、债权人通过对企业财务报告的分析，了解企业的财务状况，分析企业的负债能力和盈利能力作为决策的依据。部分投资者、债权人一般不直接参与企业的生产经营活动，不能直接从中获得其所需的信息，为了进行投资等方面的决策，需要通过对企业财务报告的分析，了解企业的财务状况及生产经营情况，分析企业偿债能力和盈利能力，并对企业的财务状况作出准确的判断，作为投资、信贷、融资等决策的依据；同时，一些投资者还需要通过财务报告提供的信息，了解、监督企业的生产经营管理，以保护自身的合法权益。

三、会计报表的种类

会计报表可以根据需要，按照不同的标准进行分类。

（一）按照报表所反映的经济内容，分为静态报表和动态报表

静态报表是指综合反映一定时点资产、负债和所有者权益的会计报表，如资产负债表；动态报表是指反映一定时期内资金耗费和资金收回的报表，如利润表、现金流量表。

（二）按其服务的对象分为外部报表和内部报表

外部报表是指企业向外提供的，供政府部门、其他企业和个人使用的会计报表，如资产负债表、利润表、现金流量表。内部报表是指为适应企业内部经营管理需要而编制的不对外公开的会计报表，它一般不需要规定统一的格式，也没有统一的指标体系，如产品成本计算表。

（三）按照编制的单位分为单位报表和汇总报表

单位报表是指由企业在自身会计核算基础上对账簿记录进行加工而编制的会计报表，以反映企业本身的财务状况和经营成果；汇总报表是指由企业主管部门或上级机关，根据所属单位报送的会计报表，连同本单位会计报表汇总编制的综合性会计报表。

（四）按照编报的时间分为月报、季报和年报

月报要求简明扼要，及时反映；年报要求揭示完整，反映全面；季报在会计信息的详细程度方面，介于月报和年报之间。目前，我国股份有限公司还需要编制中期财务报告，广义的中期财务报告包括月报和季报，狭义的中期财务报告仅指半年报。我国股份有限公司编制的中期财务报告仅指半年报。

（五）按照报表各项目所反映的数字内容分为个别会计报表和合并会计报表

个别会计报表各项目数字所反映的内容，仅包括企业本身的财务数字；合并会计报表是由母公司编制的，一般包括所有控股子公司会计报表的有关数字。通过编制和提供合并会计报表，可以向会计报表使用者提供公司集团总体的财务状况和经营成果。

四、财务报告的编制要求

为了最大限度地满足财务报告使用者的需要，充分发挥财务报告的作用，编制财务报告时应遵循以下要求：

（一）客观、真实

会计报表必须如实反映企业的经营活动和财务状况，所提供的数据必须真实、可靠。会计报表所揭示的会计信息必须如实反映会计对象，做到情况真实、数据准确、说明清楚。会计报表是根据日常会计核算资料按一定的指标体系加工、整理、编制而成的，不能改变、增删应列入会计报表且已核实的会计信息，以避免人们对会计主体的经济活动情况和经济成果作出错误的判断。

（二）全面、完整

会计报表所揭示的会计信息的内容必须全面、系统地反映出会计对象的全部情况。为了保证会计报表的全面、完整，企业在编制会计报表时，应当按照有关准则、制度规定的格式和内容填写，特别是对于企业某些重要的事项，应当按照要求在会计报表附注中说明，不得漏编、漏报。

（三）相关、可比

会计报表提供的财务信息必须与使用者的决策需要相关联并具有可比性。只有提供相关且可比的信息才能使报表使用者分析企业在整个社会特别是同行业中的地位，了解、判断企业过去、现在的情况，预测企业未来的发展趋势，进而为报表使用者的决策服务。

（四）编报及时

企业会计报表所提供的资料，具有很强的时效性。会计报表应及时编制，在规定的期限内及时报送或公布，才能有利于会计报表的使用者使用。否则，即使会计报表的编制真实、可靠、全面、完整且具有相关性和可比性，但由于编报不及时，也可能失去应有的价值。

第二节　资产负债表

资产负债表是反映企业在某一特定日期财务状况的报表。它是根据"资产 = 负债 + 所有者权益"这一会计等式，把企业在一定日期的资产、负债、所有者权益各项目按照一定的分类标准和一定的顺序予以适当排序，并对日常工作中形成的大量数据进行整理后编制而成的。它反映了企业在某一特定日期企业所拥有或控制的能为企业带来未来经济利益的经济资源、所承担的现有义务和所有者对净资产的要求权。

一、资产负债表的作用

资产负债表能为报表的不同使用者从各自的需要出发，了解、分析评价企业的财务状况，进行决策和制定政策发挥重要作用，主要表现在以下几个方面：

第一，利用资产负债表揭示的资产项目，可以分析企业的生产经营能力和营运能力，从而预测企业未来经营前景。

第二，利用资产负债表揭示的负债项目，可以分析企业的偿债能力，从而预测未来现金流动以及企业面临的财务风险。

第三，利用资产负债表揭示的所有者权益项目，可以分析企业的财务能力和举债能力。

二、资产负债表的格式

资产负债表的基本格式主要有账户式和报告式两种。

（一）账户式

账户式的资产负债表是左右结构，将资产项目列在报表的左方，负债和所有者权益列在报表的右方，左右两方平衡相等。《企业会计准则第 30 条——财务报表列报》应用指南规定的一般企业资产负债表格式即是账户式，如表 7－1 所示。

表 7－1　资产负债表（账户式）

会企 01 表

编制单位：　　　　　　　　　　　　年　月　日　　　　　　　　　　　　单位：元

资产	期末余额	年初余额	负债和所有者权益（或股东权益）	期末余额	年初余额
流动资产：			流动负债：		
货币资金			短期借款		
交易性金融资产			交易性金融负债		
应收票据及应收账款			应付票据及应付账款		
预付款项			预收款项		
其他应收款			应付职工薪酬		
存货			应交税费		
一年内到期的非流动资产			其他应付款		
其他流动资产			一年内到期的非流动负债		

续表

资产	期末余额	年初余额	负债和所有者权益（或股东权益）	期末余额	年初余额
流动资产合计			其他流动负债		
非流动资产：			流动负债合计		
债权投资			非流动负债：		
其他债权投资			长期借款		
长期应收款			应付债券		
长期股权投资			长期应付款		
投资性房地产			预计负债		
固定资产			递延所得税负债		
在建工程			其他非流动负债		
生产性生物资产			非流动负债合计		
油气资产			负债合计		
无形资产			所有者权益（或股东权益）：		
开发支出			实收资本（或股本）		
商誉			资本公积		
长期待摊费用			减：库存股		
递延所得税资产			其他综合收益		
其他非流动资产			盈余公积		
非流动资产合计			未分配利润		
			所有者权益（或股东权益）合计		
资产总计			负债和所有者权益（或股东权益）总计		

企业会计准则规定：会计报表至少应当反映相关两个期间的比较数据，所以资产负债表各项目要分别填列"年初余额"和"期末余额"两组数据。

（二）报告式

报告式的资产负债表是将资产、负债和所有者权益各项目垂直排列，即报表自上而下先列示资产类项目，后依次列示负债及所有者权益各项目，依据"资产－负债＝所有者权益"的关系式列报，所以又称竖式资产负债表，其基本格式如表 7－2 所示（简化格式）。美国、英国公司的资产负债表一般采用报告式。

表7-2 资产负债表（报告式）

编制单位：　　　　　　　　　　____年__月__日　　　　　　　　　　单位：元

项目		金额
	资产	
流动资产：	×××	
货币资金	×××	
应收账款	×××	
存货	×××	
流动资产合计	×××	
非流动资产：	×××	
固定资产	×××	
无形资产	×××	
其他非流动资产		
非流动资产合计		
资产合计		
	负债	
流动负债：	×××	
短期借款	×××	
应付票据	×××	
流动负债合计	×××	
非流动负债：	×××	
长期借款	×××	
长期应付款	×××	
非流动负债合计	×××	
负债合计		
	所有者权益	
实收资本	×××	
资本公积	×××	
盈余公积	×××	
未分配利润	×××	
所有者权益合计		

三、资产负债表的编制方法

我国《企业会计准则》规定，企业的资产负债表采用账户式结构。

（一）表中各项目年初余额的填列

资产负债表年初余额栏内各项数字，应根据上年末资产负债表期末余额栏内所列数字填列。如果本年度资产负债表规定的各个项目的名称和内容同上年度不相一致，应对上年末资产负债表各个项目的名称和数字按照本年度的规定进行分析、计算后填列。

（二）表中各项目期末余额的填列

"期末余额"是指某一会计期末的数字，即月末、季末、半年末或年末的余额。资产负债表各项目"期末余额"的数据来源，可以通过如下几种方式取得：

1. 根据总账余额直接填列

如"交易性金融资产""应收股利""短期借款""实收资本""盈余公积"等大部分项目均是根据总分类账户期末余额直接填列。

2. 根据总账余额计算填列

如"货币资金"项目，需要根据"库存现金""银行存款""其他货币资金"账户的期末余额合计填列。

3. 根据明细账余额计算填列

如"应收票据及应收账款"项目，其中"应收账款部分"需要根据"应收账款""预收账款"明细账的借方余额合计计算填列。

4. 根据总账和明细账余额分析计算填列

如"长期借款"项目，需要根据"长期借款"总账期末余额，扣除"长期借款"总账所属明细账中反映的、将于一年内到期的长期借款部分，分析计算填列。

5. 根据有关账户余额减去其备抵账户余额后的净额填列

如"固定资产"项目是用"固定资产"账户余额减去"累计折旧"和"固定资产减值准备"账户余额后的净额填列。

（三）资产负债表中各项目的填列方法

（1）"货币资金"项目反映，企业库存现金、银行基本存款户存款、银行一般存款户存款、外埠存款、银行汇票存款等的合计数。本项目应根据"库存现金""银行存款""其他货币资金"账户的期末余额合计数填列。

（2）"交易性金融资产"项目，反映资产负债表日企业分类为以公允价值计量且其变动计入当期损益的金融资产，以及企业持有的直接指定为以公允价值计量且其变动计入当期损益的金融资产的期末账面价值。该项目应根据"交易性金融资产"科目的相关明细科目期末余额分析填列。自资产负债表日起超过一年到期且预期持有超过一年的以公允价值计量且其变动计入当期损益的非流动金融资产的期末账面价值，在"其他非流动金融资产"行项目反映。

（3）"应收票据及应收账款"项目，反映资产负债表日以摊余成本计量的、企业因销售商品、提供服务等经营活动应收取的款项，以及收到的商业汇票，包括银行承兑汇票和商业承兑汇票。该项目应根据"应收票据"和"应收账款"科目的期末余额，减去"坏账准备"科目中相关坏账准备期末余额后的金额填列。

（4）"预付款项"项目，反映企业预付给供应单位的款项。本项目根据"预付账款"和"应付账款"账户所属各明细账户的期末借方余额合计，减去"坏账准备"账户中有关预付账款计提的坏账准备期末余额后的金额填列。

（5）"其他应收款"项目，应根据"应收利息""应收股利""其他应收款"科目的期末余额合计数，减去"坏账准备"科目中相关坏账准备期末余额后的金额填列。

（6）"存货"项目，反映企业期末在库、在途和在加工中的各项存货的可变现净值，包括各种原材料、商品、在产品、半成品、发出商品、包装物、低值易耗品和委托代销商品等。本项目应根据"在途物资（或材料采购）""原材料""库存商品""周转材料""委托加工物资""生产成本""劳务成本"等账户的期末余额合计，减去"存货跌价准备"账户期末余额后的金额填列。材料采用计划成本核算以及库存商品采用计划成本或售价核算的小企业，应按加或减材料成本差异、减商品进销差价后的金额填列。

（7）"一年内到期的非流动资产"项目，反映企业非流动资产项目中在一年内到期的金额，包括一年内到期的持有至到期投资、长期待摊费用和一年内可收回的长期应收款。本项目应根据上述账户分析计算后填列。

（8）"其他流动资产"项目，反映企业除以上流动资产项目外的其他流动资产，本项目应根据有关账户的期末余额填列。

（9）"债权投资"项目，反映资产负债表日企业以摊余成本计量的长期债权投资的期末账面价值。该项目应根据"债权投资"科目的相关明细科目期末余额，减去"债权投资减值准备"科目中相关减值准备的期末余额后的金额分析填列。自资产负债表日起一年内到期的长期债权投资的期末账面价值，在"一年内到期的非流动资产"行项目反映。企业购入的以摊余成本计量的一年内到期的债权投资的期末账面价值，在"其他流动资产"行项目反映。

（10）"其他债权投资"项目，反映资产负债表日企业分类为以公允价值计量且其变动计入其他综合收益的长期债权投资的期末账面价值。该项目应根据"其他债权投资"科目的相关明细科目期末余额分析填列。自资产负债表日起一年内到期的长期债权投资的期末账面价值，在"一年内到期的非流动资产"行项目反映。企业购入的以公允价值计量且其变动计入其他综合收益的一年内到期的债权投资的期末账面价值，在"其他流动资产"行项目反映。

（11）"长期应收款"项目，反映企业长期应收款净额。本项目根据"长期应收款"期末余额，减去一年内到期的部分、再减去"坏账准备"账户中按长期应收款计提的坏账损失后的金额填列。

（12）"长期股权投资"项目，反映企业不准备在一年内（含一年）变现的各种股权性质投资的账面余额，减去减值准备后的净额。本项目应根据"长期股权投资"账户的期末余额减去"长期股权投资减值准备"账户期末余额后填列。

（13）"投资性房地产"项目，反映资产负债表日企业为赚取租金或资本增值，或两者兼有而持有的房地产的期末账面价值。该项目应根据"投资性房地产"科目的期末余额，减去"投资性房地产累计折旧（摊销）"和"投资性房地产减值准备"科目期末余额后的净额填列。

（14）"固定资产"项目，反映资产负债表日企业固定资产的期末账面价值和企业尚未清理完毕的固定资产清理净损益。该项目应根据"固定资产"科目的期末余额，减去"累计折旧"和"固定资产减值准备"科目的期末余额后的金额，以及"固定资产清理"科目的期末余额填列。

（15）"在建工程"项目，反映资产负债表日企业尚未达到预定可使用状态的在建工程的期末账面价值和企业为在建工程准备的各种物资的期末账面价值。该项目应根据"在建工程"科目的期末余额，减去"在建工程减值准备"科目的期末余额后的金额，以及"工程物资"科目的期末余额，减去"工程物资减值准备"科目的期末余额后的金额填列。

（16）"无形资产"项目，反映企业持有的各项无形资产的净值。本项目应根据"无形资产"账户期末余额，减去"累计摊销"和"无形资产减值准备"账户的期末余额填列。

（17）"开发支出"项目，反映企业开发无形资产过程中发生的、尚未形成无形资产成本的支出。本项目根据"开发支出"账户的期末余额填列。

（18）"长期待摊费用"项目，反映企业尚未摊销的摊销期限在一年以上（不含一年）的各项费用。本项目应根据"长期待摊费用"账户的期末余额填列。

（19）"商誉"项目，反映企业商誉的价值。本项目根据"商誉"账户期末余额填列。

（20）"递延所得税资产"，反映企业应可抵扣暂时性差异形成的递延所得税资产。本项目根据"递延所得税资产"账户期末余额填列。

（21）"其他非流动资产"项目，反映企业除以上资产以外的其他非流动资产。本项目应根据有关账户的期末余额填列。

（22）"短期借款"项目，反映企业借入尚未归还的一年期以下（含一年）的借款。本项目应根据"短期借款"账户的期末余额填列。

（23）"交易性金融负债"项目，反映资产负债表日企业承担的交易性金融负债，以及企业持有的直接指定为公允价值计量且其变动计入当期损益的金融负债的期末账面价值。该项目应根据"交易性金融负债"科目的相关明细科目期余额填列。

（24）"应付票据及应付账款"项目，反映资产负债表日企业因购买材料、商品和接受服务等经营活动应支付的款项，以及开出、承兑的商业汇票，包括银行承兑汇票和商业承兑汇票。该项目应根据"应付票据"科目的期末余额，以及"应付账款"和"预付账款"科目所属的相关明细科目的期末贷方余额合计数填列。

（25）"预收款项"项目，反映企业按合同规定预收的款项。本项目根据"预收账款"和"应收账款"账户所属各明细账户的期末贷方余额合计填列。

（26）"应付职工薪酬"项目，反映企业应付未付的工资和社会保险费等职工薪酬。本项目应根据"应付职工薪酬"账户的期末贷方余额填列，如"应付职工薪酬"账户期末为借方余额，以"－"号填列。

（27）"应交税费"项目反映企业期末未交、多交或未抵扣的各种税金和其他费用。

本项目应根据"应交税费"账户的期末贷方余额填列。如"应交税费"账户期末为借方余额，以"－"号填列。

（28）"其他应付款"项目，应根据"应付利息""应利股利"和"其他应付款"科目的期末余额合计数填列。

（29）"一年内到期的非流动负债"项目，反映企业各种非流动负债在一年之内到期的金额，包括一年内到期的长期借款、长期应付款和应付债券。本项目应根据上述账户分析计算后填列。

（30）"其他流动负债"项目，反映企业除以上流动负债以外的其他流动负债。本项目应根据有关账户的期末余额填列。

（31）"长期借款"项目，反映企业借入尚未归还的一年期以上（不含一年）的各期借款。本项目应根据"长期借款"账户的期末余额减去一年内到期部分的金额填列。

（32）"应付债券"项目，反映企业尚未偿还的长期债券摊余价值。本项目根据"应付债券"账户期末余额减去一年内到期部分的金额填列。

（33）"长期应付款"项目，反映资产负债表日企业除长期借款和应付债券以外的其他各种长期应付款项的期末账面价值。该项目应根据"长期应付款"科目的期末余额，减去相关的"未确认融资费用"科目的期末余额和一年内到期的长期应付款后的金额，以及"专项应付款"科目的期末余额填列。

（34）"预计负债"项目，反映企业计提的各种预计负债。本项目根据"预计负债"账户期末余额填列。

（35）"递延所得税负债"项目，反映企业根据应纳税暂时性差异确认的递延所得税负债。本项目根据"递延所得税负债"账户期末余额填列。

（36）"其他非流动负债"项目，反映企业除以上非流动负债项目以外的其他非流动负债。本项目应根据有关账户的期末余额填列。

（37）"实收资本（或股本）"项目，反映企业各投资者实际投入的资本总额。本项目应根据"实收资本（或股本）"账户的期末余额填列。

（38）"资本公积"项目，反映企业资本公积的期末余额。本项目应根据"资本公积"账户的期末余额填列。

（39）"盈余公积"项目，反映企业盈余公积的期末余额。本项目应根据"盈余公积"账户的期末余额填列。

（40）"未分配利润"项目，反映企业尚未分配的利润。本项目应根据"本年利润"账户和"利润分配"账户的期末余额计算填列，如为未弥补的亏损，在本项目内以"－"号填列。

（41）"其他综合收益"项目，反映企业根据其他会计准则规定未在当期损益中确认的各项利得和损失的期末账面价值。该项目应根据"其他综合收益"科目的期末余额填列。

表7－3　资产负债表（账户式）

会企01表

编制单位：合力公司　　　　　　　2019 年12 月31 日　　　　　　　单位：元

资产	期末余额	年初余额	负债和所有者权益（或股东权益）	期末余额	年初余额
流动资产：			流动负债：		
货币资金	2161132.00		短期借款	1149000.00	
交易性金融资产			交易性金融负债		
应收票据及应收账款	201250.00		应付票据及应付账款	552840.00	
预付款项	26400.00		预收款项		
其他应收款	5600.00		应付职工薪酬	12240.00	
存货	1867392.60		应交税费	－ 62972.35	
一年内到期的非流动资产			其他应付款	168509.68	
其他流动资产			一年内到期的非流动负债		
流动资产合计	4261774.60		其他流动负债		
非流动资产：			流动负债合计	1819617.33	
债权投资			非流动负债：		
其他债权投资			长期借款	1646176.00	
长期应收款			应付债券		
长期股权投资			长期应付款		
投资性房地产			预计负债		
固定资产	2906000.00		递延所得税负债		
在建工程			其他非流动负债		
生产性生物资产			非流动负债合计	1646176.00	
油气资产			负债合计	3465793.33	
无形资产	1090000.00		所有者权益（或股东权益）：		
开发支出			实收资本（或股本）	3734000.00	
商誉			资本公积	176540.00	
长期待摊费用			减：库存股		
递延所得税资产			其他综合收益		
其他非流动资产			盈余公积	755534.90	
非流动资产合计	3996000.00		未分配利润	125906.37	
			所有者权益（或股东权益）合计	4791981.27	
资产总计	8257774.60		负债和所有者权益（或股东权益）总计	8257774.60	

第三节　利润表

利润表又称损益表，它是反映企业在一定会计期间的经营成果的报表。在利润表中，将一个会计期间内的收入与同一会计期间的费用进行配比，求出该会计期间的净利润（亏损）。

一、利润表的作用

利润表所提供的各项指标是企业一定时期经济活动的过程和结果，其作用表现在以下几个方面：

第一，通过利润表提供的信息，可以了解企业的经营成果，评估企业的经营管理水平。

第二，通过利润表提供的信息，可以判断企业的获利能力及未来一定时期的盈利趋势。

第三，通过利润表提供的信息，企业的投资者可以此分析对企业投资的价值及其报酬。

第四，通过利润表提供的信息，税务部门可以此作为课征所得税的重要依据。

二、利润表的格式

利润表的基本格式有多步式和单步式两种。

（一）多步式利润表

多步式利润表是按照利润的组成结构分别列示，并逐步、逐项将利润计算公式表格化。其反映的重点不仅在于企业最终的利润，还在于企业利润的形成过程。根据 2014 年发布的《企业会计准则第 30 号——财务报表列报》应用指南，利润表基本上通过以下几步的计算排列而成：

营业收入 = 主营业务收入 – 销售退回与折让 + 其他业务收入

营业利润 = 营业收入 – 营业成本 – 税金及附加 – 销售费用 – 管理费用 – 财务费用 – 资产减值损失 + 投资收益

其中，营业成本 = 主营业务成本 + 其他业务成本

利润总额 = 营业利润 + 营业外收支净额

　　　　或 = 营业利润 + 营业外收入 – 营业外支出

净利润 = 利润总额 – 所得税费用

多步式利润表，其基本格式如表 7 – 4 所示。

表7-4 利润表

企业02表

编制单位： ___年__月 单位：元

项目	本期金额	上期金额
一、营业收入		
减：营业成本		
税金及附加		
销售费用		
管理费用		
研发费用		
财务费用		
其中：利息费用		
利息收入		
资产减值损失		
加：投资收益（损失以"-"号填列）		
其中：对联营企业和合营企业的投资收益		
公允价值变动收益（损失以"-"号填列）		
二、营业利润（亏损以"-"号填列）		
加：营业外收入		
减：营业外支出		
三、利润总额（亏损总额以"-"号填列）		
减：所得税费用		
四、净利润（净亏损以"-"号填列）		
（一）持续经营净利润（净亏损以"-"号填列）		
（二）终止经营净利润（净亏损以"-"号填列）		
五、其他综合收益的税后净额		
六、综合收益总额		
七、每股收益		
（一）基本每股收益		
（二）稀释每股收益		

现根据第三章第二节至第六节的例题及图3-3的总分类账、表3-10的试算平衡表编制的合力公司2019年12月的利润表，如表7-5所示。

表7－5　利润表（多步式）

编制单位：合力公司　　　　　　　　　　2019 年 12 月　　　　　　　　　　单位：元

项目	本月数	本年累计数
一、营业收入	426000.00	
减：营业成本	307647.40	
税金及附加	22330.00	
销售费用	35000.00	
管理费用	41600.00	
财务费用	13500.00	
资产减值损失		
加：投资收益	25000.00	
二、营业利润	30922.60	
加：营业外收入	10000.00	
减：营业外支出	5000.00	
三、利润总额	35922.60	
减：所得税费用	8980.65	
四、净利润	26941.95	

（二）单步式利润表

单步式利润表是将各项收入合计减去成本、费用合计即为企业的利润。其反映的重点是企业最终的利润，没有直接揭示收入与成本、费用之间的配比关系。根据第三章第二节至第六节的例题及其图 3－3 的总分类账、表 3－10 的试算平衡表编制的合力公司 2019 年 12 月的单步式利润表，如表 7－6 所示。

表7－6　利润表（单步式）

编制单位：合力公司　　　　　　　　　　2019 年 12 月　　　　　　　　　　单位：元

项目	行次	本月数	本年累计数
收入和收益	1		
主营业务收入	2	406000.00	
减：销售退回与折让	3		
其他业务收入	4	20000.00	
	5		
投资收益	6	25000.00	
营业外收入	7	10000.00	
收入和收益合计	8		
费用和损失	9		

项目	行次	本月数	本年累计数
主营业务成本	10	291647.40	
税金及附加	11	22330.00	
存货跌价损失	12		
销售费用	13	35000.00	
管理费用	14	41600.00	
财务费用	15	13500.00	
其他业务成本	16	16000.00	
投资损失	17		
营业外支出	18	5000.00	
所得税费用	19	8980.65	
费用和损失合计	20		
净利润	21	26941.95	

三、利润表的编制方法

编制利润表主要是把企业在某一经营期间的收入、费用和成本以及由此所配比计算出的盈亏情况报告给信息使用者。所以，利润表是一种动态性的报表，它反映的是编报主体在某一期间的经营成果，而只有账户的发生额才能反映一定期间的变化情况，因此，利润表的编制是以账户的发生额为依据编制的。不是所有账户的发生额都与利润有关，只有损益类账户（收入类和费用成本类账户）所登记的内容，才能计算出本期的利润。因此，编制利润表应根据损益类账户的本期发生额，即在损益类账户记录的基础上再进一步处理，编制成利润表。

第一，利润表"本月数"栏反映各项目的本月实际发生数，其中的"营业收入""营业成本""税金及附加""销售费用""管理费用""财务费用""投资收益""营业外收入""营业外支出"等项目，应分别根据相应的总分类账户的本期发生额分析填列；其他项目，包括"主营业务利润""其他业务利润""营业利润""利润总额""净利润"项目，按照一定的公式计算后填列。

第二，利润表"本年累计数"栏反映各项目自年初起至本月末止的累计实际发生数。

第三，在编制年度利润表时，应将"本月数"栏改成"上年数"栏，填列上年全年累计实际发生数。如果上年度利润表的项目名称和内容与本年度利润表不相一致，应对上年度利润表项目的名称和数字按本年度的规定进行调整，填入本表"上年数"栏。

第四节 现金流量表

现金流量表，是指反映企业在一定会计期间现金和现金等价物流入和流出的报表。现金，是指企业库存现金以及可以随时用于支付的存款。现金等价物，是指企业持有的期限短、流动性强、易于转换为已知金额现金、价值变动风险很小的投资。资产负债表、利润表、现金流量表，这三张表分别从不同的角度反映企业的财务状况、经营成果和现金流量。资产负债表反映企业一定日期所拥有的资产、需偿还的债务，以及投资者所拥有的净资产的情况；利润表反映企业一定期间内的经营成果，即利润或亏损的情况，表明企业运用所拥有的资产的获利能力；现金流量表反映企业一定期间内现金的流入和流出，表明企业获得现金和现金等价物的能力。

一、现金流量表的作用

现金流量表以现金的流入和流出反映企业在一定会计期间内的经营活动、投资活动和筹资活动的动态情况，反映企业现金流入和流出的全貌。现金流量表的主要作用有：

第一，现金流量表可以提供企业的现金流量信息，从而对企业整体财务状况作出客观评价。企业不但要想办法把自身的产品销售出去，更重要的是要及时收回销货款，以便以后的经营活动能够顺利开展。除了经营活动以外，企业所从事的投资和筹资活动同样影响着现金流量，从而影响财务状况。如果企业进行投资，而没有能取得相应的现金回报，就会对企业的财务状况产生不良影响。从企业的现金流量情况看，可以大致判断其经营周转是否顺畅。

第二，投资者和债权人通过现金流量表，可以对企业的支付能力和偿债能力，以及企业对外部资金的需求情况作出较为可靠的判断。

第三，通过企业的现金流量表，可以了解企业当前的财务状况，预测企业未来的发展情况。如果现金流量表中各部分现金流量结构合理，现金流入和流出无重大异常波动，一般来说企业的财务状况基本良好。企业最常见的失败原因可以在现金流量表中得到反映，例如，从投资活动流出的现金、筹资活动流入的现金和筹资活动流出的现金中，可以分析企业是否过度扩大经营规模；通过比较当期净利润与当期净现金流量，可以看出非现金流动资产吸收利润的情况，评价企业产生净现金流量的能力是否偏低。

二、现金流量的分类

企业在一定期间内的经营活动、投资活动和筹资活动产生的现金流量可归为以下三类：

（一）经营活动产生的现金流量

经营活动是指企业投资活动和筹资活动以外的所有交易和事项，包括销售商品或提供劳务、经营性租赁、购买货物、接受劳务、制造产品、广告宣传、推销产品、缴纳税款等。通过现金流量表中反映的经营活动产生的现金流入和流出，说明企业经营活动对现金流入和流出净额的影响程度。

（二）投资活动产生的现金流量

投资活动是指企业长期资产的购建以及不包括在现金等价物范围内的投资和处置，包括取得或收回投资、购建和处置固定资产、无形资产和其他长期资产等。通过现金流量表中反映的投资活动产生的现金流量，可以分析企业通过投资获取现金流量的能力，以及投资产生的现金流量对企业现金流量净额的影响程度。

（三）筹资活动产生的现金流量

筹资活动是指导致企业资本及债务规模和构成发生变化的活动，包括吸收投资、取得借款、发行股票、分配利润等。通过现金流量表中筹资活动产生的现金流量，可以分析企业筹资的能力以及筹资产生的现金流量对企业现金流量净额的影响程度。

三、现金流量表的编制基础

现金流量表是以现金和现金等价物为基础编制的，具体包括：

（一）库存现金

库存现金是指企业持有可随时用于支付的现金限额，即与会计核算中"现金"科目所包括的内容一致。

（二）银行存款

银行存款是指企业存在金融企业随时可用于支付的存款。

（三）其他货币资金

其他货币资金是指企业存在金融企业、有特定用途的资金，如外埠存款、银行本票存款、银行汇票存款、信用证保证资金存款、信用卡存款等。

（四）现金等价物

现金等价物是指企业持有的期限短、流动性强、易于转换为已知金额的现金、价值变动风险很小的短期投资，通常指自购买日起三个月内到期的投资。

四、影响现金流量的因素

现金流量是某一会计期间内企业现金和现金等价物流入和流出的数量，它是衡量企业经营状况好坏、是否有足够的现金偿还债务、资产的变现能力等的重要指标。影响或不影响现金流量的因素主要包括：

一是现金及现金等价物之间的增减变动不会影响现金流量净额的变动，如将现金存入银行、从银行提取现金。

二是非现金各项目之间的增减变动也不会影响现金流量净额的变动，如用固定资产清偿债务、用原材料对外投资等。

三是现金各项目与非现金各项目之间的增减变动，会影响现金流量净额的变动，如用现金支付购买的原材料、用现金对外投资、收回长期债券投资等。

现金流量表主要反映现金各项目与非现金各项目之间的增减变动情况对现金流量净额的影响。非现金各项目之间的增减变动虽然不影响现金流量净额，但属于重要的投资和筹资活动，在现金流量表的补充资料中单独反映。

五、现金流量表的格式

现金流量表基本格式如表 7 – 7 所示。

表 7 – 7 现金流量表

会企 03 表

编制单位：　　　　　　　　　　　　年度　　　　　　　　　　　　单位：元

项目	本期金额	上期金额
一、经营活动产生的现金流量：		
销售商品、提供劳务收到的现金		
收到的税费返还		
收到其他与经营活动有关的现金		
经营活动现金流入小计		
购买商品、接受劳务支付的现金		
支付给职工以及为职工支付的现金		
支付的各项税费		
支付其他与经营活动有关的现金		
经营活动现金流出小计		
经营活动产生的现金流量净额		

续表

项目	本期金额	上期金额
二、投资活动产生的现金流量：		
收回投资收到的现金		
取得投资收益收到的现金		
处置固定资产、无形资产和其他长期资产收回的现金净额		
处置子公司及其他营业单位收到的现金净额		
收到其他与投资活动有关的现金		
投资活动现金流入小计		
购建固定资产、无形资产和其他长期资产支付的现金		
投资支付的现金		
取得子公司及其他营业单位支付的现金净额		
支付其他与投资活动有关的现金		
投资活动现金流出小计		
投资活动产生的现金流量净额		
三、筹资活动产生的现金流量：		
吸收投资收到的现金		
取得借款收到的现金		
收到其他与筹资活动有关的现金		
筹资活动现金流入小计		
偿还债务支付的现金		
分配股利、利润或偿付利息支付的现金		
支付其他与筹资活动有关的现金		
筹资活动现金流出小计		
筹资活动产生的现金流量净额		
四、汇率变动对现金及现金等价物的影响		
五、现金及现金等价物净增加额		
加：期初现金及现金等价物余额		
六、期末现金及现金等价物余额		

练习题

1. 练习资产负债表的编制。

[资料] 蓉瑜工厂 2019 年 12 月 31 日有关账户余额如表 7-8 所示。

表7-8 有关账户余额

单位：万元

账户名称	借方金额	贷方金额
库存现金	1.00	
银行存款	5.00	
应收账款	1.00	
其他应收款	0.30	
原材料	21.00	
库存商品	30.00	
预付账款	2.50	
生产成本	1.20	
固定资产	3.00	
短期借款		5.45
应付账款		8.00
其他应付款		5.00
应交税费		1.00
坏账准备		0.05
其他应付款		
实收资本		35.00
盈余公积		7.00
本年利润		2.00
累计折旧		1.50
合 计	65.00	65.00

［要求］根据以上资料编制该企业2019年12月31日的资产负债表。

2. 练习利润表的编制。

［资料］方圆公司2019年9月有关账户本期发生额如表7-9所示。

表7-9 有关账户本期发生额

单位：万元

账户名称	借方本期发生额	贷方本期发生额
主营业务收入		800.00
主营业务成本	640.00	
营业税金及附加	50.50	
销售费用	39.00	
管理费用	11.00	

续表

账户名称	借方本期发生额	贷方本期发生额
账务费用	10.00	
营业外收入		50.00
营业外支出	20.00	
投资收益		10.00

［要求］编制方圆公司 2019 年 9 月的利润表，该公司适用的企业所得税税率为25%。

复习思考题

1. 什么是会计报表？编制会计报表的目的是什么？

2. 试述会计报表按不同标准的分类。

3. 编制会计报表的要求有哪些？

4. 试述资产负债表的概念、项目的分类、排列及格式。

5. 如何编制资产负债表？

6. 试述利润表的概念、格式、项目及其内容。

7. 如何编制利润表？

8. 试述现金流量表的作用、基本内容。

9. 会计报表附注包括哪些内容？

10. 企业财务情况说明书应对哪些情况作出说明？

第八章
或有事项及资产负债表日后事项

或有事项作为一种不确定性事项可能对企业的财务状况和经营成果产生重大影响。资产负债表日后事项虽然发生的时间在资产负债表日之后，但它对资产负债表日之前就存在的情况可以作出补充或者对资产负债表日存在的状况有一定的说明作用。总之，对上述两类事项的关注和会计处理均将影响企业的财务质量、财务状况以及会计信息使用者对企业会计信息的正确判断。本章的学习目的在于将或有事项及资产负债表日后事项的基础知识传递给初学者，要求掌握两类事项的概念特征和基本会计处理方法。

第一节 或有事项

企业在其经营过程中会遇到某些不确定的事项，例如，因合同违约被合同另一方起诉，但法院尚未就该诉讼作出判决，那么企业是否会败诉是不确定的，即使败诉，会付出多少赔偿也是不确定的；又如，销售商品提供售后保修服务，在保修期尚未结束时，支出的修理费也是不确定的。这些不确定事项在会计上就被称为或有事项。

一、或有事项的概念和特征

或有事项，是指由过去的交易或者事项形成的，其结果须由某些未来事项的发生或不发生才能决定的不确定事项。随着我国市场经济的发展，或有事项这一特定经济现象越来越多地存在于企业经营活动中，并对企业的财务状况和经营成果产生重大影响。常见的或有事项有：未决诉讼或仲裁、债务担保、产品质量保证（含产品安全保证）、环境污染整治、承诺、亏损合同、重组义务等。

或有事项具有以下特征：

第一，或有事项是由过去的交易或事项形成的一种状况，是现存的某种状况，不是将来存在的某种状况。例如，产品质量保证是企业对已售出商品或已提供劳务的质量提供的保证，而不是对未售出的产品或尚未提供的劳务提供的保证；未决诉讼也是因企业过去的经济行为引起的，不是未来可能的经济行为引起的。

第二，或有事项具有不确定性。首先或有事项是否发生不确定，如已售出产品在保质期内是否发生质量问题不确定。其次或有事项发生的时间及最终金额也是不确定的，如企业违约被起诉，如无特殊情况企业很可能败诉，但何时支付赔偿金、支付多少赔偿金不确定。但并非所有的不确定事件都是或有事项，如固定资产折旧，虽然实际折旧年限和残值不确定，但固定资产的价值转移到产品中是确定的，即结果是确定的，不属于或有事项。

第三，或有事项的结果只能由未来发生的事件加以确认。或有事项具有不确定性，可以通过未来事件的发生或不发生来消除这种不确定性，确定或有事项的结果。如甲企业向乙企业提供债务担保，只有乙企业到期无力承担债务时，甲企业才会被要求履行担保义务。

二、或有事项的会计处理

只有在满足一定条件时，或有事项才能确认并进行会计处理。

（一）或有事项的确认

或有事项确认通常是指对或有事项产生义务的确认。如果或有事项相关的义务同时满足以下三个条件，企业应将其确认为预计负债：

1. 该义务是企业承担的现实义务

即与或有事项相关的义务不是潜在义务，是现实义务。例如，甲企业与乙企业签订协议，甲企业承诺为乙企业一年期的银行存款提供50%担保，对于甲企业而言，由于担保事项而承担了一项现实义务。

2. 该义务的履行很可能导致经济利益的流出企业

或有事项的确认，通常要对其发生概率加以分析判断，可能性大小可以按照表8-1所示发生的概率来确认。

表8-1 或有事项发生的概率及可能性大小

结果的可能性	相应概率区间
基本确定	大于95%小于100%
很可能	大于50%小于或等于95%
可能	大于5%小于或等于50%
极小可能	大于0小于或等于5%

3. 该义务的金额能够可靠地计量

或有事项具有不确定性，其产生的现实义务的金额也具有不确定性，但有些可以合理估计，对于这部分或有事项在满足上述两个条件时，企业可以确认为预计负债。对于不能可靠估计金额的或有事项不得确认为负债。

（二）或有事项的计量

或有事项的计量，也就是指因或有事项而确认的负债等按什么金额计入资产负债表

（因或有事项而确认的负债符合是企业的现实义务、履行该义务导致经济利益流出企业的可能性大于50%小于或等于95%、金额能可靠计量三个条件）。或有事项承担的负债金额按最佳估计数确定，此外，因履行或有事项的义务，企业可能从第三方获得补偿，因此，或有事项的计量主要是以下两个方面：

1. 最佳估计数的确定

（1）支出的金额在一个区间范围内，且该范围内各种结果发生的可能性相同，最佳估计数为上限与下限金额的算术平均数。

[例8-1] 2019年度，A公司共销售产品100000件，实现销售收入1200000元。根据公司质量保证条款，产品售出一年内发生质量问题，公司免费维修。根据以往年度维修记录，公司发生的维修费用为销售额的1%~4%。2019年12月31日，A公司应在资产负债表中确认的负债金额为：

$$1200000 \times (1\% + 4\%) \div 2 = 30000 \text{（元）}$$

（2）支出金额不在一个区间范围内，最佳估计数按情况处理：或有事项涉及单个项目的，最佳估计数按最可能发生金额确定；或有事项涉及多个项目的，最佳估计数按各种可能发生额及其发生概率计算确定。

[例8-2] 2019年11月20日，A公司因侵犯专利权被起诉，2019年12月31日，A公司尚未接到法院的判决。根据公司的法律顾问的职业判断，胜诉的可能性为45%，败诉的可能性为55%。如果败诉需要赔偿3000元。此时，A公司应在资产负债表中确认3000元的负债。

[例8-3] 2019年度，B公司实现销售收入2000000元。根据公司质量保证条款，产品在销售一年内，发生正常质量问题，公司免费维修。根据公司以往经验，如果产品出现较小的质量问题，发生的维修费是销售额的0.5%，如果产品出现较大的质量问题，发生的维修费是销售额的6%；根据预测，2014年销售的产品中有90%不会出现质量问题，7%出现较小的质量问题，3%出现较大的质量问题。那么，2019年12月31日，B公司应在资产负债表中确认的负债金额为：

$$2000000 \times 7\% \times 0.5\% + 2000000 \times 3\% \times 6\% = 4300 \text{（元）}$$

2. 预期可获补偿的处理

如果企业清偿因或有事项而确认的负债所需支出全部或部分预期由第三方或其他方补偿，此补偿金额只有在基本确定能收到时，即有大于95%的可能收到，才能作为资产单独确认，此外，确认的补偿额不得超过确认负债的账面价值。例如，发生交通事故，可以从保险公司获得补偿；在某些索赔诉讼中，企业可以对索赔人或第三方提出赔偿要求；在债务担保中，企业履行担保义务的同时，通常可以向被担保企业提出追偿要求。

[例8-4] A公司向B公司提供担保，担保额为100000元。直至债务到期日B公司仍未归还债务，A公司很可能要履行担保义务。

情况1：有95%的把握可以从被担保企业获得补偿100000元，此时，A公司预计负债100000元。95%的可能属于很可能，不是基本确定，因而不能确认100000元的资产。

情况2：有99%的把握可以从被担保企业获得补偿50000元，此时，A公司应分别预计金额为 50000 元的资产和 100000 元的负债，而不能直接确认负债为：

100000 – 50000 = 50000 （元）

值得注意的是，企业在资产负债表日还需对预计负债的账面价值进行复核。有确凿证据表明该账面价值不能真实反映当前最佳估计数的，应当按照当前最佳估计数对账面价值进行调整。企业计量预计负债金额时还应当考虑以下情况：充分考虑与或有事项有关的风险和不确定性，在此基础上按照最佳估计数确定预计负债的金额；预计负债的金额通常等于未来应支付的金额，但未来应支付金额与其现值相差较大的，应当按照未来应支付金额的现值确定；有确凿证据表明相关未来事项将会发生的，如未来技术进步、相关法规出台等，确定预计负债金额时应考虑相关未来事项的影响；确定预计负债的金额不应考虑预期处置相关资产形成的利得。

（三）或有事项涉及的主要会计科目与账务处理

对符合确认为负债条件的或有事项，涉及的会计科目主要是预计负债，预计负债核算企业确认对外提供担保、未决诉讼、产品质量保证、重组义务、亏损合同等。对于对外提供担保、未决诉讼、重组义务产生的预计负债，应按确定的金额，借记"营业外支出"，贷记"预计负债"，预计发生的诉讼费用计入"管理费用"；由产品质量保证产生的预计负债，应按确定的金额，借记"销售费用"，贷记"预计负债"；有确凿证据需对已确认的预计负债进行调整的，调整增加的预计负债，借记相关科目，贷记"预计负债"，调整减少的预计负债作相反的会计分录；在预期可获补偿基本确定时，按基本确定的金额，一般借记"其他应收款"，贷记"营业外收入"，而不能在确认与或有事项有关的义务为负债时，作为扣除项目，减少负债的确认金额，此外，确认的补偿额不得超过确认负债的账面价值。以 ［例 8 – 5］ ［例 8 – 6］ ［例 8 – 7］ ［例 8 – 8］ 为例，它们的会计分录分别为：

［例 8 – 5］ 借：销售费用　　　　　　　　　　　　　　　　　　　30000
　　　　　　　贷：预计负债　　　　　　　　　　　　　　　　　　　　30000

［例 8 – 6］ 借：营业外支出　　　　　　　　　　　　　　　　　　　3000
　　　　　　　贷：预计负债　　　　　　　　　　　　　　　　　　　　3000

［例 8 – 7］ 借：销售费用　　　　　　　　　　　　　　　　　　　4300
　　　　　　　贷：预计负债　　　　　　　　　　　　　　　　　　　　4300

［例 8 – 8］ 情况 1：
　　　　　　　借：营业外支出　　　　　　　　　　　　　　　　　　100000
　　　　　　　　　贷：预计负债　　　　　　　　　　　　　　　　　　100000

　　　　　　情况 2：
　　　　　　　借：营业外支出　　　　　　　　　　　　　　　　　　100000
　　　　　　　　　贷：预计负债　　　　　　　　　　　　　　　　　　100000
　　　　　　　借：其他应收款　　　　　　　　　　　　　　　　　　50000
　　　　　　　　　贷：营业外收入　　　　　　　　　　　　　　　　　50000

三、或有事项的披露

或有事项的披露分三类：因或有事项而确认的负债的披露、或有负债的披露、或有资产的披露。

（一）因或有事项而确认的负债的披露

该类事项也称预计负债。预计负债在资产负债表中与其他负债项目区别开，单独反映；由此发生的支出或费用不单列反映，而是在扣除基本确定能获得的补偿金额后与其他支出或费用合并反映。同时，还应在会计报表附注中对各项预计负债形成的原因、金额做相应披露。

[**例8-9**] 乙公司因甲公司延期交货而与甲公司发生争议，于2019年12月12日向法院提起诉讼，要求甲公司赔偿造成的损失130万元。截至2019年12月31日，法院仍在对此诉讼进行审理。甲公司在咨询该公司法律顾问后，认为很可能败诉，但赔偿金额在80万～100万元，还需另外承担诉讼费2万元。

借：营业外支出   900000

      管理费用   20000

   贷：预计负债   920000

2019年12月31日，甲公司在资产负债表附注中作如下披露：

或有事项：

本公司延期向乙公司交货，乙公司2019年12月12日向法院提起诉讼，要求赔偿造成的经济损失。2019年12月31日，本公司据此确认了一笔负债，金额为920000元。目前，此案正在审理中。

（二）或有负债的披露

对于以下或有负债，企业应在会计报表附注中分类披露其形成的原因、预计产生的财务影响（如无法对此作出估计，应说明理由）等内容：①已贴现商业承兑汇票形成的或有负债；②未决诉讼、仲裁形成的或有负债；③为其他单位提供债务担保形成的或有负债；④其他或有负债（不包括极小可能导致经济利益流出企业的或有负债）。

（三）或有资产的披露

对于或有资产，即过去交易或事项形成的、其存在须通过不完全由企业控制的未来不确定事项的发生或不发生予以证实的潜在资产，企业一般不应在会计报表附注中披露。但或有资产很可能导致未来经济利益流入企业时，应在会计报表附注中披露。披露的内容包括其形成的原因、预计产生的财务影响（如无法对此作出估计，应说明理由）等。

第二节 资产负债表日后事项

企业有时会存在资产负债表日之后才出现的一些事项，它对资产负债表日之前就存在的情况作出了补充或者不涉及资产负债表日存在状况，但对会计信息有一定的说明作用，这些事项就是资产负债表日后事项，它包括调整事项和非调整事项。判断资产负债表日后事项属于调整事项，还是非调整事项，需要依靠财务人员的职业判断。

一、资产负债表日后事项概述

学习和掌握资产负债表日后事项首先需要对其定义和包含的内容进行界定。

（一）资产负债表日后事项的定义

资产负债表日后事项，是指资产负债表日至财务报告批准报出日之间发生的有利或不利的事项。

可以从以下几点理解资产负债表日后事项的定义：

第一，资产负债表日包括年度资产负债表日和中期资产负债表日。年度资产负债表日是指每年的 12 月 31 日，中期资产负债表日指年度中间各期期末，例如，提供第三季度的财务报告，中期资产负债表日指该年的 9 月 30 日。财务报告批准报出日是指董事会，或经理（厂长）会议，或类似机构批准财务报告报出的日期。

第二，境外的母公司或子公司向国内提供会计报表均按我国对会计中期和会计年度的规定，提供相应期间的会计报表，而不能以境外母公司或子公司确定的会计中期或会计年度作为依据。

第三，资产负债表日后事项产生的有利或不利的事项均采用相同的会计处理原则。

第四，资产负债表日后事项并不是资产负债表日至财务报告批准日之间发生的全部事项，而是与资产负债表日存在状况有关的事项，或虽与资产负债表日存在状况无关，但对企业财务状况有重大影响的事项。如企业自年度资产负债表日至财务报告批准报出日之间发生下面三个事件：A 企业购入大型设备两台；B 企业因质量问题，上年已销售的产品中有 40% 被退回；C 企业发行债券。在这三个事件中，只有后两个属于资产负债表日后事项，B 企业是对资产负债表日存在状况有影响，C 企业则是对财务状况有影响。

（二）资产负债表日后事项的内容

资产负债表日后事项主要有以下两类：

1. 调整事项

对资产负债表日存在情况提供进一步证据的事件，称为调整事项。调整事项判断标准为："资产负债表日至财务报告批准报出之日，为资产负债表日已经存在的情况提供了新的或进一步的证据，有助于对资产负债表日存在情况的有关金额做出重新估计的事项。"据此可以对资产负债表日的收入、费用、资产、负债、所有者权益进行调整，重新编制会计报表，便于报表使用者了解相关财务信息及经营成果，做出正确的投资决策。

2. 非调整事项

资产负债表日该事项的状况并不存在，而是资产负债表日后才发生或存在的事项。该事项不涉及资产负债表日存在状况，但为了对外提供更有用的会计信息，需披露这类事项，称为非调整事项。例如 A 公司在 2019 年 1 月 2 日收购 B 公司 60% 的股权，该事项属于重大事项，会影响 A 公司今后的财务状况和经营成果，属于资产负债表日后非调整事项，须在会计报表附注中披露。

二、调整事项的处理原则及方法

资产负债表日后发生的调整事项，应当如同资产负债表所属期间发生的事项一样，做出账务处理，并对资产负债表日编制的会计报表作相应的调整（但不包括现金流量表正表）。

账务处理按照以下基本原则进行处理：

第一，涉及损益的事项，通过"以前年度损益调整"科目核算。调整增加以前年度收益的或调整减少以前年度亏损的事项，记入"以前年度损益调整"科目的贷方；调整减少以前年度利润或调整增加以前年度亏损的事项，记入"以前年度损益调整"科目的借方。由于以前年度损益调整增加的所得税费用，记入"以前年度损益调整"科目的借方，同时贷记"应交税费——所得税"等科目；由于以前年度损益调整减少的所得税费用，记入"以前年度损益调整"科目的贷方，同时借记"应交税费——所得税"等科目。调整完成后，应将"以前年度损益调整"科目的贷方或借方余额，转入"利润分配——未分配利润"科目。

第二，涉及利润分配调整的事项，直接在"利润分配——未分配利润"科目核算。

第三，不涉及损益以及利润分配的事项，调整相关科目。

第四，通过上述账务处理后，还应同时调整会计报表相关项目数字，包括资产负债表日编制的财务报表相关项目的期末或本年发生数；当期编制的财务报表相关项目的期初数或上年数；上述调整如果涉及附注内容的，还应当调整附注相关项目的数字。

三、非调整事项的处理原则及方法

资产负债表日后非调整事项与资产负债表日存在状况无关，不需要进行账务处理，也不需要调整会计报表。同时，由于这类事项可能很重大，如不加以说明，将会影响财务报告的使用者对企业财务状况、经营成果做出正确的估价和决策，因而需要在会计报表附注中说明事项的内容，估计其对财务状况、经营成果的影响，以提供会计数据来补充资产负债表日编制的财务报告的信息。如无法对资产负债表日后才发生或存在的事项对财务报告数据的影响做出估计，应说明其原因。一般资产负债表日后非调整事项主要是这几种：

（一）资产负债表日后发生重大诉讼、仲裁、承诺

这些事项是指资产负债表日至财务报告批准报出日之间发生的重大诉讼、仲裁、承诺，这些事项的发生会影响企业今后的财务状况或经营成果，应当在会计报表附注中进行披露。

（二）资产负债表日后资产价格、税收政策、外汇汇率发生重大变化

企业资产价格在资产负债表日至财务报告批准报出日之间发生重大变化，如固定资产或投资发生大额减值，须在会计报表附注中进行披露。国家税收的重大变化会影响企业今后的财务状况或经营成果，应当在会计报表附注中进行披露。资产负债表日至财务报告批准报出日之间发生的外汇汇率一般不影响资产负债表日汇率折算的会计报表数字，但是资产负债表日后汇率发生较大变化，就应当在会计报表附注中对产生的影响进行披露。

（三）资产负债表日后因自然灾害导致资产发生重大损失

是指在资产负债表日至财务报告批准报出日之间发生的，由自然灾害引起的资产损失。这一事项可能对企业财务状况有影响，如果不披露，很可能会误导报表使用者做出错误的决策，因此由自然灾害引起的资产损失应作为资产负债表日后非调整事项在会计报表中进行披露。

（四）资产负债表日后发行股票和债券以及其他巨额举债

在资产负债表日至财务报告批准报出日之间发生的股票和债券以及其他巨额举债对资产负债表日存在状况没有影响，但是发行的股票或债券有利于一些报表使用者做出决策，巨额的举债会对企业今后的财务状况产生很大影响，因此要在会计报表附注中进行披露。

（五）资产负债表日后资本公积转增资本

企业在资产负债表日后至财务报告批准报出日之间经董事会、股东大会或类似机构批准以资本公积转增资本的事项，这一事项将会对企业的资本公积和资本结构产生影响，因此需要在会计报表附注中进行披露。

（六）资产负债表日后发生企业合并或处置子公司

例如，2019 年 1 月 2 日，甲公司将持有的 60% 乙公司的股权出售给丙公司。对于这个重大事项，甲公司、丙公司均应在会计报表附注中披露相关信息。

（七）资产负债表日后拟分配股利

资产负债表日后，企业利润分配方案中拟分配的以及经审议批准宣告发放的股利或利润，不确认为资产负债表日的负债，但应当在附注中单独披露。

复习思考题

1. 什么是或有事项？它具有哪些特征？

2. 或有事项确认为负债应具备哪些条件？

3. 什么是资产负债表日后事项？

4. 资产负债表日后事项根据内容如何分类？会计处理有何不同？

第**九**章

财务报表分析

财务报表分析是会计信息发挥决策支持作用的重要方式。本章将对财务报表分析的步骤、内容和方法进行阐述，要求学习者掌握常用的财务比率指标及财务报表分析方法。

第一节　财务报表分析概述

会计信息使用者出于不同的目的使用财务报表，需要不同的会计信息。但是单纯的财务报表数据还不能直接或全面说明企业的财务状况。财务报表分析的目的在于应用各种技术对企业的财务报表数据进行分析、比较和解释，对企业的经营状况做出判断，为其经济决策服务。

一、财务报表分析的步骤及信息来源

财务报表分析应当遵循一定的步骤，且财务报表分析的信息来源不仅仅是财务报表本身，需要结合报表附注及其他相关信息进行综合分析。

财务报表分析是以企业财务报告等核算资料为基础，采用一系列的分析方法和指标，对企业的财务状况和经营成果进行研究与评价，为投资者、经营管理人、债权人和社会其他各界的经济预测或决策提供依据的一项财务管理活动。

根据企业会计准则的规定，企业必须定期编制各种财务报表，向企业的投资者、债权人、经营管理者和政府有关部门及其他会计信息使用者，提供反映企业经营状况和财务成果的信息资料，供其决策时参考。

由于财务报表只是对企业已经发生或已经完成的经济活动的概括和总结，报表上的数据只能反映企业过去和现在的情况，不能反映企业的未来，也不能说明造成企业财务状况好坏的原因。因此有必要对财务报表所提供的数据进行加工整理、分析比较，提供一套财务指标体系，以便据此评价、判断企业财务状况好坏、获利能力高低和经营风险的大小，预测企业的发展趋势和经营前景，并做出相应的决策。

（一）财务报表分析的步骤

财务报表分析的关键是收集充分的、与决策相关的各种财务资料，从中分析并解释相互间的关系，发现异常的线索，作出确切的判断和分析结论。报表分析的步骤可以概括为以下三点：

第一，收集与决策相关的各项重要财务资料。包括定期财务报告、审计报告、招股说明书、上市公司公告书和临时报告，相关产业政策、行业发展背景、税收政策等。

第二，整理并审查所收集的资料，通过一定的分析手段揭示各项信息之间隐含的重要关系，发现分析的线索。

第三，研究重要的报表线索，结合相关的资讯，分析内在关系，解释现象，推测经济本质，为决策提供依据。

企业分析所用的数据主要是财务数据。因此，常有人把企业分析称为财务报表分析或者财务分析。但是，单纯的财务数据分析不足以掌握一个企业的整体经营状况，作为收入和费用形成源泉的销售数量或者生产数量、人工数量或者员工数量、厂房面积或者经营面积、机器台数等物理数据所反映的经营统计资料以及物价统计、生产统计、贸易统计等社会经济资料对于了解企业也是必要的。除此之外，经营者的人格及信用度、员工的士气及技能、一般的经济景气动向以及行业的主要趋势等也是了解企业经营状况不可或缺的观察要素。只有经过综合财务数据和其他资料的分析，才能比较全面地掌握一个企业的整体经营状况。

（二）财务报表分析的信息来源

根据我国的企业信息披露制度，取得上市公司的财务信息比较容易。中国证券监督管理委员会公布的《公开发行股票公司信息披露实施细则》规定，公开发行股票及上市公司应当披露的信息包括招股说明书、上市公告书、定期报告和临时报告。公司应当指定专人负责信息披露事务，公司应当在证监会指定的全国性报刊中自行选择至少一家披露信息。《公开发行股票公司信息披露的内容和格式准则》还要求上市公司将年度报告和中期报告登载于中国证监会指定的国际互联网网站上，同时将摘要刊登在至少一种中国证监会指定的全国性报纸上。如果需要对财务信息不公开的企业进行分析，则需要通过实地调查、面谈和侧面调查等了解企业的经营情况。

从内容上看，财务分析的信息来源应包括以下内容：

1. 财务报表

财务分析的工作依据是财务报表，主要包括利润表、资产负债表、现金流量表等。根据企业历年编制的财务报表，将本期业绩与历年业绩、同行业业绩等进行分析、比较，可以反映企业财务状况和经营成果的变动趋势及在同行业中的地位，进而预测未来的发展趋势。

2. 财务报表附注

企业提供财务报表的同时，还必须有财务报表附注。财务报表的使用者，只有在对财务报表附注所作的各项说明了解之后，才能充分了解企业财务报表的内容。

3. 注册会计师的审计报告

股票上市公司的财务报告，须经注册会计师审计，出具审计报告后，才能公布。此举表明企业的财务报表，是经注册会计师依据会计准则进行了审定，并说明企业是否按照会计准则编制，能否公允地表达企业的财务状况及变动情况。一般说来，注册会计师以独立、客观、公正的立场，审计出具的审计报告，可以表明财务报表及附注所列资料的可信程度，并提醒报表使用人注意公司特殊会计实务、情况，以及企业的经营环境。

4. 公司的行业背景、竞争策略等

公司的行业背景、竞争策略、会计政策选择等对形成公司价值，解读会计数据至关重要。报表分析只有结合行业发展趋势、产业竞争程度，其结果才能客观和正确；只有将这些分析与企业的宏观大背景和公司未来的发展前景相结合，分析者才能理解管理层对会计政策的选择及其选择对报表数据的影响。

二、会计报表分析的基本内容

不同的会计报表使用者，对于会计信息的要求也不尽相同。例如，投资者更为关心企业未来的收益及其稳定性；债权人则更为关心企业的偿债能力；管理者更关心企业的现金流量和经营业绩。因此，报表的使用者不同，进行分析的手段也就不同，这也就决定了会计报表分析的角度和内容是多方面的。概括起来，会计报表分析的基本内容包括以下几个方面：

（一）资本结构分析

资本结构分析是指对企业各种资本的构成及其比例关系所进行的分析。由于企业在生产经营过程中的资金来源渠道、组织形式不同，资本结构是关系企业经济实力和稳定的一个重要因素。因此，会计报表使用者有必要关心企业的资本结构，有理由对企业资本结构进行分析和评价，使企业尽可能地拥有最佳资本结构，避免较大财务风险的出现。

（二）偿债能力分析

偿债能力分析是指对企业清偿债务能力所进行的分析。企业在长期的生产经营过程中，由于自有资金的不足，或者是出于提高自有资金使用效率的追求，可能会通过举债来筹集资金，这样就存在到期清偿债务的问题。无论是企业管理者还是债权人都可以通过对资本结构和偿债能力的分析，了解和评价企业的偿债能力，以有利于作出正确的筹资和投资决策，避免出现损失。

（三）获利能力分析

获利能力分析是指对企业获得利润水平和能力的一种分析。从微观上来讲，企业的目标就是生存、发展和获利，追求经济效益是市场经济体制下每一个企业的出发点和落脚点。获利能力的强弱表现了一个企业的经营业绩。因此，会计报表的使用者都非常关心对企业获利能力的分析。

（四）现金流量及其变动分析

它主要是通过对现金流量表的分析和研究，了解企业现金流入、流出情况，营运资金的运用等财务状况及其增减变动情况，并以此来评价企业资金的使用效率和未来的现金流量。企业现金流量分析对会计报表的任何使用者都是相当重要的。

（五）费用成本分析

费用成本分析是指对企业的费用成本的构成及其变动情况所进行的分析。在企业产品价格一定的前提下，哪个企业的产品成本低，费用少，哪个企业就可能获得竞争上的优势，就可以获得更多的利润。由于费用成本属于企业内部会计信息，因此，进行费用成本分析的重点是企业的生产经营管理者。

三、财务报表分析的方法

进行财务报表分析时，可以根据不同的分析范围和目的，选用不同的分析方法。常用的分析方法有以下两种：

（一）比率分析法

比率分析法是将报表中某些有关联的项目进行对比，求出它们之间的比率，以揭示这些项目之间的相互关系，并由此判断企业财务状况和经营成果的一种方法。财务报表的比率分析，可以采用以下几种对比形式：

1. 相关指标比率

根据经济活动客观存在的相互依存关系，将报表中两个性质不同但又相关的项目进行对比，求出比率，以便从经济活动的相互联系中进行分析研究，评价企业的财务状况和经营成果。例如，可将利润与资产进行对比，求得资产报酬率，以说明企业的获利能力；将负债与资产进行对比，求得资产负债率，以说明企业的偿债能力等。将这些比率的实际数与计划数或前期实际数进行对比，还可以分析企业财务状况和经营成果的变动情况。

2. 构成比率

通过计算报表中某个项目的组成部分占总体的比率，分析其构成变化，来评价企业的经营活动。例如，可将利润与销售收入进行对比，求得销售利润率，以说明企业销售收入的盈利水平；将销售成本与销售收入进行对比，求得销售成本率，以说明企业销售收入的耗费水平；等等。

应当说明的是，运用比率分析法得出的结果，只能反映企业在某一时期某一方面的情况。由于企业的经济活动是相互联系、错综复杂的，因此分析时应注意将各种比率指标联系起来，并结合对比分析法，才能对企业的财务状况和经营成果作出比较全面、客观的评价。

（二）对比分析法

对比分析法是将报表中的某个项目或某个财务指标与选定的基准指标进行对比，确定其数量差异，以评价企业财务状况和经营成果的一种方法。财务报表的对比分析，可以采用以下几种对比形式：①本期实际数与计划（定额、标准）数进行对比。②本期实际数与上期或前几期的实际数进行对比。③本企业实际数与国内外同行业平均水平或先进水平进行对比。④期末数与期初数进行对比。

通过对比分析，可以了解企业取得的成绩和存在的问题。

采用对比分析时，应注意数据的可比性。进行对比的报表项目或财务指标，在计价标准、时间、计算方法等方面必须一致。进行不同时期的分析对比时，要考虑企业的技术经济条件是否发生了变化。进行不同企业之间的对比分析时，要考虑企业之间有无可比较的基础。同时，还应了解本行业技术经济发展动态，以及经济环境现状和变化等，以便对企业作出符合客观实际的判断。

四、需要说明的一些问题

分析者切忌不顾行业区别，而单凭个人经验妄下结论。例如，2:1 的流动比率标准就并非适用于每一个企业，分析者必须综合考虑企业所从事的经营活动类型以及企业自身的特定情况加以具体分析。衡量企业流动性好坏的真正标准应是看它有无及时清偿债务的能力。许多知名公司的流动比率远远低于 2:1，但却具有较强的付款能力。因此，只有将企业的财务比率与同一行业的其他企业进行比较，才能得出切合实际的结论。

同样，如果企业的某项比率偏离了标准的要求，我们也仍需考察其他企业此项比率的水平才能最终判定这种偏离的好坏和程度。例如，某企业的流动比率为 1.4，行业标准为 1.8，对其进行分析时，首先应弄清楚流动比率低于 1.4 的企业占多大比例，如果 25% 的企业都处于这一水平，那不必过于紧张，但是，如果只有 2% 的企业其流动比率低于 1.4 的话，那该企业就要引起重视了。可见，在分析、评价某项财务比率与行业标准出现的偏差时，必须事先把握行业整体偏离标准的程度，并据此确定应否对这一偏差予以重视。

进行行业比较时必须持谨慎态度。在行业整体的财务状况和经营成果不够理想的情况下，某一企业的财务指标即使高于行业平均水平，也不能认为达到了理想效果。绝对来讲，这种行业比较的相对优势可能会掩盖存在于企业内部的种种问题。此外，分析者还应注意到，同一行业内的不同企业之间往往也参差不齐。多品种生产的企业一般很难准确地界定清楚自身的行业性质，于是只能采取"适当"的行业归类原则，但这就使同一行业内不同企业之间出现了不可比性。另外，同一行业的不同企业从规模上也是无法等同比较的。

由于财务报告的数据以及由此而计算的财务比率属于数字化指标，所以有人片面地认为财务比率可以准确地反映企业的真实财务状况。折旧、坏账准备，以及其他各种准备等会计数据，是会计人员估计而得的，无论怎样准确，都不可能与实际的折旧、坏账或其他损失完全相符。不同企业的会计数据应尽可能标准化，以便做到比较口径的一致。但即便是同类比较，分析者在解释这些比较结果时也必须持谨慎态度。

第二节 比率分析

本节所介绍的各项指标均采用某股份有限公司的资产负债表和利润表的数据，如表9-1、表9-2、表9-3所示。

表9-1 某股份有限公司资产负债表（母公司数）

单位：千元

项目	2016年12月31日	2017年12月31日
资产		
货币资金	92175	79650
应收股利		1916
应收账款	43215	50155
其他应收款	90198	127191
预付账款	23550	18136
存货	14057	12632
流动资产合计	263195	289680
长期股权投资	112780	153634
固定资产原价	88575	91513
减：累计折旧	7036	10064
固定资产净值	81539	81449
固定资产减值准备	504	504
固定资产净额	81035	80945
在建工程	144520	169741
固定资产合计	225555	250686
无形资产	1127	72054
资产总计	602657	766054
流动负债		
短期借款	134000	274000
应付账款	2595	2843
预收账款	2809	3617
应付职工薪酬	587	1005
应付股利	6130	
应交税费	6384	9042

续表

项目	2016 年 12 月 31 日	2017 年 12 月 31 日
其他应付款	12261	54941
一年内到期的非流动负债	30000	
流动负债合计	194766	345448
专项应付款	4800	6000
负债合计	199566	351448
所有者权益		
股本	122600	122600
资本公积	238512	238512
盈余公积	11547	13274
未分配利润	30432	40220
所有者权益合计	403091	414606
负债及所有者权益	602657	766054

表 9-2 某股份有限公司利润表（母公司数）

单位：千元

项　目	2016 年度	2017 年度
一、营业收入	74724	71304
减：营业成本	10437	13412
营业税金及附加	56	2
销售费用	30654	32740
管理费用	14502	10005
账务费用	1542	5853
资产减值损失	0	0
加：投资收益	785	196
二、营业利润	18318	9488
加：营业外收入	1	2
减：营业外支出	661	114
加：补贴收入	178	2139
三、利润总额	17836	11515
减：所得税费用*	0	0
少数股东权益		
四、净利润	17836	11515

注：*所得税费用为 0 是因为该公司处于免税期。

表9-3 某股份有限公司现金流量简表（母公司数）

单位：千元

项 目	2017 年度
一、经营活动产生的现金流量	
销售商品、提供劳务收到的现金	75088
收到的税费返还	2139
收到的其他与经营活动有关的现金	91211
经营活动现金流入小计	168438
购买商品、接受劳务支付的现金	29502
支付给职工以及为职工支付的现金	4550
支付的各项税费	8397
支付的其他与经营活动有关的现金	52888
经营活动现金流出小计	95337
经营活动产生的现金流量净额	73101
二、投资活动产生的现金流量净额	-183730
三、筹资活动产生的现金流量净额	94738
四、现金及现金等价物净增加额	-15891
补充资料	
净利润	11515
加：资产减值准备	2317
固定资产折旧	3029
无形资产摊销	874
预提费用增加（减：减少）	153
财务费用	5853
投资损失（减：收益）	-196
存货的减少（减：增加）	1425
经营性应收项目的减少（减：增加）	1472
经营性应付项目的增加（减：减少）	46659
经营活动产生的现金流量净额	73101

一、偿债能力分析

偿债能力是指企业偿还各种到期债务的能力。偿债能力的大小是任何与企业有关联的人所关心的重要问题之一。偿债能力分析包括短期偿债能力分析、长期偿债能力分析以及偿债能力保障程度的分析。

（一）短期偿债能力分析

短期偿债能力分析又叫作流动性比率分析，流动性比率可用于评价企业偿还短期债务的能力。通过分析流动性比率，可以看出企业现有的现金支付能力和应付逆境的能力。其核心在于将短期债务与用来偿还短期债务的短期资金来源进行比较。

1. 流动比率

流动比率是最简单和最常用的一项流动性比率，其计算公式为：

$$流动比率 = \frac{流动资产}{流动负债}$$

某股份有限公司 2017 年 12 月 31 日的流动比率为：

$$流动比率 = \frac{289680}{345448} = 0.84$$

流动比率越大，企业的付款能力就越强。不过，由于该比率没有进一步考虑流动资产各项的构成情况，所以只能作为粗略反映企业偿债能力的指标。流动资产总额中，现金和应收账款比例较大的企业较存货比例较大的企业具有更强的流动性。

2. 速动比率

速动比率是企业的速动资产与流动负债的比率，用于衡量企业的某一时点运用随时可变现资产偿付到期债务的能力，也叫作酸性测试比率，其所反映的流动性比流动比率更明确、更透彻，其计算公式为：

$$速动比率 = \frac{速动资产}{流动负债}$$

式中，速动资产是指流动资产中变现能力较强的那部分资产，一般包括现金、有价证券、应收账款等。存货的流动性较差，变现周期长，并且可能存在变现损失，所以不包括在速动资产内。预付账款不能变现或直接用来偿付债务，也应排除在速动资产之外。速动资产的计算公式一般可表示为：

速动资产 = 流动资产 - 存货 - 预付账款

A 股份有限公司 2017 年 12 月 31 日的速动比率为：

$$速动比率 = \frac{289680 - 12632 - 18136}{345448} = 0.75$$

（二）长期偿债能力分析（资本结构分析）

对于企业的所有者及长期债权人来说，他们不仅关心企业的短期偿债能力，更关心企业的长期财务状况，即资本结构状况。有关资本结构的比率主要有资产负债率、所有者权益比率等。

1. 资产负债率

资产负债率是企业的全部负债总额与全部资产总额的比率，用于分析企业借用他人资本进行经营活动的能力，并衡量企业的长期偿债能力。其计算公式为：

$$资产负债率 = \frac{负债总额}{资产总额}$$

举债经营既可以给企业带来财务杠杆利益，同时也增加了财务风险。而对于债权人来说，资产负债率反映了企业对长期债权人偿还债务的能力。资产负债率越低，资产对债权的保障程度越高，企业的长期偿债能力越强；反之，资产负债率越高，资产对债权的保障能力越弱。

某股份有限公司 2017 年 12 月 31 日的资产负债率为：

$$资产负债率 = \frac{351448}{766054} = 0.46$$

2. 所有者权益比率

所有者权益比率是指企业的所有者权益与全部资产总额的比率。其计算公式为：

$$所有者权益比率 = \frac{所有者权益总额}{资产总额}$$

对于股份公司来说，这个指标通常被称为股东权益比率。所有者权益比率与负债比率之和应该等于 1。这两个比率是从不同侧面反映企业的长期资金来源的。所有者权益比率越大，负债比率就越小，企业的财务风险就越小。相应地，企业长期偿债能力就越强。

某股份有限公司 2017 年 12 月 31 日的所有者权益比率（股东权益比率）为：

$$所有者权益比率 = \frac{414606}{766054} = 0.54$$

3. 债务/权益比率

债务/权益比率又称负债比率，是指企业负债总额（包括流动负债）除以所有者权益总额的比率，其计算公式为：

$$债务/权益比率 = \frac{负债总额}{所有者权益总额}$$

企业性质不同，获得现金流量的稳定程度不同，债务/权益比率也有所区别。一般来说，现金流量比较稳定的企业（如电力公司）比现金流量不很稳定的企业（如机器制造业）的债务/权益比率相对大些。同类企业的该比率相比较，往往可以反映出某个企业的信誉和财务风险。

某股份有限公司 2017 年 12 月 31 日的债务/权益比率为：

$$债务/权益比率 = \frac{351448}{414606} = 0.85$$

4. 现金流量对负债的比率

这是通过分析现金流量与债务数额之间的关系来衡量公司的偿债能力。现金流量通常来自公司的经营活动，因此该比率可用公式表示为：

$$现金流量对负债比率 = \frac{经营活动产生的现金流量净额}{负债总额}$$

某股份有限公司 2017 年的现金流量对负债的比率为：

$$现金流量对负债比率 = \frac{73101}{351448} = 0.21$$

现金流量对负债的比率反映了公司提供偿债基金的可信程度，对于评价公司财务的健康状况是非常有用的。

（三）偿债能力保障程度的分析

企业举债经营为的是获得财务杠杆利益，相应就会增加企业的财务风险。所谓偿债能力保障程度的分析主要就是衡量企业对固定利息费用所提供的保障程度。

1. 利息保障倍数

利息保障倍数是企业扣除利息和所得税前的收益与利息费用的比率，计算公式为：

$$利息保障倍数 = \frac{净利润 + 利息费用 + 所得税}{利息费用}$$

利息保障倍数主要用于分析公司在一定的盈利水平下支付债务利息的能力。这一比率越高，说明公司在支付债务利息方面资信度高，即能够一贯按时、足额地支付债务利息，那么，公司就有可能借新债还旧债，永远不需要偿还债务本金。如果利息保障倍数较低，则说明公司的利润难以为支付利息提供充分保障，就会使公司失去对债权人的吸引力。一般来讲，利息保障倍数至少要大于1，否则，公司就不能举债经营。

某股份有限公司 2017 年的利息保障倍数为：

$$利息保障倍数 = \frac{11515 + 5853 + 0}{5853} = 2.97（倍）$$

利息保障倍数的缺陷是无法反映企业偿还贷款本金和利息两方面的能力。同时，考察本息支付能力时，不能仅看账面盈余，而应更加注重现金实力。因此，还应考察现金流量对本息的保障程度。

2. 现金流量对本利和的保障倍数

现金流量对本利和的保障倍数是企业一定时期的经营活动净现金流量与当期还本付息金额的比率。其计算公式为：

$$现金流量对本利和的保障倍数 = \frac{经营活动产生的现金流量净额}{利息费用 + 年度还本额}$$

二、营运能力分析

企业营运能力的高低主要取决于资产的周转速度。周转速度越快，资金的使用效率越高，则企业的营运能力越强；反之，营运能力越差。

（一）应收账款周转率

应收账款周转率是企业的赊销净额与应收账款平均余额的比率，反映企业在一定期间内应收账款转变为现金的速度。其计算公式为：

$$应收账款周转率 = \frac{赊销收入净额}{应收账款平均余额}$$

式中：赊销收入净额 = 销售收入 − 现销收入 − 销售退回、折扣、折让

应收账款平均余额 =（应收账款年初余额 + 应收账款年末余额）÷2

假设某股份有限公司 2017 年的销售收入均为赊销收入，则应收账款周转率为：

$$应收账款周转率 = \frac{71304}{(43215 + 50155) \div 2} = 1.53（次）$$

应收账款周转率是考核应收账款周转变现能力的重要指标，它反映了应收账款转化为货币资产的平均次数。一般来讲，应收账款周转率越高越好。应收账款周转率高，表明公司收账速度快、坏账损失少、资产流动快、偿债能力强。

在以信用交易为主的现代公司中，公司的信用政策是以货款收现期的长短来表示的，即以周转一次的天数来表示。因此，通常需要计算"应收账款周转天数"，其计算公式为：

$$应收账款周转天数 = \frac{日历天数}{应收账款周转率}$$

或：

$$应收账款周转天数 = \frac{应收账款平均余额}{平均每日赊销额}$$

某股份有限公司 2017 年的应收账款周转天数为：

$$应收账款周转天数 = \frac{365}{1.53} = 238.56（天）$$

通常认为应收账款周转天数越短越好。如果实际收回账款的天数超过了公司规定的应收账款天数，则说明债务人拖欠时间长，资信度低，增大了发生坏账损失的风险；同时也说明公司催收账款不力，使结算资金形成了呆账甚至坏账，造成了流动资产不流动，这对公司正常的业务经营是很不利的。从另一方面说，如果公司的应收账款周转天数太短，则表明公司奉行较紧的信用政策，有可能因此不适当地削减了部分营业额，使公司实际得到的利润少于本来可以得到的利润。

（二）存货周转率

存货周转率是指企业一定期间的销货成本与平均存货成本的比率。用于衡量企业的销售能力和存货周转速度以及企业购、产、销平衡情况。其计算公式为：

$$存货周转率 = \frac{销售成本}{存货平均余额}$$

式中：存货平均余额 =（存货年初余额 + 存货年末余额）÷2

某股份有限公司 2017 年度存货周转率为：

$$存货周转率 = \frac{13412}{(14057 + 12632) \div 2} = 1.01（次）$$

在对存货周转率进行比较分析时，要谨慎小心地对比率意义加以解释。一般而言，存货周转率越快，说明存货在公司停留的时间越短，存货占用的资本就越少，从而表明公司的存货管理水平越高。如果存货周转率放慢，则表明公司存货中残次商品增多，不适销对路；或者表明公司有过多的流动资本在存货上滞留，不能更好地用于业务经营。反之，太高的存货周转率则可能是存货水平太低或库存经常中断的结果，公司也许因此而丧失了某些生产或销售机会。

存货周转率也可以用周转一次需要多少天数来表示，称为存货周转天数，其计算原理同应收账款周转天数一样。

某股份有限公司2017年的存货周转天数为：

$$存货周转天数 = \frac{365}{1.01} = 361.39（天）$$

（三）流动资产周转率

流动资产周转率是企业在一定期间的销售净额与流动资产平均总额的比率，它反映的是全部流动资产的利用效率。其计算公式为：

$$流动资产周转率 = \frac{销售收入净额}{流动资产平均总额}$$

$$流动资产周转天数 = \frac{日历天数}{流动资产周转率}$$

$$流动资产平均总额 = （年初流动资产总额 + 年末流动资产总额）÷ 2$$

根据某股份有限公司资产负债表和利润表，可计算出该公司流动资产周转率为：

$$流动资产周转率 = \frac{71304}{(263195 + 289680) ÷ 2} = 0.26（次）$$

$$流动资产周转天数 = \frac{365}{0.26} = 1403.85（天）$$

流动资产周转率是分析流动资产周转情况的一个综合性指标，这项指标越高，说明流动资产周转速度越快。

（四）总资产周转率

总资产周转率是企业在一定期间的销售净额与平均资产总额的比率。其计算公式为：

$$总资产周转率 = \frac{销售收入净额}{平均资产总额}$$

$$总资产周转天数 = \frac{日历天数}{总资产周转率}$$

某股份有限公司2017年总资产的利用效率为：

$$总资产周转率 = \frac{71304}{(602657 + 766054) ÷ 2} = 0.10（次）$$

对一个企业来说，总资产周转次数越多，周转天数越少，表明企业全部资产的利用效率越高，能为企业创造更多的价值。

若想比较客观地评价企业的资产利用效率，还需将上述几个资产周转率指标与本企业往年或同行业的平均水平相对比进行评价。

三、盈利能力分析

盈利能力是企业组织生产活动、销售活动和财务管理水平高低的综合体现。从一定意义上说，企业的盈利能力比偿债能力更重要。这是因为企业经营的最终目的是获得最大的利润，同时企业盈利能力的强弱直接影响企业的偿债能力。所以，对企业的盈利能力进行分析是企业内外人士都非常重视的问题。

由于企业获得利润是以投入并耗费资源为代价的，只有把所得利润与所付出的代价作对比，才能客观地反映企业的盈利水平。我们将从四方面进行分析。

（一）营业收入盈利水平的分析

营业收入可看作企业一定期间内利润的来源，将收入与利润对比，可反映营业收入盈利水平的指标主要有销售利润率和销售利税率。

1. 销售利润率

销售利润率是企业一定期间内不扣除利息费用的税前净收益与销售净额的比率。其计算公式为：

$$销售利润率 = \frac{利润总额 + 利息费用}{销售净额}$$

这里之所以要把利息费用加回到利润总额，是想反映全部资金的创利水平，故不应受资金来源的影响，利息可视为企业分配给债权人的一部分企业利润。

某股份有限公司 2017 年的销售利润率为：

$$销售利润率 = \frac{11515 + 5853}{71304} = 24.36\%$$

在我国，人们习惯于用利润总额计算销售利润率，公式为：

$$销售利润率 = \frac{利润总额}{销售净额}$$

某股份有限公司 2017 年的销售利润率为：

$$销售利润率 = \frac{11515}{71304} = 16.15\%$$

销售利润率越高，说明企业营业收入的盈利水平越高，企业的获利能力越强。

2. 销售利税率

销售利税率是企业一定期间的利税总额与销售净额的比率。计算公式为：

$$销售利税率 = \frac{利税总额}{销售净额} = \frac{利润总额 + 流转税及附加}{销售净额}$$

式中，流转税及附加可以根据利润表中的产品（商品）销售税金及附加确定。

某股份有限公司 2017 年的销售利税率为：

$$销售利税率 = \frac{11515 + 2}{71304} = 16.15\%$$

由于企业实现利税中的流转税上缴国家，所以销售利税率指标不仅能反映企业的盈利水平，还可以反映企业对国家或社会的贡献。销售利税率越高，企业的获利能力越强，对国家或社会的贡献也越大。

（二）营业支出盈利水平的分析

这是站在经济资源耗费的角度，评价单位成本支出为企业创造的利润是多少。常用的有两个指标：成本利润率与成本费用利润率。

1. 成本利润率

成本利润率是企业一定期间的产（商）品销售利润与产（商）品销售成本的比率。其计算公式为：

$$成本利润率 = \frac{产品销售利润}{产品销售成本}$$

某股份有限公司 2017 年的成本利润率为：

$$成本利润率 = \frac{57890}{13412} = 431.63\%$$

这指标反映企业在从事主营业务时，一定的成本耗费（投入）为企业带来的经济效益（产出）。成本利润率越高，说明每一元的成本耗费为企业带来的收益越多。

2. 成本费用利润率

成本费用利润率是企业一定期间的利润总额与成本费用总额的比率。其计算公式为：

$$成本费用利润率 = \frac{利润总额}{成本费用总额}$$

式中，成本费用总额包括营业成本（主营业务成本与其他业务成本之和）、销售费用、管理费用和财务费用。其中，其他业务成本，企业内部可从"其他业务支出"账户中查明，企业外部人员可从有关附表查明。

某股份有限公司 2017 年的成本费用利润率为：

$$成本费用利润率 = \frac{11515}{13412 + 32740 + 10005 + 5853} = 18.57\%$$

成本费用利润率是反映企业所费与所得对比关系的指标，它表明企业每支出 1 元成本费用所获得的利润额。成本费用利润率越高，说明企业以低消耗得到高产出，企业的获利能力强；反之，说明企业的投入并未带来高产出，效益低。

（三）投资盈利水平的分析

投入企业的经济资源表现为企业的资产，它是企业生产经营的物质条件。所以，资产与利润的对比关系能够反映企业投资的盈利水平。常用的指标有总资产收益率、净资产收益率。

1. 总资产收益率

总资产收益率是企业一定期间的利润总额加上利息费用与平均资产总额的比率。计算公式为：

$$总资产收益率 = \frac{利润总额 + 利息支出}{平均资产总额}$$

某股份有限公司 2017 年的总资产收益率为：

$$总资产收益率 = \frac{11515 + 5853}{(602657 + 766054) \div 2} = 2.54\%$$

总资产收益率实际上是由销货收益率与总资产周转率构成的综合指标。即：

$$总资产收益率 = \frac{利润总额 + 利息支出}{销售净额} \times \frac{销售净额}{平均资产总额}$$

$$= 销售利润率 \times 总资产周转率$$

总资产收益率表明企业每运用 1 元资产给企业带来的息税前利润。该指标越高，表明企业投资盈利水平越高，获利能力越强。

2. 净资产收益率

净资产收益率也称股东权益报酬率或净资产利润率，它是企业一定期间的税后利润与净资产平均余额的比率。计算公式为：

$$净资产收益率 = \frac{净利润}{平均所有者权益总额}$$

某股份有限公司 2017 年的净资产收益率为：

$$净资产收益率 = \frac{11515}{(403091 + 414606) \div 2} = 2.82\%$$

该指标反映所有者权益的收益水平。净资产收益率越高，说明应由企业所有者享有的净利润就越高，投资盈利水平也越高，企业的获利能力越强。

（四）股本收益情况的分析

对股份制企业股本收益情况的分析经常采用以下几个指标。

1. 市盈率

市盈率也称本益比，是指普通股每股市价与每股收益额的比率。其计算公式为：

$$市盈率 = \frac{普通股每股市价}{普通股每股收益额}$$

如果某股份有限公司 2017 年 12 月 31 日的普通股市价为 5.25 元，每股收益为 0.083 元，则：

$$市盈率 = \frac{5.25}{0.083} = 63.25（倍）$$

市盈率是衡量公司相对价值的指标之一。这一比率越高，说明未来收益（而非当前收益）所决定的股票价值越大。也就是说，市盈率是对未来发展的一种可能估计。该比率是利率、股票成长预期以及投资者风险态度等许多因素的综合反映，是判断股票是否有吸引力以及测算股票发行价格的重要参数。

2. 股利分派率

股利分派率是指普通股每股现金股利与普通股每股收益的比率。其计算公式为：

$$股利分派率 = \frac{普通股每股现金股利}{普通股每股收益}$$

股利分派率反映了企业的股利政策。该指标高，说明企业把普通股收益较多的部分分给了股东，企业留得少；该指标低，说明企业将收益中的大部分留在企业用于发展，小部分分红。有的股东对获取定期的现金股利感兴趣，有的股东则希望把收益多留一部分给企业，用于扩大生产规模，增加净收益，最终提高股票价值而受益。可见，股利分派率是企业内外很多人关心的指标，它直接关系到企业发展的后劲及股票对投资者的吸引力。

3. 股利收益率

股利收益率是指每股年股利与股票价格之间的比率，用公式表示为：

$$股利收益率 = \frac{每股股利}{每股市价}$$

具备成长潜力的企业将利润的较大部分留存下来，而股利收益率却较低；相反，处于成熟期的企业则将利润的较大部分分派给股东，因而股利收益率较高。

4. 普通股市价与账面价值比率

我们要介绍的最后一个关于股本收益情况的指标，也是有关股票市场价值的比率是每股市价对账面价值的比率。其计算公式为：

$$每股市价对账面价值比率 = \frac{每股市价}{每股账面价值}$$

仍用前面的资料，用股东权益总额除以发行在外的普通股股数，就可得到每股账面价值为 3.38 元，因此某股份有限公司 2017 年 12 月 31 日的每股市价对账面价值的比率为：

$$每股市价对账面价值比率 = \frac{5.25}{3.38} = 1.55 （倍）$$

市价对账面价值的比率是依据公司账面资产确定其长期股权价值的相对指标。如果比率值很高，说明企业的获利能力相当高，该企业具有行业吸引力和竞争优势。

第三节　财务状况综合分析与评价

为了全面评价企业的财务状况和经营成果，需要对具有内在联系的各种财务指标进行综合分析。常用的综合分析方法有总体结构分析、对比分析、杜邦分析法和财务比率综合分析法。

一、总体结构分析

以百分比形式表示的资产负债表和利润表，往往有助于财务分析。其中百分比可以根据总额（如总资产、销售收入总额等）来确定，称为总体结构分析。考察企业连续几期百分比报表的变动趋势，有助于分析者了解企业财务状况和经营成果的改进或恶化情况。尽管财务比率分析本身也能反映企业的财务变化情况，但百分比分析所体现的变化趋势更为明显，内容也更丰富。为了大家更好地了解百分比分析，下面仍以某股份有限公司的资产负债表和利润表为例进行分析。

进行总体结构分析时，资产负债表各项目应分别除以资产总额并换算为百分数，利润表各项目在换算百分数时，既可以用资产总额作为"总体"，也可以用销售收入作为"总体"，本书将采用后一种做法。本章前面提到的销售毛利率和销售净利率就是以销售收入作为"总体"计算出来的，更进一步地讲，不仅销售毛利率和销售净利率可以做以上结构分析，利润表其他项目也同样可以。计算会计报表中某项目相当于总体的百分数，往往可以使分析人员得到原始数据本身所无法反映的信息。

表9-4、表9-5为某股份有限公司2016年和2017年资产负债表和利润表的结构百分比报表。

表9-4　某股份有限公司资产负债表结构百分比报表　　　　　单位:%

项目	2016年12月31日	2017年12月31日
资产		
货币资金及短期投资	15.29	10.40
应收股利		0.25
应收账款	7.17	6.55
其他应收款	14.97	16.60
预付账款	3.91	2.36
存货	2.33	1.65
流动资产合计	43.67	37.81
长期股权投资	18.71	20.06
固定资产原价	14.70	11.95
减：累计折旧	1.17	1.31
固定资产净值	13.53	10.64
固定资产减值准备	0.08	0.08
固定资产净额	13.45	10.56
在建工程	23.98	22.16
固定资产合计	37.43	32.72
无形资产	0.19	9.41
资产总计	100.00	100.00
流动负债		
短期借款	22.23	35.77
应付账款	0.43	0.37
预收账款	0.47	0.48
应付职工薪酬	0.10	0.13
应付股利	1.02	
应交税费	1.06	1.18
其他应付款	2.03	7.16
一年内到期的流动负债	4.98	
流动负债合计	32.32	45.09
专项应付款	0.79	0.79

续表

项目	2016 年 12 月 31 日	2017 年 12 月 31 日
负债合计	33. 11	45. 88
所有者权益		
股本	20. 34	16. 00
资本公积	39. 58	31. 14
盈余公积	1. 92	1. 73
其中：法定公益金	0. 64	0. 58
未分配利润	5. 05	5. 25
所有者权益合计	66. 89	54. 12
负债及所有者权益	100. 00	100. 00

表 9 - 5　某股份有限公司利润表结构百分比报表 单位:%

项　　目	2016 年度	2017 年度
一、营业收入	100. 00	100. 00
减：营业成本	13. 96	18. 17
营业税金及附加	0. 08	
销售费用	41. 02	44. 37
管理费用	19. 41	18. 27
财务费用	2. 06	6. 60
资产减值损失	0. 00	0. 00
加：投资收益	1. 05	0. 27
二、营业利润	24. 51	12. 86
加：营业外收入		
减：营业外支出	0. 88	0. 15
加：补贴收入	0. 24	2. 90
三、利润总额	23. 87	15. 60
减：所得税费用	0. 00	0. 00
四、净利润	23. 87	15. 60

二、对比分析

对比分析是将财务报表指标或比率分析的指标与企业以前会计期间或同行业进行对比。下面以贵州茅台为例说明对比分析，如表 9 - 6 至表 9 - 14 所示。

（一）不同会计期间的对比

通过对同一企业不同会计期间财务指标的对比，可以分析企业财务状况的变化情况。

· 213 ·

表 9-6　贵州茅台各报告期简要财务指标

财务指标（单位）	2018 年 6 月 30 日	2018 年 3 月 31 日	2017 年 12 月 31 日	2017 年 9 月 30 日
基本每股收益（元）	12.55	6.77	21.56	15.91
净利润（百万元）	15764.19	8506.91	27079.36	19983.85
净利润同比增长率（%）	40.12	38.93	61.97	60.31
营业总收入（百万元）	35251.46	18395.26	61062.76	44487.37
营业总收入同比增长率（%）	38.27	32.21	52.07	61.58
每股净资产（元）	74.35	79.57	72.80	67.15
净资产收益率（%）	15.87	8.89	32.95	24.97
资产负债比率（%）	25.72	21.77	28.67	30.83
每股资本公积金（元）	1.09	1.09	1.09	1.09
每股未分配利润（元）	61.20	70.47	63.69	58.33
每股经营现金流（元）	14.12	3.93	17.64	18.14
销售毛利率（%）	90.94	91.31	89.80	89.93
存货周转率	0.14	0.07	0.28	0.21
销售净利率（%）	50.67	52.28	49.82	50.32
财务指标（单位）	2017 年 6 月 30 日	2017 年 9 月 30 日	2016 年 12 月 31 日	2016 年 9 月 30 日
基本每股收益（元）	8.96	4.87	13.31	9.92
净利润（百万元）	11250.86	6123.12	16718.36	12465.58
净利润同比增长率（%）	27.81	25.24	7.84	9.11
营业总收入（百万元）	11250.86	6123.12	16718.36	12465.58
营业总收入同比增长率（%）	36.06	35.73	20.06	16.00
每股净资产（元）	60.20	62.90	58.03	54.64
净资产收益率（%）	14.33	8.06	24.44	18.45
资产负债比率（%）	34.32	30.70	32.79	32.21
每股资本公积金（元）	1.09	1.09	1.09	1.09
每股未分配利润（元）	51.38	54.80	49.93	46.74
每股经营现金流（元）	5.52	4.86	29.81	25.90
销售毛利率（%）	89.62	91.16	91.23	91.64
存货周转率	0.12	0.06	0.18	0.12
销售净利率（%）	49.79	49.18	46.14	50.05

表9-7　每股指标

财务指标（单位）	2018年6月30日	2017年12月31日	2016年12月31日	2015年12月31日
审计意见		标准无保留意见	标准无保留意见	标准无保留意见
基本每股收益（元）	12.55	21.56	13.31	-12.34
每股净资产（元）	74.35	72.80	58.03	50.89
每股经营现金流（元）	14.12	17.64	29.81	13.88
每股资本公积金（元）	1.09	1.09	1.09	1.09
每股未分配利润（元）	61.20	63.69	49.93	43.69

表9-8　利润构成与盈利能力

财务指标（单位）	2018年6月30日	2017年12月31日	2016年12月31日	2015年12月31日
净利润（百万元）	15764.19	27079.36	16718.36	15503.09
营业总收入（百万元）	35251.46	61062.76	40155.08	33446.86
营业收入（百万元）	33396.71	58217.86	38862.19	32659.58
营业总成本（百万元）	12371.57	22122.75	15889.46	11291.74
营业成本（百万元）	3025.03	5940.44	3410.10	2538.34
营业利润（百万元）	22879.90	38940.01	24265.63	22158.99
投资收益（百万元）	—			3.87
资产减值损失（百万元）	1.22	-8.05	12.33	-0.54
管理费用（百万元）	2460.42	4720.54	4187.19	3812.85
销售费用（百万元）	2199.59	2986.07	1681.05	1484.96
财务费用（百万元）	-4.22	-55.72	-33.18	-67.27
营业外收入（百万元）	6.71	12.20	8.55	4.82
营业外支出（百万元）	166.64	212.14	316.30	162.10
营业税金及附加（百万元）	4640.00	8404.21	6508.93	3449.17
利润总额（百万元）	22719.97	38740.07	23957.88	22001.72
所得税（百万元）	5798.61	9733.65	6027.24	5546.72
净资产收益率（%）	15.87	32.95	24.44	26.23
销售毛利率（%）	90.94	89.80	91.23	92.23
销售净利率（%）	50.67	49.82	46.14	50.38

表9-9 经营与发展能力

财务指标（单位）	2018年6月30日	2017年12月31日	2016年12月31日	2015年12月31日
应收账款周转天数	—	—	—	0.03
存货周转率	0.14	0.28	0.18	0.15
总资产周转率	0.26	0.43	0.34	0.38
每股收益增长率（%）	40.07	61.98	7.86	0.98
营业收入增长率（%）	38.27	52.07	20.06	3.82
净利润增长率（%）	40.12	61.97	7.84	1
总资产增长率	-0.03	0.19	0.31	0.31

表9-10 资产与负债

财务指标（单位）	2018年6月30日	2017年12月31日	2016年12月31日	2015年12月31日
资产总额（百万元）	129914.83	134610.12	112934.54	86301.46
负债总额（百万元）	33410.36	38590.49	37036.00	20067.29
流动负债（百万元）	33394.79	38574.92	37020.43	20051.72
非流动负债（百万元）	15.57	15.57	15.57	15.57
货币资金（百万元）	83660.17	87868.87	66854.96	36800.75
应收账款（百万元）	0	0	0	0.23
其他应收款（百万元）	68.07	31.32	77.23	48.22
股东权益（百万元）	96504.47	96019.63	75898.54	66234.17
资产负债率	0.26	0.29	0.33	0.23
股东权益比率	0.74	0.71	0.67	0.77
流动比率	3.23	2.91	2.44	3.24
速动比率	2.56	2.34	1.88	2.34

表9-11 现金流量

财务指标（单位）	2018年6月30日	2017年12月31日	2016年12月31日	2015年12月31日
销售商品、提供劳务收到的现金（百万元）	34611.49	64421.48	61012.96	37083.07
经营现金流量净额（百万元）	17735.03	22153.04	37451.25	17436.34
筹资现金流量净额（百万元）	-13854.92	-8899.18	-8334.15	-5588.02
投资现金流量净额（百万元）	-739.78	-1120.65	-1102.50	-2048.79
现金及现金等价物净增加额（百万元）	3140.31	12133.29	28014.31	9783.26

（二）同行业对比

所处行业：食品饮料—饮料制造—白酒。

表 9 – 12　贵州茅台行业地位状况

（截止日期）2018 年 6 月 30 日

股票代码	股票简称	净利润（亿元）	排名	营业收入（亿元）	排名	总资产（亿元）	排名	总股本（亿股）	排名
600519	贵州茅台	157.64	1	333.97	1	1299.15	1	12.56	1
603589	口子窖	7.33	3	21.59	4	76.46	3	6.00	4
000860	顺鑫农业	4.81	4	72.33	2	183.17	2	5.71	5
603369	今世缘	8.56	2	23.6	3	72.17	4	12.54	2
600779	水井坊	2.67	6	13.36	6	31	7	4.89	6
600197	伊力特	2.16	7	9.97	8	30	8	4.41	7
600702	舍得酒业	1.66	8	10.18	7	45.77	6	3.37	9
603198	迎驾贡酒	3.82	5	17.33	5	51.60	5	8.00	3
603919	金徽酒	1.58	9	7.94	9	25.24	10	3.64	8
000799	酒鬼酒	1.14	10	5.24	10	25.58	9	3.25	10
行业平均		17.53		48.19		172.13		6.46	
与行业指标对比该股相对平均值		8.99		6.93		7.55		1.95	

表 9 – 13　贵州茅台行业地位状况

（截止日期）2018 年 3 月 31 日

股票代码	股票简称	净利润（亿元）	排名	营业收入（亿元）	排名	总资产（亿元）	排名	总股本（亿股）	排名
600519	贵州茅台	85.07	1	174.66	1	1344.05	1	12.56	4
002304	洋河股份	34.75	3	95.38	3	443.64	3	15.07	2
000858	五粮液	49.71	2	138.98	2	796.48	2	38.82	1
000596	古井贡酒	5.81	6	25.6	7	115.03	6	5.04	10
000568	泸州老窖	12.11	4	33.7	5	201.47	4	14.65	3
600809	山西汾酒	7.1	5	32.4	6	104.56	7	8.66	6
603589	口子窖	4.49	8	12.5	9	72.19	9	6	8
000860	顺鑫农业	3.66	9	39.73	4	179.32	5	5.71	9
603198	迎驾贡酒	3.24	10	11.3	10	56.66	10	8	7
603369	今世缘	5.09	7	14.9	8	72.3	8	12.54	5
行业平均		12.06		34.17		200.58		8.92	
与行业指标对比该股相对平均值		7.05		5.11		6.70		1.41	

（三）二级市场表现

表9-14 贵州茅台二级市场表现

（截止日期）2018年8月24日　　　　　　　　　　　单位:%

	5日涨跌幅	3个月涨跌幅	1年涨跌幅
上证成指	1.15	-13.53	-18.78
贵州茅台	2.47	-5.58	35.73

三、杜邦分析法

为全面反映企业各方面财务状况之间的关系，人们做了不少的尝试，第一个能清晰列出比率体系的是杜邦公司。杜邦分析法实质上是利用几种主要的财务比率之间的关系来综合地分析企业的财务状况，又叫杜邦系统。杜邦财务分析图如图9-1所示。

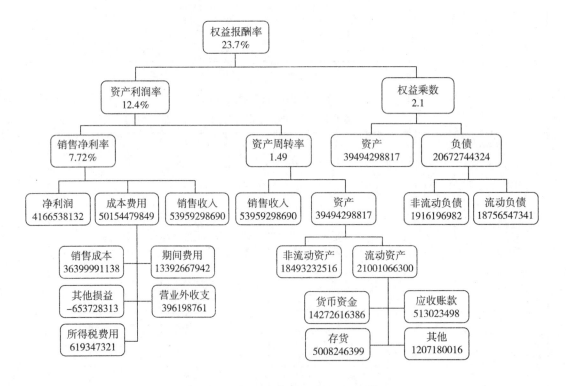

图9-1 杜邦财务分析图（主要比率）

两个简单的公式可以显示出它们的关系：

总资产周转率 × 销售利润率 = 总资产报酬率

即，$\dfrac{\text{销售收入}}{\text{资产总额}} \times \dfrac{\text{净利润}}{\text{销售收入}} = \dfrac{\text{净利润}}{\text{资产总额}}$

权益报酬率 = 总资产报酬率 × 权益乘数

即，$\dfrac{\text{净利润}}{\text{所有者权益}} = \dfrac{\text{净利润}}{\text{资产总额}} \times \dfrac{\text{资产总额}}{\text{所有者权益}}$

杜邦分析法是对企业财务状况进行的综合分析，它通过几种主要指标之间的关系，直观、清楚地反映企业的财务状况，从杜邦系统可以了解以下财务信息。

首先，可以看出权益报酬率是一个综合性极强、最具代表性的财务比率，它是杜邦财务分析的核心。这一比率可以反映出企业筹集、投资等各种经营活动的效率。另外，总资产报酬率是销售利润率与总资产周转率的乘积。因此，可以从销售与资产管理两方面来分析。销售利润率实际上反映了企业净利润与销售收入的关系。销售收入增加，企业的净利润也自然增加，但想提高销售利润率，必须一方面提高销售收入，另一方面降低各种成本费用。

其次，也可以分析企业成本费用的结构是否合理，这有利于进行成本费用分析、加强成本控制。尤其是分析企业净利润与财务费用，如企业承担财务费用太多，就应考虑筹资结构。还有在资产方面，应该分析流动资产与非流动资产结构。资产的流动性体现了偿债能力，也关系到企业的获利能力。如果流动资产中货币资金占用大，就应分析企业是否有闲置资金。如果应收账款过多，就应分析应收账款周转率如何，加强催收款项。

最后，企业获利能力涉及企业经营活动的各个方面。权益报酬率与企业的筹资结构、销售情况、成本管理、资产管理密切相关，这些因素构成了一个系统。只有协调好系统内每个因素之间的关系，才能使权益报酬率达到最大，从而实现企业价值的最大化。

四、财务比率综合分析法

一项财务比率只能反映企业某一方面的财务状况。为了对企业做综合的财务分析，必须将若干个财务比率综合在一起进行系统的分析与评价。

财务状况综合评价的通常做法如下：

第一，选定评价企业财务状况的财务指标。由于在现代社会对一个企业的财务评价主要从盈利能力、偿债能力、营运能力等方面进行，所以应从这类财务指标中选出具有代表性的若干项指标。

第二，根据各指标的重要程度，按权重设标准分，总评分为100分。

第三，确定各项指标的标准值及评分方法。标准值需要以企业所在行业的平均水平为依据进行适当的理论修正。由于各项财务指标是有一定的内在联系的，为了减少重复影响以及某一指标严重异常时引起对总评分的不合理逻辑的重大影响，应在评分时规定上限与下限，并且用"加"与"减"的方式给分。

第四，计算企业在一定会计期间各项财务措施的实际值，并为每项指标评分。

第五，求出总评分，对企业做综合评价。

采用财务比率综合分析法评价企业的财务状况时，关键在于选定的财务指标应能确实具有代表性，并且要正确地确定各项指标的权重与标准值。此种方法带有很大的主观性，企业需要根据过去的经验和现在的情况，在广泛收集同行业财务信息的基础上合理地判断，才能做出准确的、有说服力的评价。

练习题

1. ABC 公司 2018 年 12 月 31 日资产负债表（简表）如下：

ABC 公司资产负债表

2018 年 12 月 31 日   单位：元

资　产	年初数	期末数	负债及所有者权益	年初数	期末数
流动资产			流动负债		
货币资金	5200	6000	短期借款	16000	10000
应收票据及应收账款	24000	38000	应付账款	6000	4000
存货	88000	96000	应付职工薪酬	32000	42000
预付账款	600	150	应交税费	2800	3000
流动资产合计	117800	140150	流动负债合计	56800	59000
固定资产			非流动负债		
固定资产原价	600000	1100000	长期借款	40000	380000
减：累计折旧	110000	290000	非流动负债合计	40000	380000
固定资产净值	490000	810000			
在建工程	6000	7000	所有者权益		
固定资产合计	496000	817000	实收资本	500000	500000
无形资产	12400	12000	资本公积		
递延资产	1180	6090	盈余公积	14000	26000
无形资产及递延资产	13580	18090	未分配利润	17080	11740
其他非流动资产	500	1500	所有者权益合计	531080	537740
资产总计	627880	976740	负债及所有者权益总计	627880	976740

［要求］计算 ABC 公司 2018 年 12 月 31 日的各项财务比率，对该公司的偿债能力做出评价。

2. ABC 公司 2018 年度损益表如下。

损益表

2018 年度　　　　　　　　　　　　　　　　　　　　　单位：元

项　目	上年数	本年累计数
一、营业收入	136000.00	151000.00
减：营业成本	46000.00	58100.00
税金及附加	16800.00	17200.00
销售费用	9000.00	9400.00
管理费用	11500.00	14800.00
财务费用	8600.00	9900.00
资产减值损失		
加：投资收益	1800.00	1500.00
二、营业利润	45900.00	43100.00
加：营业外收入	4100.00	5050.00
减：营业外支出	1700.00	2700.00
三、利润总额	48300.00	45450.00
减：所得税	15939.00	14998.50
四、净利润	32361.00	30451.50

［要求］

（1）根据此表与第 1 题的资料，计算下列财务比率：存货周转率、应收账款周转率、总资产周转率、净资产报酬率；

（2）设公司 2018 年度的利息支出为 9400.00 元，折旧费用为 180000.00 元，其他业务支出为 14500.00 元，求公司收益对利息保障倍数、成本费用利润率、总资产报酬率、销售利润率；

（3）对公司的营运能力、盈利能力做出评价。

3. 某公司发行在外的股票为 1640 万股，股东权益总额为 3640 万元，全年净利润 470 万元，发放股利 110 万元，股票市价为 5.90 元。

［要求］

（1）计算市盈率、股利收益率、每股市价对账面价值的比率；

（2）根据以上资料，你认为该公司今后发展的前景如何？

复习思考题

1. 财务分析依据的资料有哪些？

2. 什么是财务分析？简述财务分析的意义与局限性。

3. 财务分析的方法主要有哪些？各自的内容是什么？

4. 比率分析法有哪些局限性？

5. 怎样评价企业的偿债能力？

6. 如何评价企业的营运能力？

7. 如何评价企业的盈利能力？

8. 什么是杜邦分析法，它的核心内容是什么？

附　件　会计综合实验原始凭证

3210456880　　四川省增值税专用发票　　No.04857993

发　票　联

开票日期：2019 年 12 月 1 日

购货单位	名称：省师范大学 纳税人识别号：307684539123780 地址、电话：新华路34号 028－85435336 开户行及账号：农行小天支行 5623785590012	密码区	78905 > * / - / < / > 56443 * 23 - + 33/54673456 + 56 * + 加密版本：02 // - 389 + * 56 > 4 + 4834977 45000675456 * 4321 > - > > 3/5 > > 3/ > > > 0678934		
货物或应税劳务、服务名称	规格型号	单位	数量	单价	金额	税率	税额

货物或应税劳务、服务名称	规格型号	单位	数量	单价	金额	税率	税额
* 家具 * 学生双层床	ANB－2	张	2000	500	1000000	13%	130000
合计					1000000		130000
价税合计（大写）	⊗壹佰壹拾叁万圆整				（小写）　¥1130000.00		

销货单位	名称：华星床具厂 纳税人识别号：453809076243117 地址、电话：桂花路13号 028－85460405 开户行及账号：建行天府支行 3078010154679	备注	

收款人：张巧　　　复核：董恒　　　开票人：李海　　　销售方：（章）

成都华星床具厂
发票专用章
税号：453809076243117

税总函【2018】785重庆印钞厂

第一联记账联　销售方记账凭证

中国建设银行　进账单

2019 年 12 月 1 日

收款单位	全称	华星床具厂			款项来源				销售货物					
	账号	3078010154679	开户银行	建行天府支行	付款单位				省师范大学					
人民币（大写）：壹佰壹拾叁万圆整					千	百	十	万	千	百	十	元	角	分
					¥	1	1	3	0	0	0	0	0	0
收款员	饶林		复核员	李红梅	备注									

领　料　单

领料单位：车间

生产通知单号：001　　　　　　　2019 年 12 月 1 日　　　　　　No. 51071

领料用途：生产双层床			制造数量			制品名称：ANB－2 型双层床									备注
编号	材料名称	规格	请领数量	实领数量	单位	单价	金额								
							百	十	万	千	百	十	元	角	分	
001	钢材	1.33mm	40	40	吨	2625		1	0	5	0	0	0	0	0	
附单据　　　　张			合　　计			¥	1	0	5	0	0	0	0	0	

主管：程红　　会计：　　记账：何兴　　发料：程兵　　领料：易波　　制单：林杰

第二联　送会计部门

建设银行（短期贷款）借款凭证（回单）

日期：2019 年 12 月 1 日 银行编号：00－075

名称	华星床具厂	借款单位	名称	华星床具厂
往来账户	3078010154679		放款账户	3078010154679
开户银行	建行天府支行		开户银行	建行天府支行

还款期限	3 个月	利率	8%	起息日期	2018.12.1

申请金额	人民币（大写）壹拾伍万圆整			千	百	十	万	千	百	十	元
				¥	1	5	0	0	0	0	0
借款原因用途	周转贷款	银行核定金额		¥	1	5	0	0	0	0	0

备注	期限	计划还款日期	计划还款金额
	上述借款业已同意贷给并转入你单位往来账户，借款到期时应按期归还。 此致 借款单位 （银行盖章）		2019 年 12 月 1 日

4566223187 　　四川省增值税专用发票　　No. 34347901

发票联

开票日期：2019 年 12 月 2 日

| 购货单位 | 名称：华星床具厂 纳税人识别号：453809076243117 地址、电话：桂花路 13 号 028 – 85460405 开户行及账号：建行天府支行 3078010154679 | 密码区 | ＊％4567/ ＊23 – ＋33/54673456 ＋56 ＊ ＋加密版本：02 // – 389 ＋ ＊56 ＞4 ＋4834977　45000675456 ＊4321 ＞ – ＞ ＞3/5 ＞ ＞3/ ＞ ＞ ＞067893478905 ＞ ＊/ – / ＜ / ＞56443 | | |

货物或应税劳务、服务名称	规格型号	单位	数量	单价	金额	税率	税额
＊黑色金属冶炼压延品 ＊钢材	1.33mm	吨	80	2700	216000	13%	28080
＊运输服务 ＊陆路货物运输服务					10000	9%	900
合计					226000		28980

价税合计（大写）	⊗贰拾伍万肆仟玖拐捌拾圆整	（小写）　¥254980.00

销货单位	名称：成都钢铁厂 纳税人识别号：419790126771376 地址、电话：朝天路 123 号 028 – 74902596 开户行及账号：工行朝天支行 4195301171001	备注	起运地：德阳 到达地：成都 运输货物：钢材

收款人：邓刚　　　　复核：赵勤　　　　开票人：张燕　　　销售方：（章）

成都钢铁厂
发票专用章
税号：419790126771376

税总函【2018】785重庆印钞厂

第二联发票联　购买方记账凭证

中国建设银行转账支票存根

支票号码：201901

科　　目：银行存款

对方科目：

签发日期：2019.12.2

收款人：成都钢铁厂

金　　额：254980.00

用　　途：购料、付运费

备　　注：

单位主管：王永　会计：

复核：李小平　记账：张巧

收 料 单

2019 年 12 月 2 日   No. 38701

编号	材料名称	规格	送验数量	实收数量	单位	单价	金额									备注
							百	十	万	千	百	十	元	分	角	
001	钢材	1.33mm	80	80	吨	2825		2	2	6	0	0	0	0	0	
附单据 肆 张					合　计		¥	2	2	6	0	0	0	0	0	

主管：程红   会计：   经办人：郑丽   复核：周涛   验收：程兵

第二联　送会计部门

中国建设银行转账现金存根

支票号码：201901

科　　目：银行存款

对方科目：库存现金

签发日期：2019.12.3

收 款 人：

金　　额：105000

用　　途：发放工资

备　　注：

单位主管：王永　　　　会计：

复核：李小平　　　　　记账：张巧

工资结算单

2019 年 12 月 3 日　　　　　　　　　　　　　　　　　11 月工资

部门	应发	实发	领取人签名	备注
生产车间	30000	30000	张三	
厂部	75000	75000	李四	
合计	105000	105000		

主管：程红　　　　　　会计：　　　　　　制单：李刚

四川省税务局

增值税　专用缴款书

经济性质：私有

预算科目项：　　　填发日期：2019 年 12 月 4 日　　　隶属关系：

税务所属时期	收款单位	全称	金牛税务分局	缴款人或单位	全称	华星床具厂		
		预算级次	中央		地址	桂花路 13 号	电话	028 – 85460405
		收款金库	小天支库		开户行	建设银行天府支行	账号	3078010154679

2019 年 11 月	税款名称	单位	数量（重量）	单位价格	计税总值或营业额	税率	入库税额							
							十	万	千	百	十	元	角	分
	增值税	元				13%		1	0	5	0	0	0	0
	金额总计：人民币（大写）壹万零伍佰圆整						¥	1	0	5	0	0	0	0
年月日	缴款单位（盖章）	税务机关（盖章）专管员（盖章）		上列款项已收妥并划转收款单位账户（收款银行盖章）2019 年 12 月 4 日			备注							

第一联　由银行收款盖章后退回缴款单位

四川省税务局

城市维护建设税　专用缴款书　　　经济性质：私有

预算科目项：　　　　　填发日期：2019 年 12 月 4 日　　　　隶属关系：

税务所属时期	收款单位	全称	金牛税务分局	缴款人或单位	全称	华星床具厂		
		预算级次	区级		地址	桂花路 13 号	电话	028－85460405
		收款金库	小天支库		开户行	建设银行天府支行	账号	3078010154679

2019 年 11 月	税款名称	单位	数量（重量）	单位价格	计税总值或营业额	税率	入库税额						
							万	千	百	十	元	角	分
	城建税	元				7%		7	3	5	0	0	

金额总计：人民币（大写）柒佰叁拾伍圆整	￥	7	3	5	0	0

年月日	缴款单位（盖章）	税务机关（盖章）专管员（盖章）	上列款项已收妥并划转收款单位账户（收款银行盖章）2019 年 12 月 4 日	备注

四川省税务局

教育费附加　专用缴款书　　　经济性质：私有

预算科目项：　　　　　填发日期：2019 年 12 月 4 日　　　　隶属关系：

税务所属时期	收款单位	全称	金牛税务分局	缴款人或单位	全称	华星床具厂		
		预算级次	区级		地址	桂花路 13 号	电话	028－85460405
		收款金库	小天支库		开户行	建设银行天府支行	账号	3078010154679

2019 年 11 月	税款名称	单位	数量（重量）	单位价格	计税总值或营业额	税率	入库税额						
							万	千	百	十	元	角	分
	教育费附加	元				3%		3	1	5	0	0	

金额总计：人民币（大写）叁佰壹拾伍圆整	￥	3	1	5	0	0

年月日	缴款单位（盖章）	税务机关（盖章）专管员（盖章）	上列款项已收妥并划转收款单位账户（收款银行盖章）2018 年 12 月 4 日	备注

中国建设银行转账支票存根

支票号码：201903

科　　目：银行存款

对方科目：

签发日期：2019.12.4

收　款　人：金牛税务分局

金　　额：11550.00

用　　途：缴纳税款

备　　注：

单位主管：王永　　　会计：

复核：李小平　　　记账：张巧

4566223187　　　四川省增值税专用发票　　No. 67315159

发　票　联

开票日期：2019 年 12 月 7 日

| 购货单位 | 名称：华星床具厂
纳税人识别号：453809076243117
地址、电话：桂花路13 号
028 – 85460405
开户行及账号：建行天府支行
3078010154679 | 密码区 | *23 – +33546734/6 +56 * +加密版本：02
// –389 + *56 >4 +4834977　45000675456
*4321 > – >>3/5 >>3/ > > >0678934 |

货物或应税劳务、服务名称	规格型号	单位	数量	单价	金额	税率	税额
*金属制品 *螺钉、螺帽	HCR – 2	公斤	2000	15	30000	13%	3900
合计					30000		3900

价税合计（大写）	⊗叁万叁仟玖佰圆整		（小写）￥33900.00

| 销货单位 | 名称：郫县钢铁厂
纳税人识别号：347891209520088
地址、电话：天府路93 号
028 – 84101511
开户行及账号：农行天府支行
4195301231212 | 备注 | 郫县钢铁厂
发票专用章
税号：347891209520088 |

收款人：金华　　　复核：王露　　　开票人：余慧　　　销售方：（章）

第二联发票联　购买方记账凭证

收 料 单

2019 年 12 月 7 日　　　　　　　　　　　　　No. 38702

供应者：郫县钢铁厂

编号	材料名称	规格	送验数量	实收数量	单位	单价	金额									备注
							百	十	万	千	百	十	元	角	分	
002	螺钉、螺帽	HCR-2	2000	2000	千克	15			3	0	0	0	0	0	0	
附单据　贰　张					合　计		¥	3	0	0	0	0	0	0	0	

主管：程红　　会计：　　　　经办人：郑丽　　　　复核：周涛　　　　验收：程兵

第二联　送会计部门

中国建设银行转账支票存根

支票号码：201904

科　　目：银行存款

对方科目：

签发日期：2019.12.7

收 款 人：郫县钢铁厂

金　　额：33900.00

用　　途：购买材料

备　　注：

单位主管：王永　　　　会计：

复核：李小平　　　　记账：张巧

四川省增值税专用发票

3445889002　　四川省增值税专用发票　　No. 68700901

发　票　联

开票日期：2019 年 12 月 8 日

<table>
<tr><td rowspan="5">购货单物</td><td colspan="2">名称：华星床具厂</td><td rowspan="5">密码区</td><td rowspan="5">5467 > >9/45 * − +
*23 − 33/54673456 + 56 * + 加密版本：02
// −389 + *56 >4 + 4834977　45000675456
*4321 > − > >3/5 > >3/ > > >0678934</td></tr>
<tr><td colspan="2">纳税人识别号：453809076243117</td></tr>
<tr><td colspan="2">地址、电话：桂花路 13 号
028 − 85460405</td></tr>
<tr><td colspan="2">开户行及账号：建行天府支行
3078010154679</td></tr>
</table>

货物或应税劳务、服务名称	规格型号	单位	数量	单价	金额	税率	税额
*机床*钢材切割机	AYU − Q 型	台	1	80000	80000	13%	10400
合计					80000		10400

价税合计（大写）	⊗玖万零肆佰圆整	（小写）　￥90400.00

<table>
<tr><td rowspan="5">销货单位</td><td colspan="2">名称：长江机械厂</td><td rowspan="5">备注</td><td rowspan="5"></td></tr>
<tr><td colspan="2">纳税人识别号：314159456720053</td></tr>
<tr><td colspan="2">地址、电话：莫干路 567 号
028 − 5633457</td></tr>
<tr><td colspan="2">开户行及账号：建行莫干支行
9887556345053</td></tr>
</table>

长江机械厂
发票专用章
税号:314159456720053

收款人：张小琴　　复核：阿果　　开票人：白燕　　销售方：（章）

第二联 发票联　购买方记账凭证

税总函【2018】785重庆印钞厂

税总函【2017】212号鸿博股份有限公司

5100174320　　四川增值税普通发票　　No.22133179

发　票　联

开票日期：2019 年 12 月 8 日

购买方	名称：华星床具厂 纳税人识别号：453809076243117 地址、电话：桂花路 13 号 028 - 85460405 开户行及账号：建行天府支行 3078010154679	密码区	5 * 6/889022/5 > * < /3 - 95/6422 - 4 * 5 > 30 * * < 843154816 - 1 > 72551 - 88 * > 663/3859 </861726 * < 9159 - 556 * 24355 < 1344575 - 17 * 80 > 4 < -

货物或应税劳务、服务名称	规格型号	单位	数量	单价	金额	税率	税额
*运输服务*陆路货物运输服务		次	1	1834.86	1834.86	9%	165.14
合计					￥1834.86		￥165.14

价税合计（大写）	⊗贰仟圆整	（小写）￥2000.00

销货单位	名称：迅捷运输公司 纳税人识别号：915305628710263281 地址、电话：解放路 36 号 028 - 69005207 开户行及账号：建行解放支行 65889231045423	备注	起运地：德阳 到达地：成都 运输货物：钢材切割机

收款人：王丽　　　　复核：赵刚　　　　开票人：侯亮

迅捷运输公司
销售方：（章）
发票专用章
税号：915305628710263281

第二联 :: 发票联购买方记账凭证

<table>
<tr><td>

中国建设银行转账支票存根

支票号码：201904

科　　　目：银行存款

对方科目：

<u>签发日期：2019.12.8</u>

收款人：长江机械厂

金　　　额：90400.00

用　　　途：买设备

备　　　注：

</td><td>

中国建设银行转账支票存根

支票号码：201905

科　　　目：银行存款

对方科目：

<u>签发日期：2019.12.8</u>

收　款　人：迅捷运输公司

金　　　额：2000.00

用　　　途：付运费

备　　　注：

</td></tr>
<tr><td>

单位主管：王永　　会计：
复核：李小平　　记账：张巧

</td><td>

单位主管：王永　　会计：
复核：李小平　　记账：张巧

</td></tr>
</table>

固定资产交接单

2019 年 12 月 8 日

固定资产名称	规格型号	单位	数量	预计使用年限	实际或重置价值	已提折旧	备注
钢材切割机	AYU－Q 型	台	1	10	81834.86		购入全新机器

5100174320　　**四川增值税普通发票**　　No.21942718

发票联

开票日期：2019 年 12 月 9 日

购买方	名称：华星床具厂 纳税人识别号：453809076243117 地址、电话：桂花路 13 号 028－85460405 开户行及账号：建行天府支行 3078010154679	密码区	<3－54147925＋679<＞74013685＋3 <1199＜＜727＊538－33－205822842 /＜3＊497/＊6/＋64776＞0895745＊9 9763＜33988＜＋727＊139917＞66＊20

货物或应税劳务、服务名称	规格型号	单位	数量	单价	金额	税率	税额
＊文具＊复印纸	A4	盒	5	17.6991	88.50	13%	11.50
＊文具＊文件夹	TSR－5	个	15	8.85	132.74	13%	17.26
＊文具＊签字笔	B－05	支	10	4.425	44.25	13%	5.75
合计					￥265.49		￥34.51

价税合计（大写）	⊗叁佰圆整	（小写）　￥300.00

销货单位	名称：好友多超市 纳税人识别号：510107320262467 地址、电话：玉林路 23 号 028－87623182 开户行及账号：工行玉林支行 79289231066423	备注	

好友多超市
发票专用章
税号：510107320262467

收款人：刘洪　　复核：何小燕　　开票人：赵明礼　　销售方：（章）

税总函【2017】212号鸿博股份有限公司

第二联：发票联购买方记账凭证

5100174320　　四川增值税普通发票　　No. 34978586

发票联

开票日期：2019 年 12 月 10 日

购买方	名称：华星床具厂 纳税人识别号：453809076243117 地址、电话：桂花路 13 号 028－85460405 开户行及账号：建行天府支行 3078010154679	密码区	66309147925＋679＜＞74013685＋3 ＜1543＜＜727＊538－33－205822842 ／＜3＊497／＊6／＋64＊/6＞0895745＊9 9763＜3388＜＋727＊139917＞66＊20

货物或应税劳务、服务名称	规格型号	单位	数量	单价	金额	税率	税额
＊保险服务＊财产保险服务		次	1	11320.75	11320.75	6%	679.25
合计					￥11320.75		￥679.25

价税合计（大写）	⊗壹万贰仟圆整	（小写）　￥12000.00

销货单位	名称：中国太平洋保险公司成都分公司 纳税人识别号：915100005864540332 地址、电话：幸福大道 221 号附 3　028－66435265 开户行及账号：工行新都支行 92122641000113	备注	

收款人：李豆　　复核：王雪　　开票人：张平　　销售方：（章）发票专用章

中国太平洋保险公司成都分公司
税号：915100005864540332

税总函【2017】212号鸿博股份有限公司

第二联 ·· 发票联购买方记账凭证

中国建设银行转账支票存根

支票号码：201806

科　目：银行存款

对方科目：

签发日期：2018.12.10

收 款 人：太平洋保险公司

金　额：12000.00

用　途：保险费

备　注：

单位主管：王永　会计：

复核：李小平　记账：张巧

中国建设银行　进账单

2019 年 12 月 11 日

<table>
<tr><td rowspan="2">收款
单位</td><td>全称</td><td colspan="2">华星床具厂</td><td colspan="2">款项来源</td><td colspan="2">接受投资</td></tr>
<tr><td>账号</td><td>3078010154679</td><td>开户银行</td><td colspan="2">建设银行天府支行</td><td colspan="2"></td></tr>
</table>

<table>
<tr><td colspan="2" rowspan="2">付款单位</td><td colspan="2" rowspan="2">万科公司</td></tr>
<tr></tr>
</table>

<table>
<tr><td rowspan="2">人民币（大写）：壹拾万圆整</td><td>百</td><td>十</td><td>万</td><td>千</td><td>百</td><td>十</td><td>元</td><td>角</td><td>分</td></tr>
<tr><td>¥ 1</td><td>0</td><td>0</td><td>0</td><td>0</td><td>0</td><td>0</td><td>0</td><td>0</td></tr>
</table>

收款员	饶林	复核员	李红梅	备注	

3210456880　　四川省增值税专用发票　No.04857993

发票联

开票日期：2019 年 12 月 13 日

<table>
<tr><td rowspan="5">购货单位</td><td>名称：成都科技大学</td><td rowspan="5">密码区</td><td>56708 > * / - / < / > 56443</td></tr>
<tr><td>纳税人识别号：307684539123780</td><td>* 23 - + 33/5462008056 + 56 * + 加密版</td></tr>
<tr><td>地址、电话：玉林南路 87 号</td><td>本：02</td></tr>
<tr><td>028 - 85497736</td><td>// - 389 + * 56 > 4 + 4834977　45000675456</td></tr>
<tr><td>开户行及账号：招行玉林支行
5623785590012</td><td>* 4321 > - > > 3/5 > > 3/ > > > 0678934</td></tr>
</table>

货物或应税劳务、服务名称	规格型号	单位	数量	单价	金额	税率	税额
*家具*学生双层床	ANB - 2	张	400	500	200000	13%	26000
合计					200000		26000

价税合计（大写）	⊗贰拾贰万陆仟圆整	（小写）¥226000.00

<table>
<tr><td rowspan="5">销货单位</td><td>名称：华星床具厂</td><td rowspan="5">备注</td><td rowspan="5"></td></tr>
<tr><td>纳税人识别号：453809076243117</td></tr>
<tr><td>地址、电话：桂花路 13 号</td></tr>
<tr><td>028 - 85460405</td></tr>
<tr><td>开户行及账号：建行天府支行
3078010154679</td></tr>
</table>

收款人：张巧　　　复核：董恒　　　开票人：李海　　　销售方：（章）

税总函【2018】785重庆印钞厂

第一联记账联　销售方记账凭证

5100172320　　四川增值税普通发票　　No. 46328426

发 票 联

开票日期：2018 年 12 月 16 日

购买方	名称：华星床具厂 纳税人识别号：453809076243117 地址、电话：桂花路 13 号 028 - 85460405 开户行及账号：建行天府支行 3078010154679	密码区	<87454 * 787 - 66 * 084121921 >977 70 - 9 * > >65 + 9079/ - 307/ < + 5 * 6/9 887/02 - * /35 + 719 - 649 <2315// < < - -77288 * > - 65 + 8478 >9743 - 7 * 7

货物或应税劳务、服务名称	规格型号	单位	数量	单价	金额	税率	税额
*设计服务*广告设计				7547. 17	7547. 17	6%	452. 83
合计					¥7547. 17		¥452. 83

价税合计（大写）	⊗捌仟圆整	（小写） ¥8000.00

销货单位	名称：广而告之广告公司 纳税人识别号：91510107774503082B 地址、电话：华兴街道办事处文昌村二组 028 - 68709482 开户行及账号：工行花牌坊支行 4402237019006823281	备注	

收款人：张巧　　复核：李大海　　开票人：董向前　　销售方：（章）

广而告之广告公司
发票专用章
税号:91510107774503082B

税总函【2017】212号鸿博股份有限公司

第二联·发票联　购买方记账凭证

中国建设银行转账支票存根

支票号码：201907

科　　目：银行存款

对方科目：

签发日期：2019. 12. 16

收款人：广而告之广告公司

金　　额：8000.00

用　　途：广告费

备　　注：

单位主管：王永　会计：

复核：李小平　　记账：张巧

领　料　单

领料单位：车间

生产通知单号：002　　　　2019 年 12 月 18 日　　　　No. 51072

领料用途：生产双层床			制造数量			制品名称：ANB－2 型双层床									备注
编号	材料名称	规格	请领数量	实领数量	单位	单价	金　额								
							百	十	万	千	百	十	元	角	分	
002	油漆		100	100	千克	15			1	5	0	0	0	0	0
003	稀释剂		20	20	千克	10				2	0	0	0	0	0
附单据　　　　张			合　　　计				¥	1	7	0	0	0	0	0

主管：程红　会计：　　　记账：何兴　　　发料：程兵　　　领料：易波　　　制单：林杰

第二联　送会计部门

5100174320　　四川增值税普通发票　　No. 36326424

发　票　联

税总函【2017】212号鸿博股份有限公司

开票日期：2019 年 12 月 20 日

购买方	名称：华星床具厂 纳税人识别号：453809076243117 地址、电话：桂花路 13 号 028－85460405 开户行及账号：建行天府支行 3078010154679	密码区	30446＊787－66＊084177921＞923 70－9＊＞9＜5＋9079/－307/＜＋5＊6/9 887/02－＊/35＋719－649＜8862//＜ ＜＊377288＊＞－65＋9478＞974453＊7

货物或应税劳务、服务名称	规格型号	单位	数量	单价	金额	税率	税额
＊餐饮服务＊餐饮服务				47169.81	47169.81	6%	2830.19
合计					¥47169.81		¥2830.19
价税合计（大写）	⊗伍万圆整				（小写）　　¥50000.00		

销货单位	名称：红牌楼酒楼 纳税人识别号：15610108724503052l 地址、电话：奎星楼街 33 号　028－54816174 开户行及账号：农行光华支行 30778235068232	备注	

收款人：李小一　　　复核：孙菲菲　　　开票人：赵千　　　销售方：（章）

第二联∶发票联　购买方记账凭证

中国建设银行转账支票存根

支票号码：201908

科　　目：银行存款

对方科目：

签发日期：2019.12.20

收款人：红牌楼酒店

金　　额：50000.00

用　　途：业务招待费

备　　注：

单位主管：王永　会计：

复核：李小平　记账：张巧

3210456880　　四川省增值税专用发票　　No.04857993

发　票　联

开票日期：2019 年 12 月 13 日

购货单位	名称：成都财政经贸大学	密码区	56708 ＞ ＊／－／＜／＞56443
	纳税人识别号：307684539123780		＊23 － ＋33/5462008056 ＋56 ＊ ＋加密版本：02
	地址、电话：高升路650号		//－389 ＋＊56＞4 ＋4834977　45000675456
	028 － 87717809		＊4321 ＞ － ＞＞3/5 ＞＞3/＞＞＞0678934
	开户行及账号：交行高升支行		
	5623785590012		

货物或应税劳务、服务名称	规格型号	单位	数量	单价	金额	税率	税额
＊家具＊学生双层床	ANB－2	张	550	500	275000	13％	35750
合计					275000		35750

| 价税合计（大写） | ⊗叁拾壹万零柒佰伍拾圆整　　（小写）　¥310750.00 |

销货单位	名称：华星床具厂	备注	
	纳税人识别号：453809076243117		
	地址、电话：桂花路13号		
	028 － 85460405		
	开户行及账号：建行天府支行		
	3078010154679		

收款人：张巧　　　复核：董恒　　　开票人：李海　　　销售方：（章）

税总函【2018】785重庆印钞厂

第一联记账联　销售方记账凭证

中国建设银行　**进账单**

2019 年 12 月 1i 日

收款单位	全称	华星床具厂			款项来源		销售货物	
	账号	3078010154679	开户银行	建设银行天府支行	付款单位		成都财政经贸学校	

人民币（大写）：叁拾壹万零柒佰伍拾圆整	百	十	万	千	百	十	元	角	分
	¥	3	1	0	7	5	0	0	0

收款员	饶林	复核员	李红梅	备注	

领　料　单

领料单位：车间

生产通知单号：003　　　　　　2019 年 12 月 21 日　　　　　№. 51073

编号	材料名称	规格	请领数量	实领数量	单位	单价	金额									备注
							百	十	万	千	百	十	元	角	分	
领料用途：生产双层床			制造数量			制品名称：ANB－2 型双层床										
004	螺钉、螺帽		80	80	千克	15				1	2	0	0	0	0	
附单据　　　张			合　计				¥	1	2	0	0	0	0			

主管：程红　会计：　　记账：何兴　　发料：程兵　　领料：易波　　制单：林杰

4566223187　　　**四川省增值税专用发票**　　No. 67315159

发　票　联

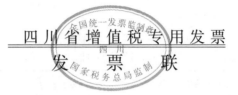

开票日期：2019 年 12 月 27 日

购货单位	名称：华星床具厂 纳税人识别号：453809076243117 地址、电话：桂花路 13 号 028 – 85460405 开户行及账号：建行天府支行 3078010154679	密码区	*23 – +33546734/6 +56 * +加密版本：02 // –389 + *56 >4 +4834977　45000675456 *4321 > – > >3/5 > >3/ > > >0678934

货物或应税劳务、服务名称	规格型号	单位	数量	单价	金额	税率	税额
＊供电＊工业用电		度	4800	0.5	2400	13%	312
合计					2400		312

价税合计（大写）	⊗贰仟柒佰壹拾贰圆整	（小写）￥2712.00

销货单位	名称：成都石羊供电局 纳税人识别号：356789001245600 地址、电话：大件路 3 号　028 – 85110274 开户行及账号：成都商业银行石羊支行 4195301231212	备注	

收款人：雷莲　　　　　复核：王丹　　　　　开票人：王智慧　　　　　销售方：（章）

（右侧竖排）税总函【2018】785重庆印钞厂

（右侧竖排）第二联 发票联　购买方记账凭证

中国建设银行转账支票存根

支票号码：201909

科　　目：银行存款

对方科目：

签发日期：2019.12.27

收 款 人：成都石羊供电局

金　　额：2784.00

用　　途：电费

备　　注：

单位主管：王永　　　　会计：

复核：李小平　　　　　记账：张巧

工资结算汇总表

2019 年 12 月 31 日

部门	生产工人工资	管理人员工资	合计
加工车间	52000	20000	72000
厂部		60000	60000
合计	52000	80000	132000

社保费分配表

2019 年 12 月

项　目 应借科目	加工车间		管理部门		合计	
	工资	社保费	工资	社保费	工资	社保费
生产成本	52000	7280			52000	7280
制造费用	20000	2800			20000	2800
管理费用			60000	8400	60000	8400
合计	72000	10080	60000	8400	132000	18480

固定资产折旧计算表

2019 年 12 月

项　目 部门		月初应计提折旧的 固定资产原值	月折旧率	月折旧额
加工车间	机器	750000	1.2%	9000
	房屋	1000000	0.6%	6000
	合计	1750000		15000
管理部门	机器	100000	1.2%	1200
	房屋	300000	0.6%	1800
	合计	400000		3000
合计		2150000		18000

复核：　　　　　　　　　　　　　　　　　　　　制表：

利息计算单（2019 年 12 月）

借款本金：150000 元

年利率：8%

当月应计提利息：1000 元

预付保险费摊销表

2019 年 12 月 31 日

项目	应借科目	摊销金额
本年度保险费	管理费用	750.00

复核：   制表：

完工产品成本计算单

2019 年 12 月

成本项目	ANB－2 型双层床	
	总成本	单位成本
直接材料		
直接人工		
制造费用		
生产成本合计		

附件 张

复核：   制单：

出库单

领料单位：省师范大学   2019 年 12 月 1 日   No. 59601

编号	物品名称	规格	应发数量	实发数量	单价	金额									备注
						百	十	万	千	百	十	元	角	分	
001	双层床	ANB－2	2000	2000	375		7	5	0	0	0	0	0	0	

第二联 送会计部门

主管：王永   会计主管：   保管人：赵迅   领料人：

出库单

领料单位：成都科技大学   2019 年 12 月 13 日   No. 59602

编号	物品名称	规格	应发数量	实发数量	单价	金额									备注
						百	十	万	千	百	十	元	角	分	
001	双层床	ANB－2	400	400	375		1	5	0	0	0	0	0	0	

第二联 送会计部门

主管：王永   会计主管：   保管人：赵迅   领料人：

出库单

领料单位：成都财政经贸学校　　　2019 年 12 月 21 日　　　　　　　　No. 59603

编号	物品名称	规格	应发数量	实发数量	单价	金额										备注
						百	十	万	千	百	十	元	角	分	
001	双层床	ANB－2	550	550	375		2	0	6	2	5	0	0	0	

主管：王永　　　　　　会计主管：　　　　　保管人：赵迅　　　　　领料人：

第二联　送会计部门

主营业务成本汇总计算表

2019 年 12 月　　　　　　　　　　　　　　　单位：元

产品名称	销售数量（个）	单位成本	总成本
合计			

复核：　　　　　　　　　　　　制表：

附件　张

城建税及教育费附加草算表

2019 年 12 月　　　　　　　　　　　　　　　单位：元

计税依据	城建税		教育费附加	
	税率	金额	税率	金额
	7%		3%	
合计				

复核：　　　　　　　　　　　　制表：

试算平衡表

账户名称	借方余额	账户名称	贷方余额
库存现金		累计折旧	
		短期借款	
		应付利息	
银行存款		应交税费——应交增值税	
应收账款		应交税费——应交城市维护建设税	
预付账款		应交税费——教育费附加	
原材料		应付账款	

续表

账户名称	借方余额	账户名称	贷方余额
库存商品		应付职工薪酬	
固定资产			
		应交税费——应交所得税	
生产成本		实收资本	
其他应收款		盈余公积	
		本年利润	
		利润分配——未分配利润	
合计		合计	

利润表

会企02表

编制单位：　　　　　　　　　　___年___月　　　　　　　　　　单位：元

项　目	本期金额	上期金额
一、营业收入		
减：营业成本		
税金及附加		
销售费用		
管理费用		
研发费用		
财务费用		
其中：利息费用		
利息收入		
资产减值损失		
加：投资收益（损失以"-"号填列）		
其中：对联营企业和合营企业的投资收益		
公允价值变动收益（损失以"-"号填列）		
二、营业利润（亏损以"-"号填列）		
加：营业外收入		
减：营业外支出		
三、利润总额（亏损总额以"-"号填列）		
减：所得税费用		
四、净利润（净亏损以"-"号填列）		
（一）持续经营净利润（净亏损以"-"号填列）		
（二）终止经营净利润（净亏损以"-"号填列）		
五、其他综合收益的税后净额		
六、综合收益总额		
七、每股收益		
（一）基本每股收益		
（二）稀释每股收益		

资产负债表

会企 01 表

编制单位：　　　　　　　　　　　　___年___月___日　　　　　　　　　单位：元

资　　产	期末余额	年初余额	负债和所有者权益（或股东权益）	期末余额	年初余额
流动资产：			流动负债：		
货币资金			短期借款		
交易性金融资产			交易性金融负债		
应收票据及应收账款			应付票据及应付账款		
预付款项			预收款项		
其他应收款			应付职工薪酬		
存货			应交税费		
一年内到期的非流动资产			其他应付款		
其他流动资产			一年内到期的非流动负债		
流动资产合计			其他流动负债		
非流动资产：			流动负债合计		
债权投资			非流动负债：		
其他债权投资			长期借款		
长期应收款			应付债券		
长期股权投资			长期应付款		
投资性房地产			预计负债		
固定资产			递延所得税负债		
在建工程			其他非流动负债		
生产性生物资产			非流动负债合计		
油气资产			负债合计		
无形资产			所有者权益（或股东权益）：		
开发支出			实收资本（或股本）		
商誉			资本公积		
长期待摊费用			减：库存股		
递延所得税资产			其他综合收益		
其他非流动资产			盈余公积		
非流动资产合计			未分配利润		
			所有者权益（或股东权益）合计		
资产总计			负债和所有者权益（或股东权益）总计		